兵庫県の教員採用試験過去問シリーズ❹

2025年度版

兵庫県の
社会科

過 去 問

協同教育研究会 編

協同出版

本書には，兵庫県の教員採用試験の過去問題を
収録しています。各問題ごとに，以下のように5段
階表記で，難易度，頻出度を示しています。

難 易 度

非常に難しい　☆☆☆☆☆
　やや難しい　☆☆☆☆
普通の難易度　☆☆☆
　やや易しい　☆☆
非常に易しい　☆

頻 出 度

　◎　　ほとんど出題されない
　◎◎　　あまり出題されない
　◎◎◎　普通の頻出度
◎◎◎◎　よく出題される
◎◎◎◎◎　非常によく出題される

※本書の過去問題における資料，法令文等の取り扱いについて
　本書の過去問題で使用されている資料や法令文の表記や基準は，出題さ
れた当時の内容に準拠しているため，解答・解説も当時のものを使用して
います。ご了承ください。

はじめに〜「過去問」シリーズ利用に際して〜

　教育を取り巻く環境は変化しつつあり，日本の公教育そのものも，教員免許更新制の廃止やGIGAスクール構想の実現などの改革が進められています。また，現行の学習指導要領では「主体的・対話的で深い学び」を実現するため，指導方法や指導体制の工夫改善により，「個に応じた指導」の充実を図るとともに，コンピュータや情報通信ネットワーク等の情報手段を活用するために必要な環境を整えることが示されています。

　一方で，いじめや体罰，不登校，暴力行為など，教育現場の問題もあいかわらず取り沙汰されており，教員に求められるスキルは，今後さらに高いものになっていくことが予想されます。

　本書の基本構成としては，出題傾向と対策，過去5年間の出題傾向分析表，過去問題，解答および解説を掲載しています。各自治体や教科によって掲載年数をはじめ，「チェックテスト」や「問題演習」を掲載するなど，内容が異なります。

　また原則的には一般受験を対象としております。特別選考等については対応していない場合があります。なお，実際に配布された問題の順番や構成を，編集の都合上，変更している場合があります。あらかじめご了承ください。

　最後に，この「過去問」シリーズは，「参考書」シリーズとの併用を前提に編集されております。参考書で要点整理を行い，過去問で実力試しを行う，セットでの活用をおすすめいたします。

　みなさまが，この書籍を徹底的に活用し，教員採用試験の合格を勝ち取って，教壇に立っていただければ，それはわたくしたちにとって最上の喜びです。

協同教育研究会

C O N T E N T S

第1部

兵庫県の
社会科
出題傾向分析

兵庫県の社会科　傾向と対策

　兵庫県の社会科の採用試験の特徴は，中高で同じ問題がかなりの割合を占めるということである。よって，中学社会の採用試験であっても高校地歴・公民の採用試験に近い専門性が問われ，高校地歴・公民の採用試験であっても地理・歴史・公民の3分野の知識が要求される。しかし，専門性が高いといっても中学校から高等学校で学習する内容の問題が多く，それらの正確な知識を有しているかが問われる。問題形式は選択式記号問題が多く，その中に一問一答式の記述問題が混じる形である。論述問題は出されなかった。配点は中高とも200点満点で，中学は3分野からそれぞれ大問2問の計6問で，配点もほぼ3分の1ずつとなっている。高校は，歴史の大問が世界史2問，日本史2問の計4問となり，地理2問，公民2問を合わせて全体で大問8問，配点は各25点だった。よって，中高でまったく同じ大問が使われても，高校では配点が圧縮される形となっている。また，少なくともここ5年出されなかった学習指導要領は，2022年度に小問1問が出題されている。学習指導要領対策については末尾で述べる。

【中学社会】

　2024年度の歴史分野では，2023年度に引き続き日本史・世界史でそれぞれ大問が設定された。世界史では中国史とそれに関わる世界史，日本史では貨幣制度に関連して平安時代から大正時代までの大問が出された。難易度の高い問題も出されるので，細かいところまでしっかり理解して対応できるようにしたい。

　公民分野は2021年度までは日本国憲法，日本の政治機構に絡めた問題が多かったが，2022年度の2つの大問は倫理(政治を少々含む)及び国際政治・経済で，2023年度の大問は政治・経済と公共だった。2024年度は政治・経済に関する問題が出題された。兵庫県の中学社会の特徴として，中学社会にも倫理がしっかり出るということがあげられるが，2024年度は倫理の問題の出題はなかった。出題傾向は変わったが，基本的知識が

身についていれば対応できるものがほとんどである。よって，公民分野
では，政治，経済，公共，そして見落としがちな倫理の基本的知識を幅
広く確認することが重要である。倫理は2024年度の出題がなかったもの
の，倫理の先哲の思想は抽象的でわかりにくい。教科書に出てくるよう
な有名思想家について，その思想のジャンル，おもな主張，その思想を
特徴づけるキーワード，主著，有名な言葉等を整理し，結び付けられる
ようにしておくと得点につながる。また，2023年度は学校教育における
公民科の「生きる力」についての適切な説明を選択する問題が出題され
た。これについては高校地歴・公民の解説の後に説明する。

　地理分野は2つの大問で小問が20問ある中，すべて高校地理と同じ問
題だった。これは2024年度も同様である。網羅的な出題ではなく，いく
つかのテーマを取り上げて問う形で，地図・農業・人口・東南アジア・
アフリカの地誌などが出された。出題傾向にはかなり偏りがあり，とに
かく地図と地形，日本地誌が多く，他はまばらである。地形図の読図は，
毎年出題されているが，読図の学習をして基本的事項を押さえておけば
解けるものである。地形図などの読み取り問題は多くの自治体で頻出し
ているので，他県の類題も見ながら問題演習をこなそう。頻出領域，特
に地図と地形は絶対に得点するつもりでしっかり準備し，それ以外は広
く基礎知識を固めておこう。工業製品の製造品出荷額などの統計資料も
出題されるので，教科書や参考書に出てくるような資料については，そ
の意味するところをしっかりと捉えておきたい。

【高校地歴・公民】

　日本史・世界史それぞれ大問が2題ずつ出題されており，いずれも論述
ではなく知識を問う問題である。2024年度の日本史については，古代〜
近世と近代以降の2つの大問が出題され，そのうち古代〜近世の大問は，
中学社会の問題に加えて詳細な知識を問う問題が出題された。近代以降
の高校独自の大問は明治時代の経済史と外交史を中心に出題された。出
題範囲は古代から近現代史まで幅広くあまり偏りはみられない。問題の
形式は正誤を問うものがやや多く正確な知識が問われる。

　世界史は，ここ6年，古代から近代にかけてのヨーロッパ史が毎年出題

5

された一方で，現代史は2022年以前の3年間出題がなかった。2024年度の大問2題は，中国史とオリエント史であった。なお，2024年度の中国史は，隋とモンゴル帝国，明代の歴史が中心だったが，それに絡める形で，地域史的には東南アジア史と16世紀のヨーロッパ諸国も出題された。世界史は当然高校の独自問題だが，日本史の独自問題と比べ，難易度的には低めで基本的知識を問うものが多い。範囲が膨大で大変だが，ここ6年出ていない四大文明から現代史まで，広く薄く基本的知識を確認し，時間に余裕があればそれを重層的に上塗りして基本的知識を確実にするのが有効であろう。

　地理については中学社会のところで述べたように，ここのところ中学社会とほぼ同じ問題が出題されており，出題傾向もここ8年は中学社会の地理と同様なのでそちらを参照してほしい。

　公民は，中学社会とほぼ同じ問題が出されたので中学社会を参照してほしい。

◆学習指導要領

　兵庫県では，数年間，学習指導要領の出題がみられなかったのだが，2022年度は高校地歴・公民で小問1問のみ出題され，内容は科目「公共」の「目標」の空欄補充だった。そして，2023年度は中学社会で小問1問のみ出題され，学校教育における公民科の「生きる力」についての適切な説明を選択する問題が出題された。なお，2024年度は出題がない。学習指導要領は今回の改訂で分量が膨大になり，準備するかしないか，どの程度準備するかで勉強計画が大きく変わってくる。また，次年度も2023年度のように中高で共通問題が多く出される可能性があるとなると，中学社会であっても3分野で高校の採用試験に近い専門性が要求されることになり，高校地歴・公民であっても地理・歴史・公民3分野の知識が要求されることになり，教科の勉強量がかなり必要となってくる。学習指導要領対策で教科の勉強時間が十分に取れなくなると本末転倒であり，そこは冷静に判断して対策をたてたい。2023年度も2022年と同様小問1問のみで，200点満点中3点程度のものだった。また，あまり学習指導要領を読み込んでいなくても，大まかな内容から推測ができる選択問題で

もあった。しかし来年も1問とは限らないし，難易度が上がるかもしれないし，逆に出題されない可能性もある。おすすめの対策としては，遠回りのようであっても，まず学習指導要領解説の「第1章総説」の改訂の基本方針や改訂の趣旨及び要点を読む。そうすることで，学習指導要領本文に出てくるキーワードが頭に入り，空欄補充の推測が付きやすくなる。次に，出題頻度の高い教科や科目の「目標」と「指導計画の作成と内容の取扱い」を，空欄補充として出されることを意識しながら数回精読する。第3に「内容」の大項目を頭に入れる。ここまでやるだけでかなり得点の可能性は出てくる。あとは，受験生それぞれのかけられる時間に合わせ，ここまでとするか，さらに「内容」の中身や「内容の取扱い」や「解説」にまで手を付けるか，考えてほしい。ただだらだらと読んで時間を消費するようなことは避けて，作戦を立てて取り組みたい。

過去5年間の出題傾向分析

大分類	中分類（小分類）	主な出題事項	2020年度	2021年度	2022年度	2023年度	2024年度
中学地理	地図	縮尺，図法，地図の種類・利用，地域調査	●	●	●	●	●
	地形	山地，平野，海岸，特殊な地形，海水・陸水	●		●		●
	気候	気候区分，植生，土壌，日本の気候				●	
	人口	人口分布，人口構成，人口問題，過疎・過密				●	●
	産業・資源(農牧業)	農牧業の発達・条件，生産，世界の農牧業地域		●			
	産業・資源(林業・水産業)	林産資源の分布，水産業の発達・形態，世界の主要漁場		●			
	産業・資源(鉱工業)	資源の種類・開発，エネルギーの種類・利用，輸出入	●	●			●
	産業・資源(第3次産業)	商業，サービス業など				●	
	貿易	貿易の動向，貿易地域，世界・日本の貿易		●		●	
	交通・通信	各交通の発達・状況，情報・通信の発達	●				
	国家・民族	国家の領域，国境問題，人種，民族，宗教	●				
	村落・都市	村落・都市の立地・形態，都市計画，都市問題	●		●		
	世界の地誌(アジア)	自然・産業・資源などの地域的特徴					●
	世界の地誌(アフリカ)	自然・産業・資源などの地域的特徴					●
	世界の地誌(ヨーロッパ)	自然・産業・資源などの地域的特徴	●			●	
	世界の地誌(南北アメリカ)	自然・産業・資源などの地域的特徴					
	世界の地誌(オセアニア・南極)	自然・産業・資源などの地域的特徴					
	世界の地誌(その他)	自然・産業・資源などの地域的特徴					
	日本の地誌	地形，気候，人口，産業，資源，地域開発	●	●	●	●	
	環境問題	自然環境，社会環境，災害，環境保護		●		●	
	その他	地域的経済統合，世界のボーダレス化，国際紛争					
	指導法	指導計画，学習指導，教科教育					
	学習指導要領	内容理解，空欄補充，正誤選択					
中学歴史	原始	縄文時代，弥生時代，奴国，邪馬台国					
	古代	大和時代，飛鳥時代，奈良時代，平安時代	●	●		●	●
	古代の文化	古墳文化，飛鳥文化，天平文化，国風文化				●	
	中世	鎌倉時代，室町時代，戦国時代	●	●	●		●
	中世の文化	鎌倉文化，鎌倉新仏教，室町文化			●		
	近世	安土桃山時代，江戸時代	●	●	●	●	
	近世の文化	桃山文化，元禄文化，化政文化	●		●		
	近代	明治時代，大正時代，昭和戦前期(〜太平洋戦争)		●	●	●	●
	近代の文化	明治文化，大正文化					

大分類	中分類（小分類）	主な出題事項	2020年度	2021年度	2022年度	2023年度	2024年度
中学歴史	現代	昭和戦後期, 平成時代, 昭和・平成の経済・文化					
	その他の日本の歴史	日本仏教史, 日本外交史, 日本の世界遺産					
	先史・四大文明	オリエント, インダス文明, 黄河文明				●	
	古代地中海世界	古代ギリシア, 古代ローマ, ヘレニズム世界					
	中国史	春秋戦国, 秦, 漢, 六朝, 隋, 唐, 宋, 元, 明, 清		●	●	●	●
	中国以外のアジアの歴史	東南アジア, 南アジア, 西アジア, 中央アジア					●
	ヨーロッパ史	古代・中世ヨーロッパ, 絶対主義, 市民革命	●				
	南北アメリカ史	アメリカ古文明, アメリカ独立革命, ラテンアメリカ諸国	●			●	
	二度の大戦	第一次世界大戦, 第二次世界大戦		●			
	現代史	冷戦, 中東問題, アジア・アフリカの独立, 軍縮問題			●		
	その他の世界の歴史	歴史上の人物, 民族史, 東西交渉史, 国際政治史					●
	指導法	指導計画, 学習指導, 教科教育					
	学習指導要領	内容理解, 空欄補充, 正誤選択					
中学公民	政治の基本原理	民主政治の発達, 法の支配, 人権思想, 三権分立				●	●
	日本国憲法	成立, 基本原理, 基本的人権, 平和主義, 新しい人権		●			
	日本の政治機構	立法, 行政, 司法, 地方自治		●		●	●
	日本の政治制度	選挙制度の仕組み・課題, 政党政治, 世論, 圧力団体			●		
	国際政治	国際法, 国際平和機構, 国際紛争, 戦後の国際政治	●		●		
	経済理論	経済学の学派・学説, 経済史, 資本主義経済	●		●		●
	貨幣・金融	通貨制度, 中央銀行 (日本銀行), 金融政策	●				
	財政・租税	財政の仕組み, 租税の役割, 財政政策	●			●	
	労働	労働法, 労働運動, 労働者の権利, 雇用問題		●			
	戦後の日本経済	高度経済成長, 石油危機, バブル景気, 産業構造の変化					
	国際経済	為替相場, 貿易, 国際収支, グローバル化, 日本の役割			●		
	現代社会の特質と課題	高度情報化社会, 少子高齢化, 社会保障, 食料問題		●			
	地球環境	温暖化問題, エネルギー・資源問題, 国際的な取り組み	●	●			
	哲学と宗教	ギリシア・西洋・中国・日本の諸思想, 三大宗教と民族宗教	●	●			
	その他	最近の出来事, 消費者問題, 地域的経済統合, 生命倫理	●	●		●	
	指導法	指導計画, 学習指導, 教科教育					
	学習指導要領	内容理解, 空欄補充, 正誤選択				●	
高校地理	地図	縮尺, 図法, 地図の種類・利用, 地域調査	●	●	●		
	地形	山地, 平野, 海岸, 特殊な地形, 海水・陸水	●	●	●		
	気候	気候区分, 植生, 土壌, 日本の気候	●			●	
	人口	人口分布, 人口構成, 人口問題, 過疎・過密					
	産業・資源（農牧業）	農牧業の発達・条件, 生産, 世界の農牧業地域		●		●	

大分類	中分類（小分類）	主な出題事項	2020年度	2021年度	2022年度	2023年度	2024年度
高校地理	産業・資源(林業・水産業)	林産資源の分布, 水産業の発達・形態, 世界の主要漁場					
	産業・資源（鉱工業）	資源の種類・開発, エネルギーの種類・利用, 輸出入			●	●	
	産業・資源(第3次産業)	商業, サービス業など				●	
	貿易	貿易の動向, 貿易地域, 世界・日本の貿易				●	
	交通・通信	各交通の発達・状況, 情報・通信の発達					
	国家・民族	国家の領域, 国境問題, 人種, 民族, 宗教	●				
	村落・都市	村落・都市の立地・形態, 都市計画, 都市問題			●		
	世界の地誌(アジア)	自然・産業・資源などの地域的特徴					
	世界の地誌(アフリカ)	自然・産業・資源などの地域的特徴					
	世界の地誌(ヨーロッパ)	自然・産業・資源などの地域的特徴				●	
	世界の地誌(南北アメリカ)	自然・産業・資源などの地域的特徴					
	世界の地誌(オセアニア・南極)	自然・産業・資源などの地域的特徴					
	世界の地誌(その他)	自然・産業・資源などの地域的特徴					
	日本の地誌	地形, 気候, 人口, 産業, 資源, 地域開発	●	●	●	●	
	環境問題	自然環境, 社会環境, 災害, 環境保護		●		●	
	その他	地域的経済統合, 世界のボーダレス化, 国際紛争					
	指導法	指導計画, 学習指導, 教科教育	●				
	学習指導要領	内容理解, 空欄補充, 正誤選択					
高校日本史	原始	縄文時代, 弥生時代, 奴国, 邪馬台国					
	古代(大和時代)	大和政権, 倭の五王, 『宋書』倭国伝, 氏姓制度			●		
	古代(飛鳥時代)	推古朝と聖徳太子, 遣隋使, 大化改新, 皇親政治		●	●		●
	古代(奈良時代)	平城京, 聖武天皇, 律令制度, 土地制度		●	●	●	●
	古代(平安時代)	平安京, 摂関政治, 国風文化, 院政, 武士台頭	●		●		
	古代の文化	古墳文化, 飛鳥文化, 白鳳文化, 天平文化, 国風文化			●	●	●
	中世(鎌倉時代)	鎌倉幕府, 御成敗式目, 元寇, 守護・地頭			●		●
	中世(室町時代)	南北朝, 室町幕府, 勘合貿易, 惣村, 一揆	●	●			
	中世(戦国時代)	戦国大名, 分国法, 貫高制, 指出検地, 町の自治					
	中世の文化	鎌倉文化, 鎌倉新仏教, 室町文化, 能			●		
	近世(安土桃山時代)	鉄砲伝来, 織豊政権, 楽市楽座, 太閤検地, 刀狩				●	
	近世(江戸時代)	江戸幕府, 幕藩体制, 鎖国, 三大改革, 尊王攘夷	●	●	●		●
	近世の文化	桃山文化, 元禄文化, 化政文化	●	●			
	近代(明治時代)	明治維新, 大日本帝国憲法, 日清・日露戦争, 条約改正	●	●	●	●	●
	近代(大正時代)	大正デモクラシー, 第一次世界大戦, 米騒動, 協調外交	●	●			●
	近代(昭和戦前期)	恐慌, 軍部台頭, 満州事変, 日中戦争, 太平洋戦争	●	●	●		
	近代の経済	地租改正, 殖産興業, 産業革命, 貿易, 金本位制					●

大分類	中分類（小分類）	主な出題事項	2020年度	2021年度	2022年度	2023年度	2024年度
高校日本史	近代の文化	明治文化, 大正文化		●		●	
	現代	昭和戦後期, 平成時代		●	●		
	現代の経済	高度経済成長, 為替相場, 石油危機, バブル景気		●	●		
	その他	地域史, 制度史, 仏教史, 外交史, 経済史					
	指導法	指導計画, 学習指導, 教科教育					
	学習指導要領	内容理解, 空欄補充, 正誤選択					
高校世界史	先史・四大文明	オリエント, インダス文明, 黄河文明				●	●
	古代地中海世界	古代ギリシア, 古代ローマ, ヘレニズム世界		●			
	中国史(周〜唐)	周, 春秋戦国, 諸子百家, 漢, 三国, 晋, 南北朝, 隋, 唐	●		●		●
	中国史（五代〜元）	五代, 宋, 北方諸民族, モンゴル帝国, 元	●		●		●
	中国史(明・清・中華民国)	明, 清, 列強の進出, 辛亥革命, 中華民国		●	●		●
	東南アジア史	ヴェトナム, インドネシア, カンボジア, タイ, ミャンマー			●		
	南アジア史	インド諸王朝, ムガル帝国, インド帝国, 独立運動		●		●	●
	西アジア史	イスラム諸王朝, オスマン=トルコ, 列強の進出		●			
	東西交渉史	シルクロード, モンゴル帝国, 大航海時代		●			
	ヨーロッパ史（中世・近世）	封建制度, 十字軍, 海外進出, 宗教改革, 絶対主義		●	●		
	ヨーロッパ史（近代）	市民革命, 産業革命, 帝国主義, ロシア革命	●			●	
	南北アメリカ史	アメリカ古文明, アメリカ独立革命, ラテンアメリカ諸国				●	
	二度の大戦	第一次世界大戦, 第二次世界大戦					
	その他の地域の歴史	内陸アジア, 朝鮮, オセアニア, 両極, アフリカ			●		
	現代史	冷戦, 中東問題, アジア・アフリカの独立, 軍縮問題			●		
	宗教史	インドの諸宗教, キリスト教, イスラム教	●				
	文化史	古代ギリシア・ローマ文化, ルネサンス, 近代ヨーロッパ文化		●			
	その他	時代または地域を横断的に扱う問題, 交易の歴史, 経済史					●
	指導法	指導計画, 学習指導, 教科教育					
	学習指導要領	内容理解, 空欄補充, 正誤選択					
高校政経	政治の基本原理	民主政治の発達, 法の支配, 人権思想, 三権分立			●	●	
	日本国憲法	成立, 基本原理, 基本的人権, 平和主義, 新しい人権		●			
	立法	国会の仕組み・役割, 議会政治, 関係条文					●
	行政	内閣の仕組み・役割, 議院内閣制, 関係条文					
	司法	裁判所の仕組み・役割, 国民審査, 裁判員制度, 関係条文		●			
	地方自治	地方自治の意義, 直接請求権, 組織と権限, 地方分権				●	
	日本の政治制度	選挙制度の仕組み・課題, 政党政治, 世論, 圧力団体			●		
	国際政治	国際法, 国際連盟と国際連合, 核・軍縮問題, 国際紛争			●		
	戦後政治史	戦後日本の政治・外交の動き					

大分類	中分類（小分類）	主な出題事項	2020年度	2021年度	2022年度	2023年度	2024年度
高校政経	経済理論	経済学説, 経済史, 社会主義経済の特徴	●		●		
	資本主義経済	資本主義の仕組み, 市場機構, 企業活動	●				●
	貨幣・金融	貨幣の役割, 金融と資金循環の仕組み, 金融政策	●				
	財政・租税	財政の仕組み, 租税の役割, 財政政策	●			●	
	労働	労働法, 労働運動, 労働者の権利, 雇用問題		●			
	国民経済	国民所得の諸概念, 経済成長, 景気の循環					
	戦後の日本経済	高度経済成長, 石油危機, バブル景気, 産業構造の変化					
	国際経済	為替相場, 貿易, 国際収支, グローバル化, 日本の役割	●		●		
	地域的経済統合	各地域での経済統合の動向とその特徴					
	その他	消費者問題, 公害問題, 環境問題	●				
	指導法	指導計画, 学習指導, 教科教育					
	学習指導要領	内容理解, 空欄補充, 正誤選択					
高校現社	青年期の意義と課題	青年期の特質, 精神分析, 自己実現		●			
	現代社会の特質	高度情報化社会, 消費者問題				●	
	人口問題	人口構造の変化, 少子高齢化とその対策					
	労働問題	労働運動, 労使関係, 労働問題の現状				●	
	福祉問題	社会保障の仕組みと課題, 年金制度					
	食糧問題	農業の課題, 食糧自給, 食品汚染					
	環境問題	公害, 地球環境, 地球温暖化, 日本の取り組み					
	その他	行政の民主化・効率化, 男女共同参画社会, 日本的経営					
	指導法	指導計画, 学習指導, 教科教育					
	学習指導要領	内容理解, 空欄補充, 正誤選択					
高校倫理	哲学と宗教	三大宗教, ユダヤ教, 宗教改革					
	古代ギリシアの思想	古代ギリシアの諸思想, ヘレニズム哲学					
	中国の思想	諸子百家, 儒教, 朱子学, 陽明学			●		
	ヨーロッパの思想（～近代）	ルネサンス, 合理的精神, 啓蒙思想, 観念論		●	●		
	日本人の思考様式	日本の風土と文化, 日本人の倫理観, 神道		●			
	日本の仏教思想	奈良仏教, 密教, 末法思想, 浄土信仰, 鎌倉仏教					
	日本の思想（近世）	日本の儒学, 国学, 心学, 民衆の思想, 洋学			●		
	日本の思想（近代）	福沢諭吉, 中江兆民, 夏目漱石, 内村鑑三, 西田幾多郎					
	現代の思想	実存主義, プラグマティズム, 構造主義, ロールズ			●		
	その他	青年期の特質と課題, 現代社会における倫理			●		
	指導法	指導計画, 学習指導, 教科教育					
	学習指導要領	内容理解, 空欄補充, 正誤選択					

大分類	中分類（小分類）	主な出題事項	2020年度	2021年度	2022年度	2023年度	2024年度
高校公共	青年期の意義と課題	青年期の特質, 精神分析, 自己実現					
	現代社会の特質	高度情報化社会, 消費者問題				●	
	人口問題	人口構造の変化, 少子高齢化とその対策					
	労働問題	労働運動, 労使関係, 労働問題の現状				●	
	福祉問題	社会保障の仕組みと課題, 年金制度					
	食糧問題	農業の課題, 食糧自給, 食品汚染					
	環境問題	公害, 地球環境, 地球温暖化, 日本の取り組み					
	その他	行政の民主化・効率化, 男女共同参画社会, 日本的経営					
	指導法	指導計画, 学習指導, 教科教育					
	学習指導要領	内容理解, 空欄補充, 正誤選択			●		

第 2 部

兵庫県の
教員採用試験
実施問題

2024年度　実施問題

共　通　問　題

【1】次の文章を読んで，以下の問いに答えなさい。

　私たちの周辺には多種多様な地理情報が存在している。それらの情報は，地図によって空間的に表現されている。①現代では，科学技術の発達により，様々な地図が開発されており，②地域間の時間距離の縮小と地球の一体化が進む中，地図の重要性は一層大きくなっている。しかし，球体である地球を，平面の地図に写し取ることは難しく，古くから，③使う目的に合わせて，地図が考案されてきた。地図は，作成の意図や目的により，一般図と主題図に大別できる。一般図には，地形や道路などの要素を基本に，地表の事象をできるだけ網羅的に取り上げた地形図などがある。身近な地域を調査する際には，④地形図が活用される。主題図は，気候・土壌・人口分布など，特定の事象を重点的に表現したものであり，土地利用図や⑤統計地図が代表的である。

1　下線部①に関して，現代の地図について述べた次の文中の（　A　）～（　C　）にあてはまる語句の組合せとして適切なものを，以下のア～カから1つ選んで，その符号を書きなさい。

> 　天気予報でみられる雲の画像のように，人工衛星から地球の様子を監視する技術は（　A　）とよばれ，穀物の生産予測など様々な地図に加工されている。人工衛星の電波を受信し，位置を正確に知ることができる（　B　）は，カーナビゲーションや携帯電話などに利用されている。また，コンピュータを利用して，様々な地理情報を収集，分析，地図表現する（　C　）も，インターネットのデジタル地図のように身近なものになっている。

	ア	イ	ウ	エ	オ	カ
A	リモートセンシング (遠隔探査)	リモートセンシング (遠隔探査)	地理情報システム (GIS)	地理情報システム (GIS)	全球測位衛星システム (GPS)	全球測位衛星システム (GPS)
B	地理情報システム (GIS)	全球測位衛星システム (GPS)	リモートセンシング (遠隔探査)	全球測位衛星システム (GPS)	リモートセンシング (遠隔探査)	地理情報システム (GIS)
C	全球測位衛星システム (GPS)	地理情報システム (GIS)	全球測位衛星システム (GPS)	リモートセンシング (遠隔探査)	地理情報システム (GIS)	リモートセンシング (遠隔探査)

2 下線部②について，関西国際空港を日本時間で7月1日午後11時発の航空便が，ハワイ・ホノルルに現地時間の7月1日午前11時に到着した。このことに関連して述べた文として適切なものを，次のア〜カから2つ選んで，その符号を書きなさい。ただし，ハワイの標準時子午線は西経150度であり，ハワイではサマータイムは採用されていない。

ア 日本とハワイの時差は12時間である。

イ 日本とハワイの時差は15時間である。

ウ 日本とハワイの時差は19時間である。

エ 日本からハワイまでの飛行時間は7時間であった。

オ 日本からハワイまでの飛行時間は9時間であった。

カ 日本からハワイまでの飛行時間は12時間であった。

3 下線部③について，次の問いに答えなさい。

(1) 次の図1は，東京中心の正距方位図法の地図である。この図から読みとれることについて述べた文として適切でないものを，以下のア〜エから1つ選んで，その符号を書きなさい。

図1

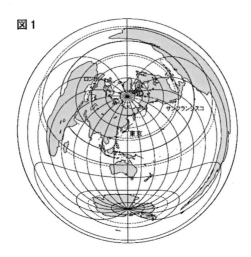

　ア　東京の対蹠点は，大西洋上にある。

　イ　東京からみたサンフランシスコの方位はほぼ北東である。

　ウ　東京からロンドンへの最短コースはロシア上空を通過する。

　エ　東京からアフリカ大陸南端までの距離は，東京からサンフラ
　　　ンシスコまでの距離よりも短い。

(2)　次の図2は正積図を示したものであり，以下のi・iiはその説明
　　文である。「モルワイデ図法」に該当する組合せとして適切なも
　　のを，あとのア～クから1つ選んで，その符号を書きなさい。

図2

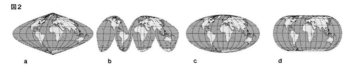

　　　　a　　　　　　　b　　　　　　　c　　　　　　　d

　i　中央経線以外の経線は，正弦曲線で描かれており，赤道や中
　　　央経線付近の陸地の形が比較的正確に表現されている。

　ii　経線が楕円を用いて描かれており，世界全図や世界全体を対
　　　象とした各種の分布図に利用される。

　ア　a－i　　イ　b－i　　ウ　c－i　　エ　d－i

　オ　a－ii　　カ　b－ii　　キ　c－ii　　ク　d－ii

(3) 次の図3のメルカトル図法について述べた次の文中の(A),
(B)にあてはまる語句の組合せとして適切なものを, あとの
ア〜カから1つ選んで, その符号を書きなさい。

図3

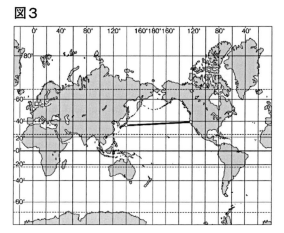

　この図法では, 高緯度ほど距離と面積は拡大され, 緯度60度で
は, 面積は赤道付近の(A)倍となる。羅針盤を利用する航海
用の図法で, 現在でも海図に利用される。任意の2点間を結ぶ直
線は(B)航路になる。

	ア	イ	ウ	エ	オ	カ
A	2	2	4	4	6	6
B	等角	大圏	等角	大圏	等角	大圏

4　下線部④に関して, 次の図4から読み取れることについて述べた文
として適切でないものを, 以下のア〜エから1つ選んで, その符号
を書きなさい。

図4

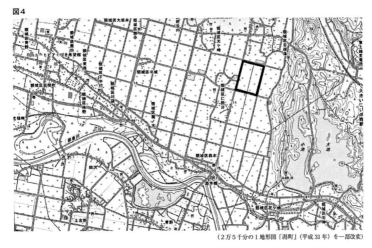

（2万5千分の1地形図「潟町」（平成31年）を一部改変）

ア　図は沖積平野の一部である氾濫原を示しており，後背湿地の大部分は水田に利用されている。

イ　保倉川の流路の変更により，旧流路の一部が河跡湖として残されている。

ウ　大池や小池の南端には，堤防が築かれている。

エ　保倉川は，森本橋付近で天井川となっており，道路が河床の下を通っている。

5　図4の太枠☐☐☐☐で囲まれた部分(地図上で縦約1.5cm，横約1cm)の実際の面積に最も近いものを，次のア〜エから1つ選んで，その符号を書きなさい。

ア　0.03km²　　イ　0.06km²　　ウ　0.09km²　　エ　0.12km²

6　下線部④に関して，地形図の利用について述べた文として適切なものを，次のア〜エから1つ選んで，その符号を書きなさい。

ア　地形図の等高線の間隔が狭いほど傾斜はゆるやかである。

イ　山地で等高線が標高の低い方に向かって張り出しているところは尾根である。

ウ　2万5千分の1地形図は，空中写真や現地測量などをもとにした編集図である。

エ　5万分の1地形図は，2万5千分の1地形図をもとにした実測図である。

7　下線部⑤に関して，地理情報を地図で表すことについて述べた文として適切でないものを，次のア〜エから1つ選んで，その符号を書きなさい。

ア　地域別の人口密度を表すには，ドットマップが用いられることが多い。

イ　多くの地方自治体では，津波や洪水など自然災害による被害を抑えることを目的にハザードマップが作成されている。

ウ　図形表現図は，円や正方形など図形の大きさによって地域ごとの統計数値を比較ができ，絶対分布図といわれる。

エ　カルトグラムは，統計数値をより効果的に示すため，もとの地図を変形させて表現したものである。

(☆☆☆◎◎◎)

【2】次の文章を読んで，あとの問いに答えなさい。

　東南アジアとアフリカには①多様な自然環境がみられ，特徴的な②農業が発達している。また，東南アジアは1980年代半ばに外国企業の工場進出先として注目されるようになった。近年は，③地域経済統合を図る取組も進められている。一方，アフリカでは④自給作物の栽培や先進国に輸出される商品作物の栽培が現在も行われているが，⑤食料不足に悩む地域もあり，⑥特定の農産物や鉱産資源の輸出に頼る傾向がある。近年は市場の相手先として，また資源開発地として，日本との結びつきを深めている。

図1

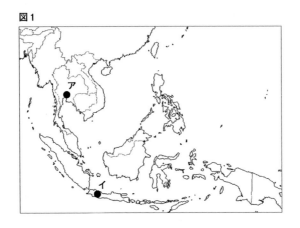

図2

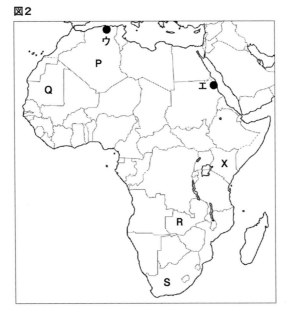

1　下線部①について，次の問いに答えなさい。

(1)　次のハイサーグラフに該当する地点を，図1，図2のア〜エから
1つ選んで，その符号を書きなさい。

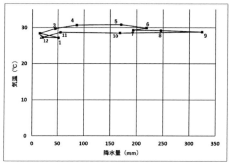

（気象庁ホームページより作成）

(2)　東南アジアの地帯構造について述べた文として適切なものを，次のア～エから1つ選んで，その符号を書きなさい。

　　ア　東南アジアは全域が新期造山帯に該当し，火山活動や地震活動が活発である。

　　イ　スマトラ島やジャワ島周辺にプレート境界はなく，火山の分布はみられない。

　　ウ　ニューギニア島西部の海域でアルプス＝ヒマラヤ造山帯と環太平洋造山帯とが接合している。

　　エ　フィリピンの東部にはフィリピン海プレートとインド＝オーストラリアプレートが沈み込む海溝がみられる。

2　下線部②について，東南アジアの農業について述べた文として適切でないものを，次のア～エから1つ選んで，その符号を書きなさい。

　　ア　インドネシアでは緑の革命が進められ，自国の米の需要に対する国内の供給能力が向上した。

　　イ　タイではプランテーションによる天然ゴムの栽培が盛んであり，世界一の生産量となっている。

　　ウ　フィリピンでは多国籍企業によるバナナプランテーションが，ミンダナオ島のダヴァオ北部に集中している。

　　エ　マレーシアでは生産が盛んであった油やしの木が老化したこともあり，なつめやしへの転作を進めている。

3　下線部③について，2015年12月に東南アジア諸国連合加盟10ヶ国で発足し，2018年1月には域内の関税を原則すべて撤廃することになった経済共同体の略称を書きなさい。

4　次の図3は縦軸に一人当たりGNI，横軸にGNI，対日輸出額を円の大きさで示したものであり，ア～エはシンガポール，タイ，マレーシア，ミャンマーのいずれかの国を示している。タイに該当するものを，図3のア～エから1つ選んで，その符号を書きなさい。

図3　　　　　　　　　　　　　　　　　　　　　　　　　（2020年）

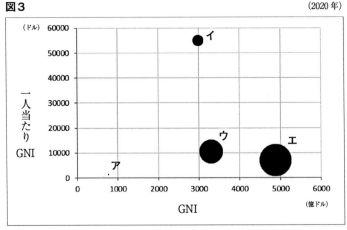

（『データブック オブ ザ ワールド 2023』より作成）

5　下線部④について，図2のX国の農業に関して述べた文として適切なものを，次のア～エから1つ選んで，その符号を書きなさい。

　ア　コーヒーの原産地とされ，コーヒー豆・もろこし・ごまなどが主要産物である。

　イ　高原地域の気候を生かした農業が行われており，コーヒー豆・茶・花き類・サイザル麻などが主要産物である。

　ウ　国土が乾燥しているため大河川付近に耕地は限られ，小麦・米・綿花などが主要農産物である。

　エ　国土が乾燥しているため遊牧が盛んであり，綿花・米・あわ・もろこしの栽培もみられる。

6　下線部⑤について，慢性的な食糧不足の状況を改善するため，日

本政府から派遣された専門家の支援で，病気や乾燥に強いアフリカ稲と高収量のアジア稲を交雑した新品種の栽培が行われている。この新品種の総称を何というか書きなさい。

7 下線部⑥について，次の問いに答えなさい。

(1) 次の表1，表2のいずれかは，アフリカで栽培が盛んなキャッサバ生産量の世界全体に占める割合を示したものであり，以下の文a〜cのいずれかはキャッサバを説明した文である。キャッサバに該当する組合せとして適切なものを，あとのア〜カから1つ選んで，その符号を書きなさい。

表1 (2020年)

国名	割合（%）
コートジボワール	38.2
ガーナ	13.9
インドネシア	12.8
ナイジェリア	5.9
エクアドル	5.7

表2 (2020年)

国名	割合（%）
ナイジェリア	19.8
コンゴ民主	13.6
タイ	9.6
ガーナ	7.2
インドネシア	6.0

(『データブック オブ ザ ワールド 2023』より作成)

a 原産地は熱帯アメリカ低地とされる。排水良好な土壌を好み，種子を乾燥させて利用する。

b 原産地は南米とされる。根からでんぷんを採取して食用に加工したり，飼料として利用したりする。

c 原産地は地中海沿岸とされる。乾燥に強く，他の樹木が生育困難な岩盤質の土地でも成長し，楕円形の実を利用する。

ア 表1−a　　イ 表1−b　　ウ 表1−c　　エ 表2−a
オ 表2−b　　カ 表2−c

(2) 表3は図2のP，Q，R，S国の輸出額の構成と一人当たりGNIを示している。Q国に該当するものを，次のア〜エから1つ選んで，その符号を書きなさい。

表3

国名	輸出額構成（%）								一人当たり GNI（ドル）
ア	銅	73.5	銅鉱	2.3	セメント	1.6	機械類	1.5	1,160
イ	鉄鉱石	34.5	金（非貨幣用）	26.1	魚介類	7.6			1,670
ウ	原油	36.1	天然ガス	20.3	石油製品	18.3	液化天然ガス	10.4	3,570
エ	白金	12.6	自動車	9.8	金（非貨幣用）	7.9	機械類	7.6	6,010

（『データブック オブ ザ ワールド 2023』より作成）

8 次の図4〜図6は，アフリカ諸国における2020年の合計特殊出生率，平均寿命，第3次産業人口比率を示したものである。図4〜図6の指標の組合せとして適切なものを，以下のア〜カから1つ選んで，その符号を書きなさい。

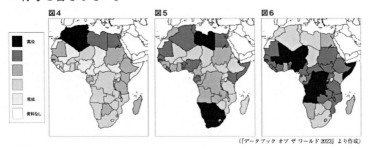

（『データブック オブ ザ ワールド 2023』より作成）

	ア	イ	ウ	エ	オ	カ
合計特殊出生率	図4	図4	図5	図5	図6	図6
平均寿命	図5	図6	図4	図6	図4	図5
第3次産業人口比率	図6	図5	図6	図4	図5	図4

（☆☆☆◎◎◎）

中 学 社 会

【1】次の文章を読んで，以下の問いに答えなさい。

14世紀中ごろの中国では，①元がおとろえ，（ A ）民族の皇帝が②明を建国し，モンゴル民族は北に追われた。明は，倭寇の対策として，民間貿易を禁止して，③明に朝貢する形式の貿易を行った。日本では，室町幕府の3代将軍（ B ）が，朝貢形式の貿易を始め，貿易の

利益を幕府の財源にあてた。

　14世紀終わりの朝鮮半島では，李成桂が高麗を滅ぼし，国号を④<u>朝鮮</u>とし，1897年に国号を改めるまで存続した。⑤<u>琉球</u>では按司と称される有力者を統率する権力者があらわれ，3つの勢力が分立したが，15世紀初め，尚巴志が三山を統一して琉球王国をたて，（　C　）を都とし，東シナ海と⑥<u>南シナ海</u>を結ぶ結節点となった。

1　文中の（　A　）～（　C　）にあてはまる語句を書きなさい。

2　下線部①について，この国を訪問した人物に関して述べた文として適切でないものを，次のア～エから1つ選んで，その符号を書きなさい。

　　ア　ヴェネツィア出身のマルコ＝ポーロは大都に至りフビライに仕えた。

　　イ　修道士のモンテ＝コルヴィノは大都の初代大司教に任じられ，中国で初めてカトリックの布教を行った。

　　ウ　『大旅行記(三大陸周遊記)』で知られるイブン＝バットゥータは，海路で中国に渡った。

　　エ　イギリスの軍人のマカートニーは，熱河の離宮に至り貿易関係の改善を要求した。

3　下線部②の王朝の官僚体制に関して述べた文として適切なものを，次のア～エから1つ選んで，その符号を書きなさい。

　　ア　朱子学を官学として科挙を整備し，唐にならって律・令を制定した。

　　イ　中央官制の要職の定員は満・漢同数とし，皇帝直属の諮問機関の軍機処を設置した。

　　ウ　科挙によって選ばれた文人官僚が政治をおこなう文治主義が行われた。

　　エ　中書省をはじめとする三省と六部を中心とした分業体制を行った。

4　下線部③について，明への朝貢貿易の拠点のひとつとなったマラッカ王国は，現在のどこの国に属するか，次のア～エから1つ選ん

27

で，その符号を書きなさい。

ア　フィリピン　　イ　マレーシア　　ウ　ベトナム

エ　インドネシア

5　下線部④について，日本との関わりに関して述べた文aとbの正誤の組合せとして適切なものを，以下のア～エから1つ選んで，その符号を書きなさい。

a　対馬の宗氏は，日本と朝鮮半島の貿易で利益を得た。

b　朝鮮通信使は，江戸幕府の将軍の代替わりの際などに来日した。

ア　a－正　b－正　　イ　a－正　b－誤　　ウ　a－誤　b－正

エ　a－誤　b－誤

6　下線部⑤について，15世紀初めに盛んに行われた中継貿易の輸出入品に関して述べた次の文中の(X)，(Y)にあてはまる語句の組合せとして適切なものを，以下のア～エから1つ選んで，その符号を書きなさい。

> 日本の刀剣や屏風，東南アジアの(X)などを明に納め，その返礼として明から(Y)を得て，他の国々に輸出した。

ア　X　砂糖や木綿　　　　Y　絹織物や陶磁器

イ　X　砂糖や木綿　　　　Y　香辛料や象牙

ウ　X　香辛料や象牙　　　Y　絹織物や陶磁器

エ　X　絹織物や陶磁器　　Y　砂糖や木綿

7　下線部⑥について，沿岸部にあるベトナム中部にあったチャンパーに関して述べた文として適切なものを，次のア～エから1つ選んで，その符号を書きなさい。

ア　日照りに強い占城稲が長江下流域でも栽培された。

イ　山田長政が官位につき日本との通商に尽力した。

ウ　ボロブドゥールに大乗仏教の石像がある。

エ　マゼランが世界周航の際に到達し，植民地化のきっかけになった。

(☆☆☆◎◎◎)

【2】次の文章を読んで，以下の問いに答えなさい。

　　令和6年度に新紙幣が発行される予定である。過去には，右大臣と
して活躍したが九州へ左遷され，死後に天神としてまつられた（　A　）
が紙幣の肖像画となった。銭貨の歴史をみると，奈良時代に和同開珎
が鋳造され，①平安時代の10世紀半ばまで国家による銭貨発行が続い
た。12世紀半ば以降，中国から銭貨が流入し使用されたが，15世紀後
半以降は，中国からの銭貨の流入量が減少し，②私的につくられた私
鋳銭の流通により，国内の銭貨流通は混乱した。江戸時代には，幕府
は③主要鉱山を直轄し，金・銀・銭の三貨を流通させた。江戸時代を
通じて，幕府によりたびたび④貨幣の改鋳が行われた。

　　明治時代になると政府は，財源に乏しく，太政官札等の不換紙幣を
発行した。また財源の安定を目指し，⑤地租改正に着手した。江戸幕
府が経営した鉱山や工場を官営事業として経営し，殖産興業にも力を
注いだ。貿易赤字を解消するため官営の（　B　）製糸場を群馬県に新た
に設け，生糸の生産拡大を図った。綿製品は1883年には⑥大阪紡績会
社が開業し機械による生産が急増した。日清戦争前後の産業革命期に
入ると，工場労働者のストライキが始まり，政府は労資対立を緩和す
るため，日本で最初の労働者保護法である（　C　）法の制定に向かい，
1911年に成立した。⑦第一次世界大戦で日本は未曽有の好景気を迎え
たが，ヨーロッパ諸国の復興が進むと，戦後恐慌が発生し，その後日
本経済は関東大震災で大きな打撃を受け，⑧1920年代以降複数の恐慌
にみまわれた。

1　文中の（　A　）～（　C　）にあてはまる人名または語句を書きなさい。
2　下線部①に関して述べた文a～cについて，古いものから順に並べた
　ものを，以下のア～カから1つ選んで，その符号を書きなさい。

　a　東国に進出していた源氏が，東国の武士を率いて東北地方の豪
　　族安倍氏を滅ぼした。

　b　現在の茨城県周辺を根拠地としていた人物が，国司と対立して
　　反乱を起こし新皇と称したが鎮圧された。

　c　院の近臣のあいだの対立を原因として都で乱がおこり，貴族社

会の争いも武士の実力で解決された。

　　ア　a→b→c　　イ　a→c→b　　ウ　b→a→c　　エ　b→c→a

　　オ　c→a→b　　カ　c→b→a

3　下線部②から類推される中世社会の特徴を述べた文として適切な
　ものを，次のア～エから1つ選んで，その符号を書きなさい。

　　ア　圧倒的軍事力を背景とした政権により秩序が安定した時代

　　イ　様々な勢力が独自の権力をもち，政治権力が分散した時代

　　ウ　文書主義を特徴とし，中国をモデルとした中央集権の時代

　　エ　国土の領域が確定し，人々の行動様式が画一化した時代

4　下線部③について，次の資料1が示す鉱山を，以下のア～エから1
　つ選んで，その符号を書きなさい。

　　資料1　この鉱山は，1542年の山名氏の時代に採掘が始まりま
　　　　　した。織田・豊臣時代を経て，江戸時代，幕府が代官所
　　　　　を置き，最盛期を迎えます。明治元年，政府直轄となり
　　　　　フランス人技師が着任し，めざましい近代化を成し遂げ
　　　　　ました。明治29年に三菱合資会社に払い下げられ，昭和
　　　　　48年の閉山まで国内有数の大鉱山として採掘が続きまし
　　　　　た。平成29年，日本遺産（「播但貫く　銀の馬車道鉱石
　　　　　の道」）に認定され鉱山の歴史を伝えています。

　　　　　　　　　　　　　　　　　　　　（観光パンフレットを要約）

　　ア　佐渡　　イ　石見　　ウ　別子　　エ　生野

5　下線部④に関して，次の資料2は，1860年の改鋳を説明したもので
　ある。（　X　）と（　Y　）にあてはまる文の組合せとして，適切なも
　のを，あとのア～エから1つ選んで，その符号を書きなさい。

　　資料2　貿易の開始とその影響
　　　（　X　）⟹幕府は金貨の品質を大幅に引き下げる改鋳を行
　　　った⟹（　Y　）

あ　輸出超過により，金が大量に海外へ流出した。

い　金銀比価の違いにより，金が大量に海外へ流出した。

う　デフレーションにより人々の生活は混乱した。

え　インフレーションにより人々の生活は混乱した。

ア　X あ　Y う　　イ　X あ　Y え　　ウ　X い　Y う

エ　X い　Y え

6　下線部⑤について，次の資料3から読み取れることとして述べた文として適切なものを，以下のア〜エから1つ選んで，その符号を書きなさい。

資料3

ア　土地の譲渡が可能になったので，土地の所有者の名前は記されていない。

イ　この地券は，地租の税率が変更される以前に発行された。

ウ　この地券には，十進法を採用した通貨の単位が記載されている。

エ　土地を検査し，地券を授与した県令の名前が記されている。

7　下線部⑥について，大阪紡績会社を設立した人物として適切なものを，次のア〜エから1つ選んで，その符号を書きなさい。

ア　岩崎弥太郎　　イ　渋沢栄一　　ウ　豊田佐吉

エ　松方正義

8　下線部⑦について述べた文aとbの正誤の組合せとして適切なもの

を，以下のア～エから1つ選んで，その符号を書きなさい。

a　第2次大隈重信内閣は，日英同盟を理由に参戦した。

b　中国におけるドイツの根拠地青島と山東省の権益を接収した。

ア　a－正　b－正　　イ　a－正　b－誤　　ウ　a－誤　b－正

エ　a－誤　b－誤

9　下線部⑧について，1920年代のできごとを述べた文a～cについて，古いものから順に並べたものを，以下のア～カから1つ選んで，その符号を書きなさい。

a　片岡直温大蔵大臣の失言により，取付け騒ぎが起こり，銀行が休業した。

b　関東大震災が発生し，地震と火災によって東京市の大部分が廃墟と化した。

c　東京・大阪・名古屋でラジオ放送が開始された。

ア　a→b→c　　イ　a→c→b　　ウ　b→a→c　　エ　b→c→a

オ　c→a→b　　カ　c→b→a

(☆☆☆◎◎◎)

【3】次の文章を読んで，以下の問いに答えなさい。

　アメリカでは，立法府である議会に所属する議員は，国民による選挙によって選ばれる。議会は立法権，予算議決権に加えて，3分の2以上の多数の議決による法案再可決権などをもつ。また，行政府の長は①大統領であり，選挙によって（　A　）年間の任期で選ばれる。

　②イギリスでは，議員が議会に集まり，立法権を行使する。そして，議会のなかで多数を占める政党によって内閣が組織され，行政権を執行する。（　B　）院が内閣の政策や判断に反対する場合，不信任決議を行い，新たな内閣がつくられる。また，内閣は不信任決議に対し議会を解散し，総選挙で国民の審判をあおぐことができる。

　日本の国会は，国権の最高機関であり，唯一の③立法機関である。二院制を採用しており，④衆議院と参議院の両院ともに国民の直接選挙によって選ばれた議員で組織されている。議員の任期と⑤選挙制度

は両院で異なるものとなっており，多様な意見を審議に反映できるしくみをとっている。両院の議決が一致せず，両院協議会を開いても妥協が得られない場合，予算の議決などについては⑥衆議院の優越が認められている。

1 文中の(A)，(B)にあてはまる語句や数字を書きなさい。

2 下線部①について，アメリカ大統領を説明した文aとbの正誤の組合せとして適切なものを，以下のア～エから1つ選んで，その符号を書きなさい。

 a 大統領は，2期まで再選が可能であるが，第二次世界大戦後は実際に2期務めた大統領はいない。

 b 大統領は軍の最高司令官であり，条約の締結権をもつが，議会を解散する権限や法案の提出権はもたない。

ア a－正 b－正 イ a－正 b－誤 ウ a－誤 b－正
エ a－誤 b－誤

3 下線部②に関して，イギリスの選挙制度について述べた次の文中の(X)，(Y)にあてはまる語句の組合せとして適切なものを，以下のア～エから1つ選んで，その符号を書きなさい。

> 現在，イギリスの選挙制度は，(X)制を採用しており，これまで(Y)。

ア X 小選挙区 Y 頻繁な政権交代が行われてきた
イ X 小選挙区 Y 小党が乱立してきた
ウ X 大選挙区 Y 頻繁な政権交代が行われてきた
エ X 大選挙区 Y 小党が乱立してきた

4 下線部③について，法案の提出に関して述べた次の文中の(X)，(Y)にあてはまる語句の組合せとして適切なものを，以下のア～エから1つ選んで，その符号を書きなさい。

> 国会議員は(X)，国会は法律を制定する権限を有しているが，(Y)の成立率は低い。

　　ア　X－特定の選挙区を代表し　　　　Y－議員提出法案

　　イ　X－特定の選挙区を代表し　　　　Y－内閣提出法案

　　ウ　X－主権者である国民を代表し　　Y－議員提出法案

　　エ　X－主権者である国民を代表し　　Y－内閣提出法案

5　下線部④について説明した文aとbの正誤の組合せとして適切なものを，以下のア～エから1つ選んで，その符号を書きなさい。

　　a　参議院議員選挙は大選挙区制で行われるため，衆議院議員選挙より大政党に有利となっている。

　　b　参議院は，内閣の要求により緊急集会が召集されることがある。

　　ア　a－正　b－正　　　イ　a－正　b－誤　　　ウ　a－誤　b－正

　　エ　a－誤　b－誤

6　下線部⑤について，ある議会の定員は5人であり，各選挙区から1名選出されるとする。この議会の選挙において，3つの政党P～Rが5つの選挙区 あ～お で，それぞれ1人の候補者を立てた。次の表は，その選挙での各候補者の得票数を示している。この選挙結果を述べた文aとbの正誤の組合せとして適切なものを，あとのア～エから1つ選んで，その符号を書きなさい。

表

選挙区	得票数			計
	P党	Q党	R党	
あ	45	30	25	100
い	10	70	20	100
う	40	30	30	100
え	10	50	40	100
お	40	25	35	100
計	145	205	150	500

　　a　得票数の合計が2番目の政党は，獲得した議席数も2番目である。

　　b　P党は得票数は最も少ないが，死票も少なく，当選者の数は最も多い。

　　ア　a－正　b－正　　　イ　a－正　b－誤　　　ウ　a－誤　b－正

　　エ　a－誤　b－誤

7　下線部⑥について，衆議院の優越に関する記述として適切なもの

を，次のア～エから1つ選んで，その符号を書きなさい。

ア　条約締結の承認に関して両院が異なる議決をし，両院協議会を
　　開いても意見が一致しないときや10日以内に参議院が議決しない
　　ときは，衆議院の議決が国会の議決となる。

イ　弾劾裁判所の設置，国政調査権の行使は衆議院のみに権限が与
　　えられている。

ウ　内閣不信任決議は，両院で議決されてはじめて国会の議決とな
　　る。

エ　衆議院で可決した法律案を参議院が否決した場合，衆議院が出
　　席議員の3分の2以上の多数で再可決すれば法律が成立する。

(☆☆◎◎◎)

【4】次の文章を読んで，以下の問いに答えなさい。

　①株式会社の勃興期には株主が経営者を兼ねる場合が多かったが，
現在は中小企業を除くと②株主が経営にあたることはまれである。
③社会の変化に伴って，人々の行動など大量のデータ(ビッグデータ)
を有効活用することが企業の戦略上の課題となっている。新たな発想
に基づくサービスを創造することが求められており，企業間での激し
い競争も繰り広げられている。産業構造が変化する中で，④高い技術
を持つ中小企業の中には新しい市場の開拓に挑む企業もある。また，
中小企業は大企業と比較して⑤スケールメリットでは劣るが，その分
機動的な経営ができ，経営者自身が大株主となっていることが多いた
め，経営者の意向により，⑥社会的活動に力を注ぎやすいとも言われ
ている。

1　下線部①について，現在の日本の株式会社に関する文aとbの正誤
　の組合せとして適切なものを，以下のア～エから1つ選んで，その
　符号を書きなさい。

　a　株主の責任は有限責任であり，出資している株式会社が倒産し
　　たとしても，個人的財産を拠出して負債を弁償する必要はない。

　b　株式の発行により資本を調達し，株主に対しては会社の利益が

あるなしにかかわらず，毎月一定額の配当が支払われる。

ア　a－正　b－正　　イ　a－正　b－誤　　ウ　a－誤　b－正

エ　a－誤　b－誤

2　下線部②に関して述べた次の文中の（　X　），（　Y　）にあてはまる語句の組合せとして適切なものを，以下のア～エから1つ選んで，その符号を書きなさい。

> 株式会社の最高議決機関は（　X　）であり，そこで選任された経営者が会社の経営にあたる。近年では，（　Y　）が経営方針に積極的に意見を言うことが増えている。

ア　X　取締役会　　Y　株主

イ　X　株主総会　　Y　株主

ウ　X　取締役会　　Y　取締役

エ　X　株主総会　　Y　取締役

3　下線部③に関して，電化製品などをインターネットに接続する「モノのインターネット」のことを，アルファベット3字で書きなさい。

4　下線部④に関して，次の問いに答えなさい。

(1)　中小企業向けの政策について，次の文中の（　X　），（　Y　）にあてはまる語句の組合せとして適切なものを，以下のア～エから1つ選んで，その符号を書きなさい。

> 中小企業政策については，（　X　），大企業と同様の市場競争を促す政策をとるか，法律の制定などによって大企業の進出を抑制する（　Y　）的な政策をとるか，そのバランスが課題となる。

ア　X　規制を緩和して　　Y　保護主義

イ　X　規制を緩和して　　Y　自由主義

ウ　X　規制を強化して　　Y　保護主義

エ　X　規制を強化して　　Y　自由主義

(2)　表A，表Bは，大企業と中規模企業のいずれかの資金調達構造
の推移を示している。この表を説明した次の文中の（　X　），
（　Y　）にあてはまる語句の組合せとして適切なものを，あとの
ア〜エから1つ選んで，その符号を書きなさい。

> 　1990年と2019年の大企業と中規模企業を比較すると，大
> 企業も中規模企業も借入金依存度は低下している。（　X　）
> は中規模企業の状況を表しており，2019年は1990年と比べ
> て，大企業と中規模企業の自己資本比率の差は（　Y　）。

表A

	1990 年	1999 年	2009 年	2019 年
借入金依存度	47.3%	51.6%	45.7%	34.0%
自己資本比率	14.3%	14.0%	27.8%	42.8%

表B

	1990 年	1999 年	2009 年	2019 年
借入金依存度	40.6%	37.5%	29.9%	30.8%
自己資本比率	26.1%	31.5%	42.4%	44.8%

（『2021 年版中小企業白書』より作成）

　ア　X　表A　　Y　縮まっている
　イ　X　表B　　Y　縮まっている
　ウ　X　表A　　Y　広がっている
　エ　X　表B　　Y　広がっている

(3)　資金調達力は低いが，高い成長率が期待される未上場企業に投
資する会社を何というか，カタカナで書きなさい。

5　下線部⑤に関して，スケールメリットを説明した次の文中の
（　X　），（　Y　）にあてはまる語句の組合せとして適切なものを，
以下のア〜エから1つ選んで，その符号を書きなさい。

> 　企業は，経営，生産，販売などの規模が（　X　）なることで，
> 経済効率を上げ，生産性を（　Y　）ことができる。

　　ア　X　小さく　　　Y　下げる　　　　イ　X　小さく　　　Y　上げる
　　ウ　X　大きく　　　Y　下げる　　　　エ　X　大きく　　　Y　上げる
6　下線部⑥に関して説明した次の文中の(　X　), (　Y　)にあてはま
　る語句の組合せとして適切なものを, 以下のア～エから1つ選んで,
　その符号を書きなさい。

> 　　近年, 企業の社会的責任といわれる(　X　)が世界的に重視
> されており, (　Y　)といわれる慈善事業による社会貢献をさ
> かんに行っている企業も多い。

　　ア　X　CSR　　　Y　メセナ
　　イ　X　CSR　　　Y　フィランソロピー
　　ウ　X　ESG　　　Y　メセナ
　　エ　X　ESG　　　Y　フィランソロピー

(☆☆◎◎◎)

地理歴史・公民

【1】次の文章を読んで, 以下の問いに答えなさい。

　　①隋は, 中国の南北を結ぶ大運河の建設にとりかかり, 2代皇帝
　(　A　)は, 608年に黄河から北の涿郡(北京)まで達する永済渠を完成
　させた。その後も工事は続き, 南の②余杭(杭州)まで達する大運河が
　完成すると, 南北の交流が盛んになり, 永済渠は, ③朝鮮半島への遠
　征の際, 物資輸送にも使われた。この大運河は, 唐においては, 近隣
　地域の生産力のみでは支えきれなかった首都の(　B　)や洛陽の食糧事
　情を安定させた。また, 永済渠と通済渠の結節点として発展した開封
　は, ④北宋の都となり経済的な重要性が高まった。
　　⑤モンゴル帝国では, 内陸部の開封を経由しない済州河と会通河が
　開かれた。大都には, 運河を経由して渤海湾からの船舶が停泊する港
　が設けられ, ムスリム商人が利用した海上ルートが繋がり, 世界各地

の産品が集まる商業の中心地として栄えた。

⑥明代以降の，⑦海禁政策の下では，内陸水運が見直され，杭州から天津へつながる運河が開削され，これが現在の大運河となっている。2014年には，その文化的価値が認められ⑧京杭大運河として世界文化遺産に登録されている。

1　文中の(A)，(B)にあてはまる語句を書きなさい。

2　下線部①について，隋の統治制度に関して述べた文として適切なものを，次のア〜エから1つ選んで，その符号を書きなさい。

　　ア　中央政府には三省・六部を中心とした分業体制を確立した。

　　イ　全国を複数の郡に分け，郡の下に県を置き，中央から派遣した官吏に治めさせた。

　　ウ　一族や功臣などに封土と人民を与え，世襲の諸侯として国を建てさせ治めた。

　　エ　九品中正にかわる新しい人材登用制度として科挙を始めた。

3　下線部②に関して述べた文として適切なものを，次のア〜エから1つ選んで，その符号を書きなさい。

　　ア　三国時代には建業と称され，明の洪武帝が都とした。

　　イ　貿易港として栄え，マルコ＝ポーロは『世界の記述(東方見聞録)』でヨーロッパに紹介した。

　　ウ　唐代より市舶司が置かれ，乾隆帝よりヨーロッパ船の来航が唯一許される海港都市であった。

　　エ　中国第一の陶磁器の生産地，高品質の白磁の産地でもあった。

4　下線部③について，朝鮮半島の出来事に関して述べた文a〜cについて，古いものから順に並べたものを，以下のア〜カから1つ選んで，その符号を書きなさい。

　a　新羅は，唐を排除して朝鮮半島を統一した。

　b　高麗は，仏教を保護し中国の官制を導入した。

　c　高句麗は，漢が支配していた楽浪郡を滅ぼした。

　　ア　a→b→c　　イ　a→c→b　　ウ　b→a→c　　エ　b→c→a

　　オ　c→a→b　　カ　c→b→a

5　下線部④について，この王朝を趙匡胤が建てた頃の出来事に関して述べた文として適切なものを，次のア～エから1つ選んで，その符号を書きなさい。

ア　李成桂が朝鮮を建国し，都を漢城とした。

イ　源頼朝が，征夷大将軍に任命された。

ウ　ユーグ＝カペーが王位につき，カペー朝を開いた。

エ　グプタ朝では，チャンドラグプタ2世が北インド全域を統治した。

6　下線部⑤について，この帝国を訪問した人物に関して述べた文として適切でないものを，次のア～エから1つ選んで，その符号を書きなさい。

ア　ルイ9世によって派遣されたウィリアム＝ルブルックは，カラコラムに至りモンケと会見を行った。

イ　モンテ＝コルヴィノは，大都の初代大司教に任じられ中国で初めてカトリックの布教を行った。

ウ　『大旅行記(三大陸周遊記)』で知られるイブン＝バットゥータは，海路で中国に渡った。

エ　イギリスの軍人のマカートニーは，熱河の離宮に至り貿易関係の改善を要求した。

7　下線部⑥に関して，当時の社会を説明した次の文中の(X)～(Z)にあてはまる語句の組合せとして適切なものを，以下のア～エから1つ選んで，その符号を書きなさい。

> 　長江(X)域は，人口に比べて穀物が不足するようになり，長江(Y)域が新たな穀倉地帯となり，明代後期には「(Z)」と言われた。

ア　X　下流　　Y　中流　　Z　湖広熟すれば天下足る

イ　X　下流　　Y　中流　　Z　蘇湖熟すれば天下足る

ウ　X　中流　　Y　下流　　Z　湖広熟すれば天下足る

エ　X　中流　　Y　下流　　Z　蘇湖熟すれば天下足る

8 下線部⑦に関して述べた文a〜cについて，古いものから順に並べた
　ものを，以下のア〜カから1つ選んで，その符号を書きなさい。
　a　明は，モンゴルを統合したアルタン＝ハンの侵入に苦しんだ。
　b　鄭和は，南海遠征を行い，一部はアフリカ東岸に達した。
　c　康熙帝は，海禁策により鄭氏台湾の財源を絶ち，降伏させた。
　ア　a→b→c　　イ　a→c→b　　ウ　b→a→c
　エ　b→c→a　　オ　c→a→b　　カ　c→b→a

9 下線部⑧に関して，世界の代表的な運河に関して述べた文aとbの
　正誤の組合せとして適切なものを，以下のア〜エから1つ選んで，
　その符号を書きなさい。
　a　パナマ運河は太平洋と大西洋を結ぶ運河であり，アメリカ大統
　　　領ウィルソンの時代には，運河の管理権を得て，中米やカリブ海
　　　域でのアメリカの覇権を確立した。
　b　スエズ運河は地中海と紅海を結ぶ運河であり，イギリス首相ディ
　　　ィズレーリの時代には，運河の管理権を得て，「インドへの道」
　　　を確保した。
　ア　a－正　b－正　　イ　a－正　b－誤
　ウ　a－誤　b－正　　エ　a－誤　b－誤

(☆☆☆◎◎◎)

【2】次の文章を読んで，以下の問いに答えなさい。

　帝国とは皇帝が君臨する国家をいうが，世界支配を行おうとする国
家を世界帝国ともいう。史上初めての世界帝国は紀元前671年全オリ
エントを統一した（　A　）と言われるがその統治は長く続かなかった。
やがて，イラン高原では，インド＝ヨーロッパ系のペルシア人が台頭
して，①アケメネス朝ペルシアを建国し，（　B　）が統治した時代には
エーゲ海北岸からインダス川に及ぶ大帝国となった。この帝国は，諸
民族に対し寛容であり，長く大国の地位を保った。②ギリシアに対し
介入をし続けたアケメネス朝討伐のため，東方遠征を開始したのは
③アレクサンドロスである。彼はペルシア帝国の継承者を自称し，宮

廷と官僚機構を引き継いだ。紀元前30年に地中海世界を統一したのは④ローマである。オクタヴィアヌスは共和政の形式を尊重したが，要職を兼任して，事実上帝政を開始した。

　10世紀にカロリング家が断絶すると，空位となっていたローマ皇帝の冠をオットー1世が教皇から授けられ神聖ローマ帝国が成立し，後に⑤ハプスブルク家が世襲的に皇帝に選出されるようになり，その支配は，⑥ナポレオンによるライン同盟の成立まで続いた。

　19世紀後半には，列強と呼ばれる国々が，商品市場や原料供給地などを確保しようと⑦植民地の拡大をはかった。

1　文中の(A)，(B)にあてはまる語句を書きなさい。

2　下線部①に関して述べた文として適切なものを，次のア～エから1つ選んで，その符号を書きなさい。

　ア　ペルセポリスの宮殿跡のレリーフには，各地から貢納する人々が描かれている。

　イ　サトラップとよばれる王直属の監察官を派遣し，総督を監視させた。

　ウ　スサからミレトスまで「王の道」を建設し，駅伝制を整備した。

　エ　善悪二元論の立場に立つマニ教が信仰された。

3　下線部②について，ペルシア戦争に関して述べた文a～cについて，古いものから順に並べたものを，以下のア～カから1つ選んで，その符号を書きなさい。

　a　テミストクレスの指導のもと，アテネ市民は結束しギリシア海軍の主力となりサラミスの海戦でペルシアを破った。

　b　ペルシアの支援を受けたスパルタがアテネを破った。

　c　アテネではペリクレスの指導のもと，徹底した民主政が実現した。

　ア　a→b→c　　イ　a→c→b　　ウ　b→a→c

　エ　b→c→a　　オ　c→a→b　　カ　c→b→a

4　下線部③の人物が行った遠征に関して説明した次の文中の(X)，(Y)にあてはまる語句の組合せとして適切なものを，以下のア

～エから1つ選んで，その符号を書きなさい。

> 　大王の遠征を契機に，（　X　）文化が東方に波及し，（　X　）美術の様式はインドにも伝わり，ガンダーラ菩薩像などがその影響を受けたと考えられる。また，多数建設されたギリシア風の都市の中でもエジプトのアレクサンドリアには，王立研究所である（　Y　）がつくられた。

ア　X　ギリシア　　　Y　ニザーミーヤ学院
イ　X　オリエント　　Y　ムセイオン
ウ　X　ギリシア　　　Y　ムセイオン
エ　X　オリエント　　Y　ニザーミーヤ学院

5　下線部④に関して，ローマ帝国を説明した文として適切でないものを，次のア～エから1つ選んで，その符号を書きなさい。
　ア　カラカラ帝のときに，帝国の全自由人にローマ市民権が与えられた。
　イ　円形闘技場では富裕な貴族や市民によって剣闘士競技などの娯楽が提供された。
　ウ　広大な版図には道路網が敷かれ「すべての道はローマに通ず」と言われた。
　エ　隷属的小作農民を用いたコロナトゥス制の発達により中央集権が強化された。

6　下線部⑤に関して述べた文aとbの正誤の組合せとして適切なものを，以下のア～エから1つ選んで，その符号を書きなさい。
　a　スペインのカルロス1世は，カール5世として神聖ローマ皇帝に即位した。
　b　マリア＝テレジアはプロイセンと同盟を結んで，七年戦争を戦った。
　ア　a－正　b－正　　イ　a－正　b－誤
　ウ　a－誤　b－正　　エ　a－誤　b－誤

7　下線部⑥に関して述べた文aとbの正誤の組合せとして適切なもの
　　を，以下のア～エから1つ選んで，その符号を書きなさい。

　　a　ナポレオンは，私有財産の不可侵などを成文化した「ナポレオ
　　　ン法典」を制定した。

　　b　フランス軍が駐留したプロイセンでは，ハルデンベルクが講演
　　　「ドイツ国民に告ぐ」を行って国民意識の形成をよびかけた。

　　ア　a－正　b－正　　　イ　a－正　b－誤

　　ウ　a－誤　b－正　　　エ　a－誤　b－誤

8　下線部⑦に関して，アジアの植民地化について述べた文として適
　　切なものを，次のア～エから1つ選んで，その符号を書きなさい。

　　ア　インド人傭兵シパーヒーがフランスに対して反乱を起こすと，
　　　反乱は北インド各地に広がった。

　　イ　フィリピンは，王室を先頭に統治制度・軍隊や教育の近代化を
　　　推進したため独立を保った。

　　ウ　フランスは，ベトナムとカンボジアをあわせてフランス領イン
　　　ドシナ連邦を形成し，後にマレーシアも編入した。

　　エ　イギリスは，シンガポールなどの港市を獲得して，海峡植民地
　　　とした。

9　世界各地の様々な時代の帝国に関して述べた文として適切なもの
　　を，次のア～エから1つ選んで，その符号を書きなさい。

　　ア　ビザンツ帝国のユスティニアヌス帝は，首都ラヴェンナに壮大
　　　な聖ソフィア大聖堂を建立して，帝国の威信を高めた。

　　イ　アッバース朝では，少数のアラブ人ムスリムが多数の異民族・
　　　異教徒を軍事力で支配したため「アラブ帝国」とよばれる。

　　ウ　オスマン帝国では，キリスト教徒はジズヤを支払うことで大幅
　　　な自由が認められ，イスラーム教徒と共存した。

　　エ　ムガル帝国では，仏教とイスラーム文化が融合したインド＝イ
　　　スラーム文化が栄え，タージ＝マハルがつくられた。

(☆☆☆◎◎◎)

【3】次の文章を読んで，以下の問いに答えなさい。

　　令和6年度，新紙幣が発行される予定である。過去には，大化の改新を主導した(A)や，宇多天皇により重用されたが九州へ左遷された(B)の肖像画が紙幣に使用された。銭貨では，①奈良時代から②平安時代の10世紀半ばに至るまで，国家による銭貨の発行が行われた。12世紀半ばに，中国から銭貨が流入し，13世紀以降には，③年貢を銭貨で納めることが増加した。15世紀後半以降，銭貨需要はさらに増大したが，④中国からの銭貨の流入量は減少した。このため，⑤私的につくられた私鋳銭の流通により，国内の銭貨流通は混乱した。江戸時代には，幕府は⑥主要鉱山を直轄し，金・銀・銭の三貨を流通させた。18世紀後半，貨幣経済はより浸透し，幕府は⑦南鐐二朱銀を発行し，貨幣の統一を図った。また，江戸時代を通じて，幕府により⑧貨幣の改鋳が頻繁に行われた。

1　文中の(A)と(B)に入る人物の組合せとして適切なものを，次のア～エから1つ選んで，その符号を書きなさい。

　　ア　A　厩戸王(聖徳太子)　　B　藤原頼通

　　イ　A　厩戸王(聖徳太子)　　B　菅原道真

　　ウ　A　中臣鎌足　　　　　　B　藤原頼通

　　エ　A　中臣鎌足　　　　　　B　菅原道真

2　下線部①について，この時代の仏教について述べた文aとbの正誤の組合せとして適切なものを，以下のア～エから1つ選んで，その符号を書きなさい。

　a　仏法の力により国家を安定させるという思想から，国家の保護を受けて発展した。

　b　現世利益を求める信仰と並んで，現世の不安から逃れようとする教えが流行した。

　　ア　a－正　b－正　　　イ　a－正　b－誤

　　ウ　a－誤　b－正　　　エ　a－誤　b－誤

3　下線部②について，この時代に関して述べた文a～cについて，古いものから順に並べたものを，以下のア～カから1つ選んで，その符

号を書きなさい。

a　4人の娘を皇后や皇太子妃とした人物が「この世をば我が世とぞ思ふ望月の……」と和歌を詠むほど，権勢をふるった。

b　時の大納言が平安京大内裏の門に放火し，その罪を左大臣に負わせようとして発覚し，流罪に処せられた事件が起こった。

c　皇位継承や政権内での主導権をめぐり，2つの乱が平安京でおこり，貴族社会の争いごとも武士の実力で解決された。

ア　a→b→c　　イ　a→c→b　　ウ　b→a→c

エ　b→c→a　　オ　c→a→b　　カ　c→b→a

4　下線部③について，この行為の用語とこの時の社会の変化について述べた文の組合せとして適切なものを，あとのア～エから1つ選んで，その符号を書きなさい。

用語　あ　代銭納　　い　本途物成

変化　a　これまで税として都に流入していた品物が，商品として流入するようになった。

　　　b　作物を安定して生産するため，刈敷・草木灰に加えて干鰯などの金肥が普及した。

ア　あ－a　　イ　あ－b　　ウ　い－a　　エ　い－b

5　下線部④の背景として適切なものを，次のア～エから1つ選んで，その符号を書きなさい。

ア　日本の中国王朝との交易事務は大宰府に一元化された。

イ　日本船の海外渡航には，老中発行の許可状が必要となった。

ウ　中国王朝が朝貢貿易を除いた貿易を禁止，制限した。

エ　中国王朝が紙幣を発行し，銭貨の利用価値が低下した。

6　下線部⑤から類推できる中世社会の特徴を述べた文として適切なものを，次のア～エから1つ選んで，その符号を書きなさい。

ア　圧倒的軍事力を背景とした政権により秩序が安定した時代

イ　様々な勢力が独自の権力をもち，政治権力が分散した時代

ウ　文書主義を特徴とし，中国をモデルとした中央集権の時代

エ　国土の領域が確定し，人々の行動様式が画一化した時代

7　下線部⑥について，次の資料1が示す鉱山を，以下のア～エから1つ選んで，その符号を書きなさい。

> 資料1　この鉱山は，1542年の山名氏の時代に採掘が始まりました。織田・豊臣時代を経て，江戸時代，幕府が代官所を置き，最盛期を迎えます。明治元年，政府直轄となりフランス人技師が着任し，めざましい近代化を成し遂げました。明治29年に三菱合資会社に払い下げられ，昭和48年の閉山まで国内有数の大鉱山として採掘が続きました。平成29年，日本遺産に認定され鉱山の歴史を伝えています。　　　　　　　　　　(観光パンフレットを要約)

ア　佐渡　　イ　石見　　ウ　別子　　エ　生野

8　下線部⑦について，南鐐二朱銀の発行を主導した幕府老中には異なる評価がある。異なる評価とそれを説明するときに使用する資料の組合せとして適当なものを，あとのア～エから1つ選んで，その符号を書きなさい。

評価　あ　幕府役人のあいだで賄賂や縁故による人事が横行するなど，武士の気風を退廃させた。
　　　い　商人資本を活用した政策に刺激を受け，民間の学問・文化・芸術が多様な発展をとげた。

資料　a　この上は　なほたぬまるる　度毎に　めった取込む　との(殿)も家来も
　　　b　上げ米と　いへ上米は　気に入らず　金納ならば　しじうくろふぞ
　　　c　白河の　清きに魚も　住みかねて　もとの濁りの　田沼こひしき
　　　d　金とりて　たぬまるる身の　にくさゆへ　命捨てても　さのみ惜しまん

ア　あーa　いーc　　イ　あーb　いーc
ウ　あーa　いーd　　エ　あーb　いーd

9　下線部⑧について，次の資料2は，1860年の貨幣改鋳を説明したものである。(X)，(Y)にあてはまる文の組合せとして適切なものを，あとのア～エから1つ選んで，その符号を書きなさい。

資料2　貿易の開始とその影響

(X)　⟹　幕府は金貨の品質を大幅に引き下げる改鋳を行った　⟹　(Y)

あ　輸出超過により，金が大量に海外へ流出した。

い　金銀比価の違いにより，金が大量に海外へ流出した。

う　デフレーションにより人々の生活は混乱した。

え　インフレーションにより人々の生活は混乱した。

ア　X　あ　Y　う　　イ　X　あ　Y　え
ウ　X　い　Y　う　　エ　X　い　Y　え

(☆☆☆☆◎◎◎)

【4】次の文章を読んで，以下の問いに答えなさい。

　明治政府は，①地租改正などの大規模な内政改革を精力的に推進し，富国強兵をめざして殖産興業に力を注いだ。1872年には(A)省が中心となって新橋・横浜間，ついで神戸・大阪・京都間に鉄道を敷設した。西洋文明の摂取による近代化を推進するために，政府は，小学校教育の普及に努力を払うなど，②教育にも力を入れた。工業分野では貿易赤字を解消するため官営の(B)製糸場を群馬県に設け，生糸の生産拡大を図った。綿製品はイギリス製品の輸入に圧迫されたが，1883年には③大阪紡績会社が開業し機械による生産が急増した。

　20世紀になると，④第一次世界大戦により日本は未曽有の好景気を迎え，⑤都市化が進展し，都市の景観や市民生活も大きく変貌した。しかし，ヨーロッパ諸国の復興が進むと，戦後恐慌が発生し，その後日本経済は⑥関東大震災で大きな打撃を受け，⑦1920年代以降複数の恐慌に見舞われた。そのような状況の中で，1931年に犬養毅内閣の(C)大蔵大臣は金輸出再禁止を断行し，事実上の管理通貨制度に移

48

行し，諸産業は円相場の大幅な下落を利用して輸出を飛躍的に伸ばした。

第二次世界大戦後，⑧経済復興に向けての積極的な措置がとられ，1968年には資本主義諸国の中でアメリカに次ぐ世界第2位のGNPを実現した。

1　文中の（　A　）～（　C　）にあてはまる語句を書きなさい。

2　下線部①について，次の資料を説明した文として適切なものを，以下のア～エから1つ選んで，その符号を書きなさい。

資料

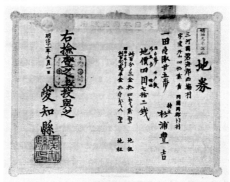

ア　土地の譲渡が可能になったので，土地の所有者名は記されていない。

イ　この地券は，地租の税率が変更される以前に発行された。

ウ　この地券には，十進法を採用した通貨の単位が記載されている。

エ　土地を検査し，地券を授与した県令の名前が記されている。

3　下線部②について，近代以降の教育の制度について述べた文として適切なものを，次のア～エから1つ選んで，その符号を書きなさい。

ア　フランスの制度にならった学制は，地方の実情を無視した画一的な制度であったため，政府内外から批判があった。

イ　1879年に公布された教育令では，小学校の管理を地方に移管し，義務教育期間の授業料を廃止した。

ウ　高等教育の充実をめざした原敬内閣は1918年に大学令を制定し，総合大学である帝国大学が初めて設立された。

エ　第二次世界大戦後，教育制度の改革において，教育の機会均等や男女共学の原則をうたった学校教育法が制定された。

4　下線部③について，大阪紡績会社を設立した人物として適切なものを，次のア～エから1つ選んで，その符号を書きなさい。

ア　岩崎弥太郎　　イ　渋沢栄一　　ウ　豊田佐吉

エ　松方正義

5　下線部④について述べた文aとbの正誤の組合せとして適切なものを，以下のア～エから1つ選んで，その符号を書きなさい。

a　第2次大隈重信内閣は，日英同盟を理由に参戦した。

b　中国におけるドイツの根拠地青島と遼東半島の権益を接収した。

ア　a－正　b－正　　イ　a－正　b－誤

ウ　a－誤　b－正　　エ　a－誤　b－誤

6　下線部⑤に関して述べた文aとbの正誤の組合せとして適切なものを，以下のア～エから1つ選んで，その符号を書きなさい。

a　都心では鉄筋コンクリート造のオフィスビルが出現し，ガス灯の設置がすすんだ。

b　阪神間では，私鉄の経営するターミナルデパート，住宅地開発，遊園地などの娯楽施設がつくられた。

ア　a－正　b－正　　イ　a－正　b－誤

ウ　a－誤　b－正　　エ　a－誤　b－誤

7　下線部⑥について，関東大震災が発生した時期は，次の表のどの時期に該当するか。適切なものを，以下のア～エから1つ選んで，その符号を書きなさい。

表

| Ⅰ　シーメンス事件の発覚により内閣が退陣した。 |
| Ⅱ　ラジオ放送が東京・大阪・名古屋で開始された。 |
| Ⅲ　大蔵大臣の失言に端を発し，取付け騒ぎが発生した。 |

　　ア　Ⅰの前　　イ　ⅠとⅡの間　　ウ　ⅡとⅢの間　　エ　Ⅲの後
 8　下線部⑦について，1920年代の出来事として適切なものを，次の
　　ア～エから1つ選んで，その符号を書きなさい。
　　ア　工場制工業が勃興し，賃金労働者が増加したため，日本で最初
　　　の労働者保護法である工場法が制定された。
　　イ　ワシントン会議が開かれ，米・英・日・仏・伊の五大国の補助
　　　艦の保有比率を定める条約が結ばれた。
　　ウ　「閥族打破・憲政擁護」をスローガンとする第1次護憲運動が全
　　　国に広まり，内閣不信任案が提出された。
　　エ　新婦人協会などによる運動の結果，治安警察法が改正され，女
　　　性も政治演説会に参加できるようになった。
 9　下線部⑧について，戦後の経済について述べた文として適切なも
　　のを，次のア～エから1つ選んで，その符号を書きなさい。
　　ア　経済安定九原則を実行するため，ドッジが特別公使として派遣
　　　され，国債の発行による通貨の増発を指示した。
　　イ　シャウプを団長とする税制専門家チームの勧告により，間接税
　　　中心主義や累進課税制度が採用された。
　　ウ　第3次吉田内閣は1ドル308円の単一為替レートを設定して国際
　　　競争の中で輸出の振興を図った。
　　エ　池田勇人内閣は「所得倍増」をスローガンに高度経済成長を促
　　　進する経済政策を展開した。

　　　　　　　　　　　　　　　　　　　　　　　　（☆☆☆☆◎◎◎）

【5】次の文章を読んで，以下の問いに答えなさい。
　　アメリカの連邦議会は，立法権，予算議決権に加えて，3分の2以上
　の多数による法案再可決権などを持っている。行政府の長は①大統領
　で，選挙によって（　A　）年間の任期で選ばれる。
　　②イギリスでは，議会の中で多数を占める政党によって内閣が組織
　され，行政権を執行する。（　B　）院が内閣の政策や判断に反対する場
　合，不信任決議を行い，新たな内閣を樹立することができる。また，

51

内閣は不信任決議に対し議会を解散し，総選挙で国民の審判をあおぐこともできる。

　日本では，二院制を採用しており，③衆議院と参議院の両院ともに国民の直接選挙によって選ばれた議員で組織されている。議員の任期と④選挙制度は両院で異なるものとなっており，多様な意見を審議に反映できるしくみをとっている。両院の議決が一致しない場合，⑤衆議院の優越が憲法に規定されている。

1　文中の(A)，(B)にあてはまる語句，数字を書きなさい。

2　下線部①について，アメリカ大統領を説明した文として適切なものを次のア〜エから1つ選んで，その符号を書きなさい。

　ア　大統領は，2期まで再選が可能であるが，第二次世界大戦後は実際に2期務めた大統領はいない。

　イ　大統領は，条約の締結権や，議会を解散する権限をもち，軍の最高司令官を兼ねている。

　ウ　大統領は，各州で選ばれた大統領選挙人が大統領を選出する方法で行われる。

　エ　大統領は，議会には教書を送る権限を持っているが，可決した法案への署名は拒否できない。

3　下線部②に関して，イギリスの選挙制度について述べた次の文中の(X)，(Y)にあてはまる語句の組合せとして適切なものを，以下のア〜エから1つ選んで，その符号を書きなさい。

> 　現在，イギリスの選挙制度は，(X)制を採用しており，これまで(Y)。

　ア　X　小選挙区　　Y　頻繁な政権交代が行われてきた

　イ　X　小選挙区　　Y　小党が乱立してきた

　ウ　X　大選挙区　　Y　頻繁な政権交代が行われてきた

　エ　X　大選挙区　　Y　小党が乱立してきた

4　下線部③について説明した文として適切なものを，次のア〜エから1つ選んで，その符号を書きなさい。

52

ア　衆議院にのみ常任委員会が設置されており，国会議論の中心となっている。

イ　参議院議員選挙は大選挙区制で行われるため，衆議院議員選挙より大政党に有利となっている。

ウ　参議院は，内閣の要求により緊急集会が召集されることがある。

エ　衆議院，参議院ともに解散があるので，国会議員はその任期を最後まで全うできない場合がある。

5　下線部④について，ある議会の定員は5人であり，各選挙区から1名選出されるとする。この議会の選挙において，3つの政党P～Rが5つの選挙区 あ～お で，それぞれ1人の候補者を立てた。次の表は，その選挙での各候補者の得票数を示している。この選挙結果を述べた文aとbの正誤の組合せとして適切なものを，あとのア～エから1つ選んで，その符号を書きなさい。

表

選挙区	得票数			計
	P党	Q党	R党	
あ	45	30	25	100
い	10	70	20	100
う	40	30	30	100
え	10	50	40	100
お	40	25	35	100
計	145	205	150	500

a　得票数の合計が2番目の政党は，獲得した議席数も2番目である。

b　P党は得票数は最も少ないが，死票も少なく，当選者の数は最も多い。

ア　a－正　b－正　　　イ　a－正　b－誤

ウ　a－誤　b－正　　　エ　a－誤　b－誤

6　下線部⑤について，衆議院の優越に関する記述として適切なものを，次のア～エから1つ選んで，その符号を書きなさい。

ア　条約締結の承認に関して両院が異なる議決をし，両院協議会を開いても意見が一致しないときや10日以内に参議院が議決しないときは，衆議院の議決が国会の議決となる。

　イ　弾劾裁判所の設置，国政調査権の行使は衆議院のみに権限が与えられている。

　ウ　内閣不信任決議は，両院で議決されてはじめて国会の議決となる。

　エ　衆議院で可決した法律案を参議院が否決した場合，衆議院が出席議員の3分の2以上の多数で再可決すれば法律が成立する。

7　世界の様々な政治体制について述べた次の文中の（　X　），（　Y　）にあてはまる語句の組合せとして適切なものを，以下のア～エから1つ選んで，その符号を書きなさい。

　　アメリカの議会と大統領の関係は，議院内閣制より互いに（　X　）関係にある。イギリスは，国王をおいた立憲君主制の国であり，他にも（　Y　）などのように，憲法の下で議院内閣制と世襲君主制を両立している国もある。

　ア　X　抑制し，均衡し合う　　Y　オランダ

　イ　X　抑制し，均衡し合う　　Y　フランス

　ウ　X　密接で，協力し合う　　Y　オランダ

　エ　X　密接で，協力し合う　　Y　フランス

（☆☆○○○○）

【6】次の文章を読んで，以下の問いに答えなさい。

　①株式会社の勃興期には株主が経営者を兼ねる場合が多かったが，現在は中小企業を除くと②株主が経営にあたることはまれである。③社会の変化に伴って，人々の行動など大量のデータ(ビッグデータ)を有効活用することが企業の戦略上の課題となっている。新たな発想に基づくサービスを創造することが求められており，企業間での激しい競争も繰り広げられている。産業構造が変化する中で，④高い技術力を持つ中小企業の中には新しい市場の開拓に挑む企業もある。また，中小企業は大企業と比較して⑤スケールメリットでは劣るが，その分機動的な経営ができ，経営者自身が大株主となっていることが多いた

54

め，経営者の意向により，_⑥<u>社会的活動</u>に力を注ぎやすいとも言われている。

1 下線部①について，現在の日本の株式会社に関する文として適切なものを，次のア～エから1つ選んで，その符号を書きなさい。

ア 株式の発行により資本を調達し，株主に対しては会社の利益があるなしにかかわらず，毎月一定額の配当が支払われる。

イ 農家や個人商店のように，個人が自己の財産を用いて自ら経営にあたる企業も株式会社に含まれる。

ウ 株主の責任は有限責任であり，出資している株式会社が倒産したとしても，個人的財産を拠出して負債を弁償する必要はない。

エ 上場企業の株式は証券市場などで売買されるが，経営が安定している場合，株価は需要と供給の影響を受けない。

2 下線部②に関して述べた次の文中の(X)，(Y)にあてはまる語句の組合せとして適切なものを，以下のア～エから1つ選んで，その符号を書きなさい。

> 株式会社の最高議決機関は(X)であり，そこで選任された経営者が会社の経営にあたる。近年では，(Y)が，経営方針に関して積極的に意見を言うことが増えている。

ア X 取締役会 Y 株主
イ X 株主総会 Y 株主
ウ X 取締役会 Y 取締役
エ X 株主総会 Y 取締役

3 下線部③に関して，電化製品などをインターネットに接続する「モノのインターネット」のことを，アルファベット3字で書きなさい。

4 下線部④に関して，次の問いに答えなさい。

(1) 中小企業向けの政策について，次の文中の(X)，(Y)にあてはまる語句の組合せとして適切なものを，以下のア～エから1つ選んで，その符号を書きなさい。

> 　中小企業政策については，（　X　），大企業と同様の市場競争を促す政策をとるか，法律の制定などによって大企業の進出を抑制する（　Y　）的な政策をとるか，そのバランスが課題となる。

ア　X　規制を緩和して　　　Y　保護主義

イ　X　規制を緩和して　　　Y　自由主義

ウ　X　規制を強化して　　　Y　保護主義

エ　X　規制を強化して　　　Y　自由主義

(2)　表A，表Bは，大企業と中規模企業の資金調達構造の推移を示している。この表を説明した次の文中の（　X　），（　Y　）にあてはまる語句の組合せとして適切なものを，あとのア～エから1つ選んで，その符号を書きなさい。

表A

	1990 年	1999 年	2009 年	2019 年
借入金依存度	47.3%	51.6%	45.7%	34.0%
自己資本比率	14.3%	14.0%	27.8%	42.8%

表B

	1990 年	1999 年	2009 年	2019 年
借入金依存度	40.6%	37.5%	29.9%	30.8%
自己資本比率	26.1%	31.5%	42.4%	44.8%

（『2021 年版中小企業白書』より作成）

> 　1990年と2019年の大企業と中規模企業を比較すると，大企業も中規模企業も借入金依存度は低下している。（　X　）は中規模企業の状況を表しており，2019年は1990年と比べて，大企業と中規模企業の自己資本比率の差は（　Y　）。

ア　X　表A　　Y　縮まっている

イ　X　表B　　Y　縮まっている

ウ　X　表A　　Y　広がっている

エ　X　表B　　Y　広がっている

(3) 資金調達力は低いが，高い成長率が期待される未上場企業に投資する会社を何というか，カタカナで書きなさい。

5 下線部⑤に関して，スケールメリットを説明した次の文中の（ X ），（ Y ）にあてはまる語句の組合せとして適切なものを，以下のア〜エから1つ選んで，その符号を書きなさい。

> 企業は，経営，生産，販売などの規模が（ X ）なることで，経済効率を上げ，生産性を（ Y ）ことができる。

ア X 小さく　　Y 下げる　　イ X 小さく　　Y 上げる
ウ X 大きく　　Y 下げる　　エ X 大きく　　Y 上げる

6 下線部⑥に関して説明した次の文中の（ X ），（ Y ）にあてはまる語句の組合せを，以下のア〜エから1つ選んで，その符号を書きなさい。

> 近年，企業の社会的責任といわれる（ X ）が世界的に重視されており，（ Y ）といわれる慈善事業による社会貢献をさかんに行っている企業も多い。

ア　X CSR　　Y　メセナ
イ　X CSR　　Y　フィランソロピー
ウ　X ESG　　Y　メセナ
エ　X ESG　　Y　フィランソロピー

(☆☆○○○○)

共 通 問 題

【1】1　イ　　2　ウ，エ　　3　(1)　エ　　(2)　キ　　(3)　ウ
　　4　エ　　5　ウ　　6　イ　　7　ア

〈解説〉1　リモートセンシングは遠隔探査の言葉通り，人工衛星に搭
載している観測器(＝リモートセンサ)を使って地表面の様子を知る
技術。火山活動や海流，気温，植生などもわかり，気象衛星ひまわ
りもリモートセンシング技術を使っている。全球測位衛星システム
はGNSSで，そのアメリカが開発したものがGPS。あまりにも広く
使われており，ほぼ一般名詞化しているが，日本ものは「みちびき」。
地理情報システム(GIS)は，ハザードマップなど。　　2　ハワイの標
準時子午線は西経150度であることから，標準時子午線が東経135度
の日本との時差は(135＋150)÷15＝19時間。日本が7月1日午後11時
のとき，ハワイは23－19＝4より7月1日午前4時で，到着時間午前11
時は，その7時間後であるから，飛行時間は7時間。　　3　(1)　正距
方位図法は，中心からの方位と距離が正しく，中心以外の2点を結
ぶ線は方位も距離も正しくない。また，全球を描いている場合，円
周は中心点の対蹠点であり，直径は4万km，円周は点。東京の対蹠
点は大西洋上で，ブラジルのリオデジャネイロ沖にある。東京から
みたサンフランシスコの方位は北東。東京—ロンドンの最短コース
は直線で表され，それはロシア上空を通過するが，現在の航空機は
ロシア上空を迂回して飛んでいる。東京からアフリカ大陸南端を結
ぶ線は，サンフランシスコを結ぶ線より長い。　　(2)　a　サンソン
図法で，iの説明文が該当する。　　b　グード図法で，低緯度はサン
ソン図法，高緯度はモルワイデ図法を用い，海洋で断裂している。
ホモロサイン図法ともいい，分布図などに適するが，流線図には不
向き。　　c　モルワイデ図法。　　d　ヴィンケル図法で，面積・形と

もに正しくないが，比較的ひずみを小さくした図法で描かれている。

(3)　メルカトル図法は，円筒図法を用いて緯線，経線ともに直線で直交するように表した地図である。高緯度ほど面積は緯線，経線の長さが異なり，北緯60度，南緯60度における緯線の間隔は2倍になっている。そのため，面積は4倍となる。任意の2点間を結ぶ直線は等角航路であるが，最短距離ではない。最短距離を表す大圏航路は北半球では北にふくらむ曲線，南半球では南にふくらむ曲線となる。

4　地形図は上越市頸城区で，保倉川は東から西へ流れ，直江津で関川と合流して日本海に注ぐ。保倉川は蛇行して氾濫原には自然堤防と後背湿地が見られ，水田に利用されている。青野近くの池は，河跡湖。大池，小池の南端には，盛り土の地図記号があることから，堤防が築かれていることがわかる。森本橋は保倉川の上を通っており，天井川になっているようには見られない。天井川は，河川が土砂を堆積させるのに合わせて堤防を築くことにより河床が高くなって形成される。　5　2万5千分の1地形図における1cmは1×25000＝250m＝0.25km。1.5cmは1.5×25000＝37500cm＝0.375km。したがって面積は0.25×0.375＝0.09km²。面積を求めるときに，先に1.5×1＝1.5cm²として，その25000倍すると誤りで，25000×25000しないといけないので注意したい。　6　地形図の等高線は，その間隔が狭いほど傾斜が急である。尾根と尾根の間にある谷は，標高が高い方に向かって切り込んでおり，最も標高の高い地点で逆さV字または逆さU字になっており，標高の低い方に向かって広がっている。2万5千分の1地形図は実測図，5万分の1地形図は，2万5千分の1地形図を元にした編集図。　7　ドットマップは，実数や数値の大小を表すことに適しており，密度を表すには不向きである。地域別の人口密度を表すには，メッシュマップやコロプレスマップ(階級区分図)がよい。

【2】1　(1)　ア　　(2)　ウ　　2　エ　　3　AEC　　4　エ　　5　イ　　6　ネリカ米(NERICA)　　7　(1)　オ　　(2)　イ　　8　オ

〈解説〉1　(1)　1年中気温が18度以上で，年較差が小さく，降水量から雨季と乾季があることがわかるので，サバナ気候を表している。これは図1のバンコクである。冬季は北東の季節風により，降水量が少ない。　イ　インドネシアのジャカルタで熱帯雨林気候。　ウ　アルジェリアのアルジェで地中海性気候。　エ　スーダンの紅海沿岸の都市で砂漠気候。　(2)　東南アジアは環太平洋造山帯とアルプス＝ヒマラヤ造山帯の交点でもあり，大半が新期造山帯に含まれるが，インドシナ半島はユーラシアプレート上にあり，中国に近い部分は安定陸塊である。インドネシアのスマトラ島やジャワ島周辺では，インド・オーストラリアプレートがユーラシアプレートに沈み込んでいる狭まる境界。フィリピン東部では，フィリピン海プレートがユーラシアプレートに沈み込んでいる。　2　緑の革命は，東南アジア諸国及びインドの食料自給率向上に貢献した。タイヤなどに利用するゴムは天然から工業製品に移行しているが，それでもタイでは天然ゴムの生産と輸出が世界1位を誇る。なつめやしは砂漠気候のオアシスで多い樹木で，マレーシアで生産しているのは油ヤシ。　3　東南アジアでは，1967年に東南アジア諸国連合＝ASEANが発足，10ヵ国が加盟している。その国々において関税の撤廃を目指し結成したのがASEAN経済共同体＝AECである。ASEAN10は加盟国10ヵ国のこと，ASEANプラス3は日本，中国，韓国のこと，ASEANプラス6はさらにインド，オーストラリア，ニュージーランドを加えた国々で，それぞれに合わせた協力関係を築いている。　4　3項目すべてが小さいアがミャンマー。一人当たりGNIが最も高いイは人口600万人のシンガポール。タイとマレーシアはいずれも東南アジアの中で工業化が進行しており，似通っていて判別は難しい。タイの人口は7200万人，マレーシアは3400万人で，タイの1人当たり国民所得が小さい。また日本の自動車工場があり，工業生産が多く国民総所得が高いと考えて，エがタイ，ウがマレーシア。　5　Xのケニアは，旧宗主国イギリスの元，高原気候を生かして紅茶，コーヒー豆の栽培を行い，近年はバラなどの花きの輸出が多い。コーヒーの原産地はケニアの北に位置するエチオピア。北部は砂漠やステ

ップだが，高原を中心に温暖冬季少雨気候やサバナ気候が広がる。
6　ネリカはNew Rice for Africaの略で，アフリカの飢餓対策として開発された。生育期間が短く，耐乾性・耐病性があり，収量が多いのが特徴で，増え続ける人口を養うために期待されている。　7　(1)　表1は，コートジボワールが4割を占めるカカオ豆で，説明文aが該当する。表2はキャッサバで，熱帯のやせた土地でも栽培が可能。でんぷんの利用は解毒の必要があるが，タピオカとして人気があるほか，多岐に渡って利用される。　(2)　一人当たりGNIが低く，銅の生産が多いアはカッパーベルトに位置するRのザンビア。イは日本に多くのタコを輸出していることで知られるQのモーリタニア。Pのアルジェリアは石油のモノカルチャー経済で，ウ。Sの南アフリカ共和国はBRICSの一員で工業化が進展しているほか，白金や石炭，鉄鉱石のほか，マンガン鉱，クロム鉱などレアメタルの産出も多い。表はエ。　8　合計特殊出生率は，貧困で子どもの労働を必要とする一方，衛生面や医療の普及の遅れた地域で高い。したがって，西アフリカや中央アフリカで高位となる図6が該当する。また，それらの国では平均寿命が短く，図6で高位の国ほど低くなると考えて，図4。図5は，南アフリカ共和国や産油国ではサービス産業化が進み，第3次産業人口比率が高まっているとみられる。

中 学 社 会

【1】1　A　漢　　B　足利義満　　C　首里　　2　エ　　3　ア
　　4　イ　　5　ア　　6　ウ　　7　ア
〈解説〉1　A　朱元璋は漢民族の貧農出身の流浪僧であったが，紅巾の乱を通じて台頭した。1368年に南京で洪武帝として即位して明を開いた。　B　足利義満は室町幕府の第3代将軍であり，明との貿易を図って1401年に建文帝に使節を送り日本国王に冊封された。返礼使は永楽帝時代の1404年に許可を得て勘合貿易を開始した。　C　中山王の尚

巴志が，1429年に琉球を統一して首里を都に王国を建てた。首里城は2000年に世界遺産に登録された。　**2**　**エ**　マカートニーは1792年に清に派遣されたイギリス人で，翌年に熱河の離宮で乾隆帝に謁見したが，貿易関係の改善という任務は失敗した。　**3**　**イ**　満漢併用制と軍機処は清の官僚体制である。軍機処は1730年に雍正帝によって創設された。　**ウ**　文治主義は宋である。明でも科挙は維持されたが，皇帝独裁体制が基本となった。　**エ**　三省六部は唐の官僚体制である。明では中書省などの三省が廃止されて六部は皇帝の直轄下に置かれた。　**4**　マラッカ(ムラカ)王国は14世紀末にマレー半島西岸に建てられた港市国家で，15世紀半ばに王家がイスラーム教に改宗すると，ムスリムとの交易の中心となった。鄭和の南海遠征の拠点となり，明の後援でアユタヤ朝から自立した。　**5**　**a**　宗氏は対馬の守護であり，朝鮮貿易を独占した。江戸時代には対馬藩の藩主家となり，朝鮮との外交実務を独占的に担った。　**b**　朝鮮通信使は1607年に初来日し，江戸幕府の将軍の代替わりごとに来日した。4回目以降に通信使と称されたが，3回目までは壬辰・丁酉の倭乱における連行朝鮮人の帰国を目的としていたため，回答兼刷還使とも呼ばれた。　**6**　砂糖や木綿はインドである。香辛料や象牙は東南アジアである。絹織物や陶磁器は中国である。　**7**　**イ**　山田長政が活躍したのはアユタヤ朝である。アユタヤ朝はタイに1351年に成立した。　**ウ**　ボロブドゥールはシャイレンドラ朝の仏教遺跡である。ジャワ島中部に建造された。　**エ**　マゼランが到達したのはセブ島である。セブ島はフィリピン群島の一つである。

【2】1　A　菅原道真　　B　富岡　　C　工場　　2　ウ　　3　イ
　　4　エ　　5　エ　　6　ウ　　7　イ　　8　ア　　9　エ
〈解説〉1　A　醍醐天皇の時代の901年，前の宇多天皇の時代に重用されていた右大臣菅原道真が左大臣藤原時平の陰謀により大宰権帥として大宰府に左遷させられ，中央政界から追放される昌泰の変がおこり，道真は翌々年にそこで没した。　B　明治時代，生糸は最も重要な外

貨獲得源だった。明治政府は近代産業を育てる殖産興業のため，1872年に群馬県西部の富岡に官営模範工場の富岡製糸場を設立し，フランスから技術者を招き，最新の器械を輸入して，生糸の品質向上，製糸業の発展に努めた。工女は全国から集められ，習得した技術を各地に広めることを期待された。　C　1911年，第2次桂太郎内閣の時に工場法が制定された。日本初の労働者保護法だったが，15人未満の工場には適用されないなど不十分な内容で，しかも紡績・製糸業の資本家の反対により施行は延期され，1916年，第2次大隈重信内閣の時にようやく施行された。　2　b　939年，平将門が下総で反乱をおこし，関東の大半を占領して新皇と称したが，翌年に平貞盛・藤原秀郷らによって討たれた。　a　1051年，現在の岩手県で安倍氏が反乱をおこした。源頼義・義家父子は東国の武士を率い，1062年に安倍氏を滅ぼした(前九年合戦)。　c　1159年，院の近臣の藤原氏の通憲(信西)と信頼の対立に源氏と平氏の対立もからんで平治の乱がおこり，平氏方が勝利した。　3　私鋳銭とは貨幣経済が発達した室町時代に特に多くなった，民間が勝手に鋳造した銭のこと。私鋳銭の大量流通が端的に示しているように，日本の中世社会の特徴は幕府も強大な政治権力にはなりえず，宗教勢力など様々な勢力が独自の権力をもち，政治権力が分散したことにあるといえる。　4　16世紀前半，博多商人神屋(神谷)寿禎によって朝鮮から灰吹法という銀の精錬技術が伝わった。その技術は山名氏が領する但馬の生野銀山にも広まった。江戸時代に入ると幕府は金属貨幣の鋳造権を独占し，その原料を確保するため，佐渡金銀山・石見銀山・生野銀山など全国の主要な鉱山を直轄領とした。明治新政府は生野銀山を政府直轄としたが，1896(明治29)年に三菱合資会社に払い下げられた。　5　1859年に貿易が始まると，輸出超過による物不足が原因でインフレーションになり，また金銀比価が外国では1:15，日本では1:5だったため，外国人は大量の銀貨を持ち込んで金貨を安く手に入れて莫大な利益を得て，10万両以上の金貨が流出した。そこで幕府は従来の天保小判や安政小判に比べて重量と金含有量を大幅に減らした万延小判を鋳造した(万延貨幣改鋳)が，これによって物

価の上昇に拍車がかかり，人々の生活が一層苦しくなった。
6　資料3は明治11年＝1878年に発行された地券。明治政府は統一的な貨幣制度を確立するため，1871年に新貨条例を公布し，円・銭・厘の十進法を採用した。　ア「持主　杉浦豊吉」と記されている。
イ　この地券が発行された前年の1877年，地租の税率が3％から2.5％に引き下げられた。　エ　県令の名前は記されていない。　7　1882年，渋沢栄一らはイギリス製の紡績機械を導入した大阪紡績会社を現在の大阪市大正区に設立し，翌年に操業を開始した。日本初の1万錘規模の紡績工場で，日本の紡績業の発展を牽引し，大阪は「東洋のマンチェスター」と呼ばれるほどの紡績都市に発展した。　8　a　1914年に第一次世界大戦が始まると，第2次大隈重信内閣は日英同盟(当時は1911年に結ばれた第3次同盟)を理由に，イギリスを主力とする連合国側で参戦した。　b　日本軍は中国におけるドイツの根拠地の青島と山東省の権益を接収した。また，赤道以北のドイツ領南洋諸島の一部も占領した。　9　b　1923年9月1日，関東大震災が発生した。
c　1925年，東京放送局がラジオ放送を開始し，次いで大阪放送局・名古屋放送局でも開始した。　a　1927年，第1次若槻礼次郎内閣の片岡直温蔵相の「渡辺銀行が破綻した」という失言がきっかけで取付け騒ぎが起こり，銀行が休業に追い込まれる金融恐慌となった。

【3】1　A　4　　B　下　　2　ウ　　3　ア　　4　ウ　　5　ウ
6　ウ　　7　エ
〈解説〉1　アメリカの大統領の任期は4年，イギリスの議会は上院(貴族院)と下院(庶民院)の2院制(両院制)である。　2　a　アメリカ合衆国憲法修正第22条によって，3選は禁止されている。第二次世界大戦後に2期務めた大統領として，戦後すぐのハリー・トルーマン，ドワイト・D・アイゼンハワー，リンドン・ジョンソン，リチャード・ニクソン，ロナルド・レーガン，ビル・クリントン，ジョージ・W・ブッシュ，バラク・オバマと多数いる。　b　アメリカの大統領の権限としては，bの選択肢の文章以外には，行政府の長官とおもな役人の任免権，恩

赦を与える権限がある。議会に対して法案提出権はないが立法措置を講ずるよう要請・勧告する権限と法案に対する拒否権がある。

3　イギリスの上院は政党や首相上院議員任命委員会などの推薦で国王が任命するのに対して，下院は1選挙区1名の小選挙区から選出される。定数は650名で任期は5年である。1997年から2009年までは労働党が，2009年以降は保守党が政権を担っているが，それ以前も，約10年ごとに政権が交代している。ほぼ保守党と労働党の2大政党制である。

4　日本国憲法第43条は，「両議院は，全国民を代表する選挙された議員でこれを組織する」と定めている。つまり，国会議員は，自分を選んだ人たちだけの代表ではなく「全国民の代表」だ，ということである。日本で成立する法律の大部分は内閣立法であり，議員立法は少ないといわれている。その背景には，法案提出の条件，国会での審議時間，官僚主導の立法が多いなどの理由が挙げられる。　5　a　日本の参議院議員選挙は選挙区選出148名，全国を1区とする非拘束名簿式比例代表制100名の計248名である。大選挙区制ではない。　b　日本国憲法54条第2項「衆議院が解散されたときは，参議院は，同時に閉会となる。但し，内閣は，国に緊急の必要があるときは，参議院の緊急集会を求めることができる」とある。　6　各選挙区から1名選出されるということは，小選挙区選挙である。　a　P党は「あ」，「う」，「お」の選挙区で最も多い得票数を上げているので当選者3人で議席数3，Q党は「い」，「え」の選挙区で最も多い得票数を上げているので当選者は2人で議席数2，R党はどの選挙区でも1位になっていないので当選者がゼロで議席はなし。得票数が2番目のR党は議席なしなのでaは誤り。b　P党は得票数は最も少ないが，死票は「い」，「え」の選挙区の10票ずつで20票しかない。したがってbは正しい。　7　日本国憲法第60条「予算は，さきに衆議院に提出しなければならない。」第2項「予算について，参議院で衆議院と異なった議決をした場合に，法律の定めるところにより，両議院の協議会を開いても意見が一致しないとき，又は参議院が，衆議院の可決した予算を受け取った後，国会休会中の期間を除いて三十日以内に，議決しないときは，衆議院の議決を国会の

議決とする。」第61条「条約の締結に必要な国会の承認については，前条第2項の規定を準用する」とある。　イ　弾劾裁判所の設置と国政調査権の行使は衆議院の優越事項ではない。

【4】1　イ　　2　イ　　3　IoT　　4　(1)　ア　　(2)　ア　　(3)　ベンチャーキャピタル　　5　エ　　6　イ

〈解説〉1　b　株式とは，株式会社の構成員(社員＝株主)としての地位(社員権)や権利のことであるが，一般的にはその地位や権利を象徴する有価証券をさすことが多い。　2 株式会社の最高議決機関は株主総会である。株式会社の特色は経営と所有の分離である。株主総会で選ばれた経営者が会社経営を行う。そのため経営者はこれを利用して自らの利益を追求しがちで，行き過ぎると特別背任罪に問われる。そこで，近年，株主がコーポレートガバナンスといって株主が経営を監視し，牽制する動きが強まっている。　3「モノのインターネット」とは，コンピュータなどの情報・通信機器だけではなく，世の中に存在するありとあらゆるモノに通信機能を持たせる技術のことで，Internet of Thingsの略でIoTという。財やサービスの過不足の把握が従来に比べ格段に容易かつ正確になりサービス業を中心とした産業界全体を変革させる可能性を秘めている。　4　(1)　中小企業政策について，「大企業と同様の市場競争を促す政策」と「法律の制定などによって大企業の進出を抑制する(　Y　)的な政策」という二つの政策をあげている。したがって，Xには抑制の反対の意味である緩和が入る。抑制するのは自由主義ではなく保護主義なのでYには保護主義が入り，答えはアとなる。知識ではなく，前後を見て考える国語的な問題。　(2)　問題文に大企業と中規模企業の比較とあり，Xには中規模企業の状況を示しているグラフを入れることが文を読んで分かる。会社の資本は自己資本と他人資本に分類される。自己資本とは返済が不要な資金で，社内留保(内部留保)と株式の発行による資金をさす。他人資本は返済が必要な資金で，社債の発行と銀行からの借入金で構成される。この率が高ければ倒産の危険度が高いとされる。一般的に大企業の自己資本率

が高いことは想像できる。したがって表Aが中規模企業のもの。その差は縮まっていることは，年を追って数字をみれば分かる。 (3) 上場とは，企業が発行する株式を証券取引所で売買できるようにすることである。一定の基準をクリアし，証券取引所の審査を経て資格を得た会社が上場できる。資金を集めやすくなる利点があるが，手続きや維持にお金がかかる欠点もある。そこで，革新的なアイデアや技術をもとにして，新しいサービスやビジネスを展開する企業を意味するベンチャー企業の中には，あえて上場をしない企業が存在する。このような未上場企業に投資をする会社のことをベンチャーキャピタルという。 5 スケールメリットとは日本語では，規模の経済ともいうが，規模効果とか規模利益といった方がイメージしやすい。スケールメリットを得られる典型的なケースは，同種製品の大量である。設備費や人件費，家賃などの固定費の割合は生産量が多くなるほど少なくなる。生産規模の拡大でコストが削減され，利益率が高まる。これを「スケールメリットが生まれる」という。 6 企業も社会の一員であるという意識が高まり，企業の社会的責任が重視されるようになってきた。それをCorporate Social Responsibilityの頭文字をとってCSRと呼ぶ。地域社会を中心に企業が行う慈善事業をフィランソロピーという。そのほか芸術や文化の支援活動としてのメセナも企業の社会的責任のひとつである。

地理歴史・公民

【1】1 A 煬帝　B 長安　2 エ　3 イ　4 オ　5 ウ
6 エ　7 ア　8 ウ　9 ア
〈解説〉1 A 隋の第2代皇帝で，兄の皇太子楊勇を失脚させて帝位についた。大運河を整備し，吐谷渾や林邑を討伐した。3回の高句麗遠征に失敗し反乱を招いて，江都(揚州)で殺害された。 B 長安は都城制による計画都市で，隋が建設した大興城を継いで唐代に建設された。

玄宗の時代には人口が百万人を超えたと言われている。長安近郊には，周の鎬京，秦の咸陽や前漢の長安などが都として建設された。現在は西安と呼ばれている。　2　ア　三省・六部は唐の統治制度である。隋代には三省・六部が存在したが，六部の一部が未完で別名で呼ばれていた。　イ　郡県制は秦や武帝以降の漢の統治制度である。隋は州県制である。　ウ　封建制は周の統治制度である。　3　ア　建業は南京である。　ウ　乾隆帝によりヨーロッパ船の来航が許された唯一の海港都市は広州である。　エ　中国第一の陶磁器の生産地は景徳鎮である。　4　a　新羅による朝鮮半島の統一は676年。　b　高麗の成立は918年。　c　高句麗による楽浪郡の征服は313年。　5　宋(北宋)の建国は960年。　ア　朝鮮の建国は1392年。　イ　源頼朝の征夷大将軍任命は1192年。　ウ　カペー朝の成立は987年。　エ　チャンドラグプタ2世による最大版図達成は390年頃。　6　エ　マカートニーは1792年に貿易関係改善を目的に清に派遣されたイギリス人である。翌年に熱河の離宮で乾隆帝に謁見したが，貿易関係の改善には失敗した。　7　X　長江下流域は宋代に「蘇湖(江浙)熟すれば天下足る」と呼ばれた穀倉地帯であったが，明代中期以降は対外貿易の絹織物などのための桑栽培などの商品作物の生産地域へと変貌した。　Y　長江下流が商品作物の生産地域となると，明代中期以降には長江中流域が「湖広熟すれば天下足る」と呼ばれる穀倉地帯へと変貌した。　Z　蘇湖熟すれば天下足るは長江下流域が穀倉地帯であった宋代の言葉である。　8　a　アルタン＝ハンの侵入は1550年。庚戌の変と呼ばれる。b　鄭和による南海諸国遠征は1405〜1433年。　c　鄭氏台湾の征服は1683年。　9　a　パナマ運河は，アメリカ合衆国のセオドア＝ローズヴェルト大統領が1903年のパナマ運河条約で運河の建設権と運河地帯の恒久的管理権を獲得した。1904年に着工し，ウッドロー＝ウィルソン大統領の下で1914年に開通した。　b　スエズ運河は，イギリスの第2次ディズレーリ内閣が1875年にスエズ運河会社株44％を買収して，1882年に第2次グラッドストン内閣の下でスエズ運河地帯の駐屯権も得たイギリスによって保護下に置かれた。

【2】1　A　アッシリア　　B　ダレイオス1世　　2　ア　　3　イ
　　4　ウ　5　エ　6　イ　7　イ　8　エ　9　ウ

〈解説〉1　A　アッシリアは前2千年紀後半にミタンニに服属したが，独立を勝ち取り，前671年にエサルハドン王の下で全オリエントを統一し，次代のアッシュル＝バニパル王の下でエラム征服を達成して最大版図に達した。しかし重税や強制移住などの強圧的な支配をしいたことで，各地で反乱を招き，前612年に滅亡した。　B　ダレイオス1世はアケメネス(アカイメネス)朝の第3代王である。知事(サトラップ)による約20州の統治制を導入し，異民族に寛容であった。金貨(ダレイコス)や銀貨(シグロス)を鋳造し，駅伝制度を整備した。王都ペルセポリスの建設を開始する一方で，前500年にペルシア戦争を始めた。

2　イ　監察官は「王の目」「王の耳」である。サトラップは州の知事である。　ウ　「王の道」はサルデス(サルディス)までである。ミレトスはペルシア戦争の発端となる反乱が生じたギリシア人植民市である。　エ　ゾロアスター教が信仰された。マニ教はササン朝時代の3世紀前半に創始された。　3　a　サラミスの海戦は前480年である。b　スパルタがアテネを破ったペロポネソス戦争の終戦は前404年である。　c　ペリクレスの民主政は前443～前429年である。　4　X　オリエントはメソポタミア・エジプトとその周辺地域を意味し，アレクサンドロスの「東方」遠征の対象となったので，「東方に波及」する文化ではない。　Y　ニザーミーヤ学院はセルジューク朝の主要都市に建設された学院である。　5　エ　コロナトゥス制は奴隷労働に基づくラティフンディア(ラティフンディウム)に代わって3世紀以降に登場した。自給自足による経営が行われ，半独立的な大所領が形成されることで，地方分権化を招いた。背景には内乱や外敵の侵入による都市・商業の衰退が，所領経営の自給自足を促したこともある。

6　a　カルロス1世はハプスブルク朝スペインの初代国王で，1519年に神聖ローマ皇帝に選出されてカール5世として即位した。　b　マリア＝テレジアはオーストリア継承戦争でプロイセンに奪われたシュレジエン奪回のため，長年の敵であったフランスと同盟(「外交革命」)を

結んで，1756年に七年戦争を起こした。　7　a　終身統領ナポレオンは，1804年3月にフランス民法典を制定し，法の前の平等・私有財産の不可侵・契約の自由などの2281条を定めた。1807年にナポレオン法典と改名された。　b　「ドイツ国民に告ぐ」講演を行った人物はフィヒテである。ハルデンベルクはプロイセン首相であり，ギルド廃止，ユダヤ人への市民権付与や税制改革などを実施した。　8　ア　フランスではなくイギリス。フランスはインドでポンディシェリ，シャンデルナゴルやカーライッカールなどの飛び地を有するのみで，インドの大半はイギリスの植民地であった。　イ　フィリピンではなくタイ。ラタナコーシン(チャクリ)朝ではラーマ4世が近代化に着手し，次代のラーマ5世(チュラロンコン)によるチャクリ改革に引き継がれた。

ウ　マレーシアではなくラオス。マレーシアが存在するマレー半島ではイギリスが1826年に海峡植民地，1895年にマレー連合州を設けて支配した。1887年に成立したフランス領インドシナ連邦には，1899年にラオスが編入された。　9　ア　ラヴェンナではなくコンスタンティノープル。ラヴェンナにはビザンツ帝国の総督府が置かれ，サン＝ヴィターレ聖堂にはユスティニアヌス帝と皇后テオドラのモザイク壁画が残る。　イ　アッバース朝ではなくウマイヤ朝。アッバース朝は民族によるムスリム間の格差を是正し，「イスラーム帝国」と呼ばれる。エ　仏教ではなくヒンドゥー教。仏教はインドで生まれたが，バラモンの復権やヒンドゥー教の民間への浸透のなかでクシャトリヤを中心に信仰されていた仏教は衰退していった。イスラーム教の普及も仏教衰退に影響を与え，13世紀にイスラーム勢力によってナーランダー僧院は破壊された。

【3】1　エ　2　イ　3　ウ　4　ア　5　ウ　6　イ　7　エ
8　ア　9　エ
〈解説〉1　A　645年，中大兄皇子とともに乙巳の変を計画・実行した中臣鎌足(鎌子)は，これによって始まった大化の改新を主導し，669年の臨終の際には前年に即位した天智天皇から当時の最高冠位の大織冠と

藤原の姓を贈られた。　B　醍醐天皇の時代の901年，前の宇多天皇の時代に重用されていた右大臣菅原道真が左大臣藤原時平の陰謀により大宰権帥として大宰府に左遷させられ，中央政界から追放される昌泰の変がおこり，道真は翌々年にそこで没した。　2　a　奈良時代に盛んになった，仏教の力により国家の安定をはかる思想を鎮護国家思想といい，聖武天皇はこれに基づいて仏教を保護し，東大寺に盧舎那仏を造立するなどの政策をすすめた。　b　平安時代初期に広まった，経典の研究や修行では理解し切れない秘密の教えを密教といい，加持祈禱によって現世利益をはかることが重んじられた。中期の10世紀になると，現世の不安から逃れようとする浄土教が流行した。

3　b　866年，大納言伴善男が左大臣源信の失脚をねらって，平安京大内裏の応天門に放火したが，陰謀が発覚して伊豆に配流された(応天門の変)。　a　1018年，藤原道長は娘の藤原威子が彰子・姸子に続いて3人目の天皇の后に立った日の気分を「この世をば我が世とぞ思ふ望月のかけたることも無しと思へば」と詠んだ。　c　1156年に保元の乱，1159年に平治の乱が平安京でおこり，いずれも武士の実力で解決された。　4　平安時代末期から鎌倉時代，日宋貿易によって大量の宋銭が流入し，鎌倉時代後半になると農村にまで普及したため，年貢を現物ではなく宋銭で納める代銭納も行われるようになった。これにより，これまで税として都に流入していた品物が商品として流入するようになり，また各地に流通するようになった。　5　1368年に朱元璋が元をモンゴル高原に追い払い，南京で洪武帝として即位して建国した明は東シナ海・南シナ海沿岸で海禁政策を行い，民間人の海外渡航や交易(私貿易)を許さなかった。その結果，中国からの銭貨の流入量は大きく減少した。　6　私鋳銭とは貨幣経済が発達した室町時代に特に多くなった，民間が勝手に鋳造した銭のこと。私鋳銭の大量流通が端的に示しているように，日本の中世社会の特徴は幕府も強大な政治権力にはなりえず，宗教勢力など様々な勢力が独自の権力をもち，政治権力が分散したことにあるといえる。　7　16世紀前半，博多商人神屋(神谷)寿禎によって朝鮮から灰吹法という銀の精錬技術が

伝わった。その技術は山名氏が領する但馬の生野銀山にも広まった。江戸時代に入ると幕府は金属貨幣の鋳造権を独占し，その原料を確保するため，佐渡金銀山・石見銀山・生野銀山など全国の主要な鉱山を直轄領とした。明治新政府は生野銀山を政府直轄としたが，1896(明治29)年に三菱合資会社に払い下げられた。　8　南鐐二朱銀は初の計数銀貨で，田沼意次が老中になった1772年に鋳造された。賄賂が横行するなど，否定的な評価を説明するときに使用する資料はa。「たぬまる」は「頼まるる」と掛けており，田沼とその家来が陳情者から賄賂を取り立てることを皮肉っている。民間の学問・文化・芸術が多様な発展をとげたとする肯定的な評価を説明するときに使用する資料はc。「もとの濁りの田沼こひしき」と，寛政の改革期に，活気のあった田沼時代を懐かしんでいる。　9　1859年に貿易が始まると，輸出超過による物不足が原因でインフレーションになり，また金銀比価が外国では1:15，日本では1:5だったため，外国人は大量の銀貨を持ち込んで金貨を安く手に入れて莫大な利益を得て，10万両以上の金貨が流出した。そこで幕府は従来の天保小判や安政小判に比べて重量と金含有量を大幅に減らした万延小判を鋳造した(万延貨幣改鋳)が，これによって物価の上昇に拍車がかかり，人々の生活が一層苦しくなった。

【4】1　A　工部　　B　富岡　　C　高橋是清　　2　ウ　　3　ア
　　4　イ　5　イ　6　ウ　7　イ　8　エ　9　エ
〈解説〉1　A　1870年，殖産興業に当たる官庁として工部省が設置された。工部卿は当初欠員で，1873年に伊藤博文が初代工部卿となり，1878年まで務めた。リード文のような鉄道の敷設のほか，鉱山の開発が官営事業の中心だったが，1873年に内務省が設置されるとしだいに重要性が薄れ，1885年の内閣制度創設とともに廃止された。　B　明治時代，生糸は最も重要な外貨獲得源だった。明治政府は近代産業を育てる殖産興業のため，1872年に群馬県西部の富岡に官営模範工場の富岡製糸場を設立し，フランスから技術者を招き，最新の器械を輸入して，生糸の品質向上，製糸業の発展に努めた。工女は全国から集め

られ，習得した技術を各地に広めることを期待された。　C　1930年1月，浜口雄幸内閣(蔵相井上準之助)は金輸出解禁を実施したが，国民の購買力が落ち，前年におこった世界恐慌の影響も相まって企業の業績が悪化し，大量の失業者が出た。1931年12月，犬養毅内閣が成立すると，高橋是清蔵相は景気を浮揚して恐慌から脱出するため，金輸出再禁止を断行し，また金兌換を停止し，管理通貨制度に事実上移行した。　2　資料は明治11年＝1878年に発行された地券。明治政府は統一的な貨幣制度を確立するため，1871年に新貨条例を公布し，円・銭・厘の十進法を採用した。　ア　「持主　杉浦豊吉」と記されている。イ　この地券が発行された前年の1877年，地租の税率が3％から2.5％に引き下げられた。　エ　県令の名前は記されていない。

3　ア　1872年に公布された学制は，フランスの制度にならって全国を8大学区に分け，各大学区を32中学区，各中学区を210小学区に分けて，各学区に大学・中学・小学校を各1校設置するというものだったが，国民生活の実情には合わなかったため1879年に廃止された。

イ　義務教育期間の授業料を廃止したのは1900年。　ウ　1886年の帝国大学令(学校令の一つ)によって，帝国大学が初めて設立された。エ　学校教育法ではなく教育基本法。　4　1882年，渋沢栄一らはイギリス製の紡績機械を導入した大阪紡績会社を現在の大阪市大正区に設立し，翌年に操業を開始した。日本初の1万錘規模の紡績工場で，日本の紡績業の発展を牽引し，大阪は「東洋のマンチェスター」と呼ばれるほどの紡績都市に発展した。　5　a　1914年に第一次世界大戦が始まると，第2次大隈重信内閣は日英同盟(当時は1911年に結ばれた第3次同盟)を理由に，イギリスを主力とする連合国側で参戦した。

b　日本軍は中国におけるドイツの根拠地の青島と山東省の権益を接収した。また，赤道以北のドイツ領南洋諸島の一部も占領した。

6　a　ガス灯の設置がすすんだのは明治時代初期で，人力車や灯煉瓦造りの建物とともに文明開化の象徴となった。第一次世界大戦がおこった大正時代には電灯の普及がすすんだ。　b　大正時代には阪神間で大阪梅田の阪急百貨店などのターミナルデパート，大阪府池田町

(現・池田市)などでの住宅地開発，宝塚少女歌劇団の公演などを行う宝塚新温泉などの娯楽施設がつくられたので正しい。　7　関東大震災は第2次山本権兵衛内閣の時代の1923年9月1日に発生した。Ⅰのシーメンス事件の発覚により第1次山本権兵衛内閣が退陣した1914年と，Ⅱのラジオ放送が東京・大阪・名古屋で開始された1925年の間の出来事である。なお，Ⅲは金融恐慌で1927年の出来事。　8　1920年，平塚らいてう・市川房枝らによって新婦人協会が設立され，運動の結果，1922年には治安警察法第5条が改正され，女性の政治結社・政治演説会参加が認められた。　ア　工場法は1911年に制定され，1916年に施行された。　イ　ワシントン会議が開かれたのは1921〜22年だが，五大国の保有比率を定めたのは補助艦ではなく主力艦である。　ウ　第1次護憲運動は1912〜13年。　9　1960年に発足した池田勇人内閣は国民所得倍増計画を発表して，高度経済成長を促進する経済政策をすすめた。　ア　1949年に日本政府に指示されたドッジ＝ラインでは，赤字を許さない緊縮予算が求められた。　イ　1949年のシャウプ勧告により，直接税中心主義が採用された。　ウ　1ドル308円ではなく360円。1ドル308円は1971年12月から1973年2月に変動相場制に移行するまでの為替レートである。

【5】1　A　4　　B　下　　2　ウ　　3　ア　　4　ウ　　5　ウ
　　6　エ　　7　ア
〈解説〉1　アメリカの大統領の任期は4年，イギリスの議会は上院(貴族院)と下院(庶民院)の2院制(両院制)である。　2　アメリカ合衆国憲法修正第22条によって，3選は禁止されている。第二次世界大戦後に2期務めた大統領として，戦後すぐのハリー・トルーマン，ドワイト・D・アイゼンハワー，リンドン・ジョンソン，リチャード・ニクソン，ロナルド・レーガン，ビル・クリントン，ジョージ・W・ブッシュ，バラク・オバマと多数いる。大統領の権限としては，行政府の長官とおもな役人の任免権，恩赦を与える権限がある。議会に対して法案提出権はないが立法措置を講ずるよう要請・勧告する権限と法案に対す

る拒否権がある。　3　イギリスの上院は政党や首相上院議員任命委員会などの推薦で国王が任命するのに対して，下院は1選挙区1名の小選挙区から選出される。定数は650名で任期は5年である。1997年から2009年までは労働党が，2009年以降は保守党が政権を担っているが，それ以前も，約10年ごとに政権が交代している。ほぼ保守党と労働党の2大政党制である。　4　ア　日本の国会は議案の審議や国政の調査などの議会運営を効率的に行うために委員会中心主義を採用している(国会法40条以下)。委員会は衆参両院にあり，常任委員会と特別委員会からなり，国会議員はいずれかの委員会に所属することが義務づけられている(同42条)。　イ　日本の参議院議員選挙は，都道府県単位の選挙区選出(一部2県でひとつの選挙区のため，全国45選挙区)と全国を1選挙区とする非拘束名簿式比例代表制を採用している。　エ　議会の解散があるのは衆議院のみ。衆議院の解散については学説上では争いがあるも，実務では日本国憲法7条と69条により解散が行われている。　5　各選挙区から1名選出されるということは，小選挙区選挙である。　a　P党は「あ」，「う」，「お」の選挙区で最も多い得票数を上げているので当選者3人で議席数3，Q党は「い」，「え」の選挙区で最も多い得票数を上げているので当選者は2人で議席数2，R党はどの選挙区でも1位になっていないので当選者がゼロで議席はなし。得票数が2番目のR党は議席なしなのでaは誤り。　b　P党は得票数は最も少ないが，死票は「い」，「え」の選挙区の10票ずつで20票しかない。したがってbは正しい。　6　日本国憲法第60条「予算は，さきに衆議院に提出しなければならない。」第2項「予算について，参議院で衆議院と異なつた議決をした場合に，法律の定めるところにより，両議院の協議会を開いても意見が一致しないとき，又は参議院が，衆議院の可決した予算を受け取つた後，国会休会中の期間を除いて三十日以内に，議決しないときは，衆議院の議決を国会の議決とする。」第61条「条約の締結に必要な国会の承認については，前条第2項の規定を準用する」とある。　イ　弾劾裁判所の設置と国政調査権の行使は衆議院の優越事項ではない。　7　解答参照。

【6】1　ウ　　2　イ　　3　IoT　　4　(1)　ア　　(2)　ア　　(3)　ベン
チャーキャピタル　　5　エ　　6　イ

〈解説〉1　ア　株式会社の場合株主に対して配当というかたちで利益の
分配が行われる。利益の大小によって配当の額は変動し少なければ受
け取れない場合もある。　イ・ウ　株式会社とは，出資者が出資した
限度内で責任を負う株主によって構成される会社をいう。問題文には
「自己の財産を用いて自ら経営にあたる」とあるので，株式会社の一
般的な定義には当てはまらない。出資した限度内で責任を負うことを
有限責任という。　エ　株式とは，株式会社の構成員(社員＝株主)と
しての地位(社員権)や権利のことであるが，一般的にはその地位や権
利を象徴する有価証券をさすことが多い。有価証券ということは株式
もひとつの商品である。商品であれば需給バランスで価格は変動する。
2　株式会社の最高議決機関は株主総会である。株式会社の特色は経
営と所有の分離である。株主総会で選ばれた経営者が会社経営を行う。
そのため経営者はこれを利用して自らの利益を追求しがちで，行き過
ぎると特別背任罪に問われる。そこで，近年，株主がコーポレートガ
バナンスといって株主が経営を監視し，牽制する動きが強まっている。
3　「モノのインターネット」とは，コンピュータなどの情報・通信機
器だけではなく，世の中に存在するありとあらゆるモノに通信機能を
持たせる技術のことで，Internet of Thingsの略でIoTという。財やサー
ビスの過不足の把握が従来に比べ格段に容易かつ正確になりサービス
業を中心とした産業界全体を変革させる可能性を秘めている。
4　(1)　中小企業政策について，「大企業と同様の市場競争を促す政策」
と「法律の制定などによって大企業の進出を抑制する(Y)的な政策」
という二つの政策をあげている。したがって，Xには抑制の反対の意
味である緩和が入る。抑制するのは自由主義ではなく保護主義なので
Yには保護主義が入り，答えはアとなる。知識ではなく，前後を見て
考える国語的な問題。　(2)　問題文に大企業と中規模企業の比較とあ
り，Xには中規模企業の状況を示しているグラフを入れることが文を
読んで分かる。会社の資本は自己資本と他人資本に分類される。自己

資本とは返済が不要な資金で，社内留保(内部留保)と株式の発行による資金をさす。他人資本は返済が必要な資金で，社債の発行と銀行からの借入金で構成される。この率が高ければ倒産の危険度が高いとされる。一般的に大企業の自己資本率が高いことは想像できる。したがって表Aが中規模企業のもの。その差は縮まっていることは，年を追って数字をみれば分かる。　(3)　上場とは，企業が発行する株式を証券取引所で売買できるようにすることである。一定の基準をクリアし，証券取引所の審査を経て資格を得た会社が上場できる。資金を集めやすくなる利点があるが，手続きや維持にお金がかかる欠点もある。そこで，革新的なアイデアや技術をもとにして，新しいサービスやビジネスを展開する企業を意味するベンチャー企業の中には，あえて上場をしない企業が存在する。このような未上場企業に投資をする会社のことをベンチャーキャピタルという。　5　スケールメリットとは日本語では，規模の経済ともいうが，規模効果とか規模利益といった方がイメージしやすい。スケールメリットを得られる典型的なケースは，同種製品の大量である。設備費や人件費，家賃などの固定費の割合は生産量が多くなるほど少なくなる。生産規模の拡大でコストが削減され，利益率が高まる。これを「スケールメリットが生まれる」という。6　企業も社会の一員であるという意識が高まり，企業の社会的責任が重視されるようになってきた。それをCorporate Social Responsibilityの頭文字をとってCSRと呼ぶ。地域社会を中心に企業が行う慈善事業をフィランソロピーという。そのほか芸術や文化の支援活動としてのメセナも企業の社会的責任のひとつである。

2023年度　実施問題

共 通 問 題

【1】次の文章を読み，以下の問いに答えなさい。

　①地図は地球の表面上の様子を，記号や図形などを使い平面に表現したものである。国土地理院が発行する地図には，②地形図，地勢図，地方図などがある。このうち2万5千分の1地形図は，空中写真や現地測量をもとにした（　A　）図であり，比較的ひずみの少ない（　B　）図法で描かれている。また，国土地理院では③GISの活用促進を目的として電子国土基本図の整備を進めている。地理の学習では④このような地図を出発点に，その他さまざまな資料を用いて多角的に地域の特色を理解することが重要である。

1　文中の（　A　），（　B　）にあてはまる語句を書きなさい。

2　下線部①について，次に示した内容を表現するのに適した統計地図として適切なものを，以下のア～カから1つ選んで，その符号を書きなさい。

　a　ドイツの各都市の人口規模の違いについて表現する。

　b　ニュージーランドの羊と乳牛の分布を表現する。

　c　日本の桜の開花日を表現する。

	ア	イ	ウ	エ	オ	カ
a	ドットマップ	ドットマップ	等値線図	等値線図	図形表現図	図形表現図
b	等値線図	図形表現図	ドットマップ	図形表現図	ドットマップ	等値線図
c	図形表現図	等値線図	図形表現図	ドットマップ	等値線図	ドットマップ

3　下線部②について，2万5千分の1地形図上で2点間の距離が4cmで標高差が20mであった場合，その平均勾配として適切なものを，次のア～エから1つ選んで，その符号を書きなさい。

　ア　0.02　　イ　0.04　　ウ　0.10　　エ　0.20

4　下線部③について，GISの活用に関して述べた文として適切でないものを，次のア～エから1つ選んで，その符号を書きなさい。

ア　道路や住宅などの地図に，洪水発生時の浸水域や避難場所の位置を組合せることで，ハザードマップが作成できる。

イ　新しい店舗の出店を検討するとき，出店予定地からの徒歩圏やその中の人口分布，競合店の位置などを地図上に示し，予定地の市場を分析することができる。

ウ　観光地を訪れた際，車両の位置情報を利用して，バスの位置をリアルタイムで地図上に示すことで乗客が運行状況を閲覧・活用できる。

エ　地図上に示された同じ住所に位置する複数の建物や戸数を区別することができるため，その建物に住む居住者の性別や家賃が確認できる。

5　下線部④について，図1，図2の比較や統計資料の活用，他県との比較等の地理的技能を使い，岡山県の特色を考察した。これについて，あとの問いに答えなさい。

図1（昭和44年）

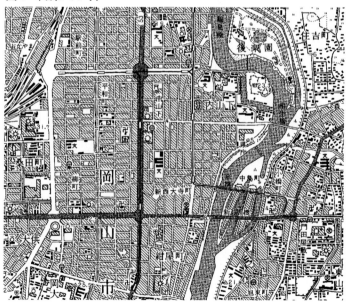

図２（平成29年）

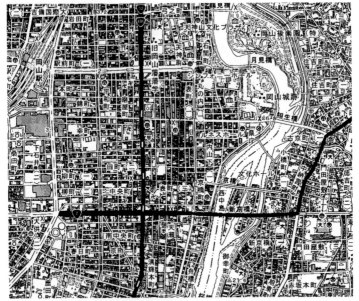

（昭和44年発行及び平成29年発行25,000分の1地形図「岡山南部」を一部改変）

(1)　図1，図2から読み取れることについて述べた文として適切なものを，次のア～エから1つ選んで，その符号を書きなさい。

ア　駅前町は区画整理のため町名が変更された。

イ　かつて学校であった場所が，図書館になっているところがある。

ウ　県庁も市役所も移転して，ともにその所在地が変わった。

エ　市内を走っていた路面電車はすべて廃止され，バス路線となった。

(2)　図1，図2にみられる都市の特徴について述べた文として適切なものを，次のア～エから1つ選んで，その符号を書きなさい。

ア　唐の長安をモデルに格子状道路網を備えた計画都市

イ　江戸時代に幕府によって開拓が奨励された際に作られた計画都市

　　ウ　城郭を中心に身分・職業による町割りで構成された計画都市
　　エ　産業革命以降，経済成長を背景に形成された計画都市
(3)　岡山市のハイサーグラフとして適切なものを，次のア～エから
　　1つ選んで，その符号を書きなさい。

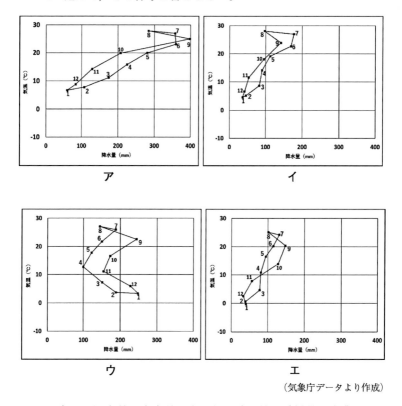

（気象庁データより作成）

(4)　表は，岡山県，広島県，山口県，香川県，愛媛県の産業別製造
　　品出荷額を示している。岡山県に該当するものを，次のア～エか
　　ら1つ選んで，その符号を書きなさい。

表　　　　　　　　　　　　　　　　　　　　　　　　　（百万円）

	飲料・たばこ・飼料	繊維工業品	化学工業製品	輸送用機械器具
愛媛県	62,162	178,414	410,019	330,289
ア	45,729	144,145	365,249	2,866,458
イ	166,850	200,250	1,091,398	956,056
ウ	50,435	38,411	1,772,322	1,149,920
エ	17,740	39,028	157,459	283,407

（工業統計調査（2020年）より作成）

（☆☆☆◎◎◎）

【2】社会生活に関する次の問いに答えなさい。

1　令和4年4月1日から成年年齢が18歳に引き下げられたことについて，次の問いに答えなさい。

 (1)　成年年齢を定めた法律の名称を漢字で答えなさい。

 (2)　このことについて述べた文として適切でないものを，次のア～エから1つ選んで，その符号を書きなさい。

　　ア　18歳になると父母の親権に服さなくなる。

　　イ　婚姻開始の年齢が，男女とも18歳になる。

　　ウ　裁判員になることができる年齢は20歳のまま維持される。

　　エ　国民年金の加入義務は20歳のまま維持される。

2　人々は労働によって社会参画を行っている側面がある。このことについて，次の問いに答えなさい。

 (1)　1830年代から1850年代にイギリスで起こった，選挙法改正と社会変革を要求する急進派知識人と下層労働者の社会運動を何というか，次の(　　　)にあうようにカタカナ6字で答えなさい。

　　　　（　　　）運動

 (2)　日本の労働や雇用に関して述べた文として適切なものを，次のア～エから1つ選んで，その符号を書きなさい。

　　ア　あらかじめ労働契約上雇用期間が定められている労働者を派遣労働者という。

　　イ　同一企業内における正社員と非正規労働者との間の不合理な待遇の差をなくすための法改正が行われた。

ウ　実際の労働時間に関係なく一定時間働いたとみなして賃金を
　　支払うフレックスタイム制を導入する企業がある。
エ　高校生のアルバイトは雇用契約を伴わない非正規雇用である
　　ため，労働基準法の適用を受けない。

(3)　次の図は，平成28年と令和3年の国民の「働く目的」について
　　の意識調査の結果を年代別にまとめたものである。この図から読
　　み取れることを述べた文として適切なものを，以下のア〜オから
　　1つ選んで，その符号を書きなさい。

図

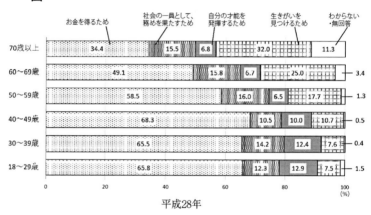

平成28年

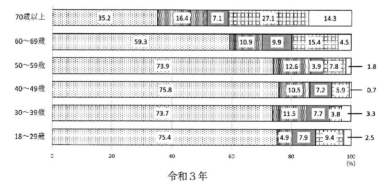

令和3年

（内閣府「国民生活に関する世論調査」より作成）

ア　いずれの年代も，令和3年は平成28年と比べて，「お金を得るため」と回答した割合が10％以上増加している。

イ　いずれの年代も，令和3年は平成28年と比べて，「お金を得るため」と答えた割合が増加したのに対し，「自分の才能を発揮するため」と回答した割合が減少した。

ウ　令和3年は平成28年と比べて，「生きがいを見つけるため」と回答した割合は，すべての年代の中で60〜69歳の年代が最も大きく減少した。

エ　平成28年，令和3年とも，40〜49歳の年代において，「お金を得るため」以外の回答の割合が30％を超えている。

オ　令和3年は平成28年と比べて，18〜29歳の年代だけが「社会の一員として，務めを果たすため」と回答した割合が5％以上減少した。

3　成年年齢の引き下げは，契約や消費生活にも影響を与えている。このことについて，次の問いに答えなさい。

(1)　契約や消費生活について述べた次の文中の（　X　）〜（　Z　）にあてはまる語句として適切なものを，以下のア〜キからそれぞれ1つ選んで，その符号を書きなさい。ただし，同じ記号には同じ語句が入る。

> 　契約が成立すると，当事者同士は（　X　）を果たす必要が生じる。売買契約では，購入する側は代金を支払う（　X　）を果たすことで，販売する側に対して（　Y　）を持つことになる。契約や物の所有について，誰もが対等の立場にあることを（　Z　）の原則という。

ア　情報の非対称性　　イ　賠償責任　　ウ　債権　　エ　債務
オ　所有権絶対　　　　カ　契約自由　　キ　権利能力平等

(2)　契約や消費生活に関して述べた文aとbの正誤の組合せとして適切なものを，以下のア〜エから1つ選んで，その符号を書きなさい。

84

    a　成年年齢引き下げにより，18歳になると保護者の同意なく契約が結べるようになるが，クレジットカードの契約については，若年者保護の観点から，18歳，19歳は児童福祉法で特定少年とされ，継続して保護者の同意が必要である。

    b　訪問販売や連鎖販売取引など，消費者トラブルが起こりやすい契約には，消費者契約法上のクーリング・オフ制度が適用され，一定の期間内であれば消費者から一方的に契約を解除できる。

    ア　a－正　b－正　　イ　a－正　b－誤
    ウ　a－誤　b－正　　エ　a－誤　b－誤

4　学校教育においては，社会とのつながりを意識した「生きる力」や，主体的に社会の形成に参画する態度の育成が一層求められている。これに関して述べた文として適切でないものを，次のア〜エから1つ選んで，その符号を書きなさい。

    ア　政治的教養の教育に関しては，教育基本法で「良識ある公民として必要な政治的教養は，教育上尊重されなければならない」と規定されている。

    イ　高等学校公民科科目「公共」においては，合意形成や社会参画を視野に入れた学習が設定されており，中学校社会・公民的分野においても，合意形成や社会参画に配慮した内容の取扱いが求められている。

    ウ　キャリア教育については，中学校学習指導要領，高等学校学習指導要領とも，社会的・職業的自立に向けて必要な基礎となる資質・能力を，特別活動を中心に，各教科(・科目)等の特質に応じて充実することとされている。

    エ　「消費者に関する教育」については，児童生徒の発達段階を考慮し，小学校学習指導要領にはこれに関する内容の記載はなく，中学校以降の教育課程に位置付けられている。

(☆☆◎◎◎)

中 学 社 会

【1】次の文章を読み，以下の問いに答えなさい。

　農業と工業は，人間の暮らしを支える重要な産業である。人間は，農業を基盤とした社会に移行することにより，食料を安定的・効率的に確保できるようになった。人間の暮らしは①自然環境からさまざまな影響を受けるが，②農業も各地の自然条件などを反映して多様な形態に発達した。

　また，18世紀以降の工業化は，人々に豊かな生活をもたらすとともに，国家間の経済的な結びつきを強め，今日では，③貿易がなければ各国の経済状況は成り立たない状況になっている。ヨーロッパでは④ヨーロッパ連合(EU)を結成し，加盟国の多くで単一通貨(　　)による決済が行われるなど，従来の国家の枠を超える取組が行われている。一方で，工業の発達は⑤地球的規模で新たな問題をもたらしたことも事実である。

1　文中の(　　)にあてはまる語句をカタカナ3字で書きなさい。

2　下線部①について，次の問いに答えなさい。

　(1)　表1はヨーロッパのある都市の気温と降水量を示したものである。この都市の気候区名として適切なものを，以下のア～オから1つ選んで，その符号を書きなさい。

表1　　　　　　　　　　　　　　　　　　　上段…月平均気温（℃）、下段…月降水量（mm）

	1月	2月	3月	4月	5月	6月	7月	8月	9月	10月	11月	12月	全年
	8.3	9.1	11.3	13.5	17.5	21.0	23.9	24.1	20.7	16.9	12.1	9.0	15.6
	71.9	42.4	38.6	70.3	46.1	35.9	14.9	18.4	75.3	130.8	108.9	85.7	739.2

（「データブック オブ ザ ワールド 2022」より作成）

　　ア　サバナ気候　　　イ　温暖湿潤気候　　　ウ　ステップ気候
　　エ　地中海性気候　　オ　西岸海洋性気候

　(2)　表1の都市が属する気候区の特徴を述べた文として適切なものを，次のア～エから1つ選んで，その符号を書きなさい。

　　ア　南半球には見られない気候区である。

　　イ　大陸の西岸で，緯度40度～60度の緯度帯に分布する。

　　ウ　亜熱帯高圧帯の影響で，夏季に降水量が減少する。

エ　赤道低圧帯の影響で，明瞭な雨季と乾季がある。

(3)　フランス北部のパリ盆地にみられる，硬軟がある地層が地表に露出し，不均一に侵食を受けて緩傾斜と急傾斜が繰り返す非対称な断面を持つ地形の名称をカタカナで書きなさい。

(4)　氷河の末端や砂漠から風によって細かい土が運ばれ，厚く堆積した土壌の名称として適切なものを，次のア～エから1つ選んで，その符号を書きなさい。

ア　テラロッサ　　イ　テラローシャ　　ウ　レグール

エ　レス

3　下線部②について，ヨーロッパで発達した農業に関して述べた文として適切でないものを，次のア～エから1つ選んで，その符号を書きなさい。

ア　大都市近郊などで，現金収入を目的とする野菜や果樹・花きなどの栽培が，多くの資本を投入して集約的に行われてきた。

イ　地下用水路によって供給される水や外来河川の水を用いて，ナツメヤシや小麦などの栽培が行われてきた。

ウ　三圃式農業から発達した，小麦，ライ麦などの穀物や飼料作物の栽培と家畜飼育を組み合わせた農業が行われてきた。

エ　牧草や飼料作物を栽培して乳牛を飼育し，生乳やバター，チーズなどの生産が行われてきた。

4　下線部③について，貿易の自由化に関して述べた文aとbの正誤の組合せとして適切なものを，以下のア～エから1つ選んで，その符号を書きなさい。

a　GATTにより，工業製品を中心に関税の引き下げを図って自由貿易を促進したが，先進国間での貿易摩擦問題も頻発した。

b　WTOでは，サービス貿易や投資の自由化，知的財産権の保護など，モノの貿易以外も交渉が行われている。

ア　a－正　b－正　　イ　a－正　b－誤　　ウ　a－誤　b－正

エ　a－誤　b－誤

5　下線部④について，次の問いに答えなさい。

(1)　1993年にマーストリヒト条約が発効したことにより，初めて実現したこととして適切なものを，次のア～エから1つ選んで，その符号を書きなさい。

　ア　加盟国の国境管理が廃止され，域内の人の移動が完全に自由化された。

　イ　石炭や鉄鋼などの戦略物資を共有することを目的に共同体が設立された。

　ウ　統一市場の実現に向けて，ヨーロッパ中央銀行が設立された。

　エ　農業市場を統一し，域内の関税を撤廃した共通農業政策が採用された。

(2)　表2は，フランス，ポーランド，ギリシア，スウェーデンの1人あたりGNI，輸出額，輸入額，産業別人口構成を示している。ポーランドに該当するものを，次のア～エから1つ選んで，その符号を書きなさい。

表2

国名	1人あたりGNI（ドル）	輸出額（百万ドル）	輸入額（百万ドル）	産業別人口構成（％）		
				第1次	第2次	第3次
ア	56,090	154,152	148,385	1.7	18.2	80.1
イ	42,290	478,333	572,028	2.5	20.3	77.2
ウ	19,690	35,170	55,695	12.3	15.2	72.5
エ	15,350	270,939	257,064	9.6	31.8	58.6

（『データブック オブ ザ ワールド 2022』より作成）

6　下線部⑤について，地球的規模の問題に関して述べた文として適切なものを，次のア～エから1つ選んで，その符号を書きなさい。

　ア　地球温暖化を食い止めるため，京都議定書に代わる新たな枠組みとしてパリ協定が採択された。

　イ　発展途上国では，工業化が進み，経済状態が大幅に改善したことから，1990年代半ばに南北問題は解消された。

　ウ　チタンやリチウムなどのレアメタルは，都市鉱山からのリサイクルが進み，世界規模で供給が過剰になっている。

　エ　1960年代以降，OPECが世界の原油供給の主導権を握り，産油地が偏在しないよう北海油田等の新たな油田開発を進めている。

（☆☆☆◎◎◎）

【2】次の文章を読み，以下の問いに答えなさい。

　紀元前5000年ごろ，西アジアの①メソポタミア南部では，大河流域に人々が進出し，灌漑農業を発達させた。農業生産が増大し，分業が始まると，階層分化を引き起こして国家という組織が生まれた。紀元前3000年代後半には神殿を中心に都市国家が成立した。このころには，交易活動を記録し，収穫物や家畜を管理するために②文字が発明された。その後，エジプトの（　A　）川，インダス川，黄河・長江などの大河流域でも文明が成立した。また，③アメリカ大陸では，平野だけでなく高原や山ろくにも独自の文化が生まれた。

　インドでは④インダス文明の衰退後，紀元前1500年ごろ（　B　）人が侵入した。紀元前1000年ごろにはガンジス川流域に進出し，ヒンドゥー教のもとになる（　C　）教と，神官を最高位とする身分制度をもつ国々を建設した。中国では，黄河流域に⑤殷が栄えたが，紀元前1100年ごろ周に滅ぼされ，その周も紀元前8世紀ごろに衰退し，多くの国が互いに争う⑥春秋戦国時代となった。

1　文中の（　A　）〜（　C　）にあてはまる語句を書きなさい。

2　下線部①に関して述べた文として適切なものを，次のア〜エから1つ選んで，その符号を書きなさい。

　ア　月の満ち欠けをもとにした太陰暦や，60進法が考え出された。

　イ　王は太陽神の化身として崇められ，絶大な権力を持った。

　ウ　シュメール人によってアテネなどの都市国家が建設された。

　エ　来世的信仰をもち，ミイラをつくり，「死者の書」に安らぎを求めた。

3　下線部②について，メソポタミア文明で使用された文字とその名称の組合せとして適切なものを，以下のア〜エから1つ選んで，その符号を書きなさい。

　ア　a－くさび形文字　　イ　b－くさび形文字
　ウ　a－パスパ文字　　　エ　b－パスパ文字

4　下線部③について，アメリカ大陸の文明として適切でないものを，次のア～エから1つ選んで，その符号を書きなさい。
　　ア　マヤ　　イ　インカ　　ウ　テオティワカン　　エ　ミケーネ

5　下線部④に関して述べた文aとbの正誤の組合せとして適切なものを，以下のア～エから1つ選んで，その符号を書きなさい。
　a　モヘンジョ＝ダロなどの都市は計画的に建設され，上下水道などが整備された。
　b　都市ではインダス文字を刻んだ印章や鉄器，土器などが用いられた。
　　ア　a－正　b－正　　イ　a－正　b－誤
　　ウ　a－誤　b－正　　エ　a－誤　b－誤

6　下線部⑤に関して述べた文として適切なものを，次のア～エから1つ選んで，その符号を書きなさい。
　　ア　王の一族や功臣を諸侯に封じ，封土や農民を世襲的に支配させた。
　　イ　全国を郡，県にわけ，官僚を派遣して統治した。
　　ウ　占いによる政治や祭りを行い，占った結果を甲骨文字で記録した。
　　エ　封建制と郡県制をあわせた郡国制をもちいた。

7　下線部⑥に関して述べた文として適切なものを，次のア～エから1

つ選んで，その符号を書きなさい。

ア　鉄製農具が使われるようになった。

イ　会子とよばれる紙幣が流通した。

ウ　官吏登用法として科挙が行われた。

エ　製紙などの産業が盛んとなった。

(☆◎◎◎)

【3】次の文章を読み，以下の問いに答えなさい。

　奈良時代，東アジア文化圏形成の一翼を担ったのが，遣唐使等の外交使節であった。日本から入唐した人々，①唐から来日した人々それぞれが，日本の仏教界や政治・文化の発展に大きな影響を与えた。

　平安時代後期から鎌倉中期にかけて，日本と宋の貿易が発展した。平安末期に勢力を拡大した平氏政権では，平清盛が②瀬戸内海の航路を整えて貿易を奨励した。

　室町時代は明による朝貢貿易の活性化を背景に，③琉球王国が中継貿易で繁栄した。やがて豊臣秀吉の朝鮮出兵で明との交易ができなくなった日本は，東南アジアで中国船との出会貿易を行った。その際，オランダなどのヨーロッパ船もこの貿易に参加して利益を上げた。

　江戸時代になると，幕府は鎖国政策をとるようになるが，1609年にオランダ人に通商許可が与えられ，鎖国政策下においても日本との交易関係は継続された。19世紀初頭，フランスの（　A　）がオランダを征服すると，イギリスはオランダの植民地を次々と奪い，東洋貿易の独占をはかった。やがて，イギリスの船舶が日本近海に姿を見せるようになり，鎖国体制を維持するため，1825年に④異国船打払令が発令されるなど，江戸幕府の外交方針は強硬姿勢に変わっていく。

　その後，（　B　）戦争後の清の状況に危機感を抱いた幕府は強硬姿勢を緩和したが，あくまでも鎖国体制は守ろうとした。しかし，1853年にペリーやプチャーチンが開国を迫るとその強い圧力に屈し，1854〜55年に⑤4か国と和親条約を結んだ。

　明治新政府が成立すると，不平等条約の撤廃と軍事力強化をめざし，

　⑥近代国家の形成に努めた。こうして日本は近代国家として欧米諸国からも認められ，大正時代になると，⑦日本は政治，経済の両面で，国際社会において一層影響力を持つようになった。

1　文中の（　A　）にあてはまる適切な人物名と（　B　）にあてはまる語句をそれぞれ書きなさい。

2　下線部①について，日本に正式な受戒の際の戒律を授けた鑑真に与えられた寺院として適切なものを，次のア～エから1つ選んで，その符号を書きなさい。

　　ア　唐招提寺　　イ　興福寺　　ウ　薬師寺　　エ　東大寺

3　下線部②について，この取組の一環として，平清盛は遷都した福原京に隣接する港を修築した。この港の名称として適切なものを，次のア～エから1つ選んで，その符号を書きなさい。

　　ア　十三湊　　イ　博多津　　ウ　大輪田泊　　エ　難波津

4　下線部③について，琉球王国の都の名称を漢字2字で答えなさい。

5　下線部④の法令が出された頃の出来事に関して述べた文aとbの正誤の組合せとして適切なものを，以下のア～エから1つ選んで，その符号を書きなさい。

　a　松平定信が推進した寛政の改革において，この法令は制定された。
　b　シーボルト事件は，この法令が制定された後に発生した。

　　ア　a－正　b－正　　イ　a－正　b－誤
　　ウ　a－誤　b－正　　エ　a－誤　b－誤

6　下線部⑤について，和親条約を締結した国として適切でないものを，次のア～エから1つ選んで，その符号を書きなさい。

　　ア　ロシア　　イ　オランダ　　ウ　イギリス　　エ　フランス

7　下線部⑥について，明治政府が近代国家を実現するために行った施策を時代順に並べたものとして適切なものを，次のア～エから1つ選んで，その符号を書きなさい。

　　ア　日本銀行設立　→　金本位制への移行　→　内閣制度導入
　　　　→　大日本帝国憲法発布
　　イ　日本銀行設立　→　内閣制度導入　→　大日本帝国憲法発布

→ 金本位制への移行

ウ　大日本帝国憲法発布　→　内閣制度導入　→　金本位制への移行　→　日本銀行設立

エ　大日本帝国憲法発布　→　日本銀行設立　→　金本位制への移行　→　内閣制度導入

8　下線部⑦について，その具体例を述べた文として適切なものを，次のア～エから1つ選んで，その符号を書きなさい。

ア　第一次世界大戦前は債務国であった日本が，第一次世界大戦後は債権国となった。

イ　国際平和を保持するために国際連合が設立され，日本はイギリスやフランスとともに常任理事国となった。

ウ　ロシア革命により成立したソヴィエト政権を，日本は世界で最初に国家として承認し，他国も追随した。

エ　第一次世界大戦中に世界恐慌が発生したが，日本は大戦景気により，世界で最もはやくこれを克服した。

(☆☆☆◎◎◎)

【4】次の文章を読み，以下の問いに答えなさい。

　①地方自治は大きく団体自治と住民自治に二分される。住民自治においては国政では認められていない②直接請求権が認められている。しかし，戦後の日本において，地方公共団体の自立性は高いものではなく，財政面でも③地方税を中心とする自主財源の割合が少なく，残りを国から使途を指定されない（　A　）や地方債などの財源に頼ってきた。1990年代になると④地方分権改革が進められ，1999年には地方分権一括法が制定され，地方公共団体の仕事は，自治体が固有の事務として独自に処理できる（　B　）事務と，本来国が果たす役割に関連したもので，自治体が処理する（　C　）事務に分類された。しかし，これらの分権改革が長期的な不況や財政危機の時期に重なったため，地方財源は充実しなかった。1980年代以降には，国においても税制改革が進められ，1989年には⑤消費税を導入し，消費支出に「広く薄く」課税

し，安定した財源を確保することを目指した。また，政府は租税だけ
で歳入を賄うことができない場合には⑥国債を発行することもある。

1　文中の（　A　）～（　C　）にあてはまる語句を書きなさい。

2　下線部①について，「地方自治は民主主義の学校」だと述べたイギ
　リスの政治学者は誰か書きなさい。

3　下線部②について，直接請求権に関する次の文の空欄（　X　），
　（　Y　）にあてはまる語句の組合せを，以下のア～エから1つ選んで，
　その符号を書きなさい。

> 首長や議員の解職を請求することを（　X　）といい，請求に
> 必要な署名数は有権者の（　Y　）以上である。

　ア　X－リコール　　　　　　Y－50分の1
　イ　X－レファレンダム　　　Y－50分の1
　ウ　X－リコール　　　　　　Y－3分の1
　エ　X－レファレンダム　　　Y－3分の1

4　下線部③について，地方税として適切なものを，次のア～エから1
　つ選んで，その符号を書きなさい。
　ア　固定資産税　　イ　所得税　　ウ　相続税　　エ　法人税

5　下線部④について，地方分権改革に関連することがらとして適切
　なものを，次のア～エから1つ選んで，その符号を書きなさい。
　ア　住民投票条例に基づく住民投票の結果に，法的拘束力の付与が
　　義務づけられた。
　イ　きめ細かな住民サービスを提供するため，大きな市町村を分割
　　する動きが進んだ。
　ウ　独自課税が国の許可制から，総務大臣の同意を要する協議制へ
　　と緩和された。
　エ　公共施設や道路整備が推進され，国からの補助金が増額された。

6　下線部⑤に関して述べた文aとbの正誤の組合せとして適切なもの
　を，以下のア～エから1つ選んで，その符号を書きなさい。
　a　商品やサービス等を購入した際に，消費者がその代金とともに

　　税金を納める直接税である。

　b　2000年代初めに行われた地方分権の動きの中で，税源がすべて
　　地方公共団体に移譲された。

　ア　a－正　b－正　　イ　a－正　b－誤　　ウ　a－誤　b－正

　エ　a－誤　b－誤

7　下線部⑥に関して述べた次の文のうち，適切でないものを，次の
　ア～エから1つ選んで，その符号を書きなさい。

　ア　安易な国債発行が，財政危機を招いたり，インフレーションを
　　引き起こしたりした。

　イ　国債の大量発行は，のちの世代に負担をもたらすと同時に，歳
　　出の裁量の幅を小さくしてしまう。

　ウ　第二次石油危機にともなって税収が大幅に減少した1975年度の
　　み，特例的な赤字国債が発行された。

　エ　日本銀行が国債を直接引き受けることは禁止されており，市中
　　消化が原則とされている。

　　　　　　　　　　　　　　　　　　　　　　　　　　　（☆☆◎◎◎）

地 理 歴 史 ・ 公 民

【1】次の文章を読み，以下の問いに答えなさい。

　　紀元前16世紀ごろ，黄河中・下流域を中心に成立した殷では，神の
意志を占って政治をおこない，その結果を（　A　）文字で記録した。紀
元前11世紀ごろ，西方の周が殷を滅ぼし，①鎬京に都をおいて，華北
を支配した。周では，②封建制と呼ばれる統治体制がとられた。

　　紀元前8世紀前半，西方の異民族の侵入を受けた周は，都を東方の
（　B　）に移した。このころから，周王の権威はおとろえ，諸侯は自立
し，互いに争うようになった。この時代には，③農業の生産性が高ま
り，社会や経済の変化にともない，政治も大きく変化した。諸侯は富
国強兵をはかり，君主権の強化をめざした。新しい秩序が模索された

戦国時代には，④諸子百家とよばれる多くの思想家があらわれた。

　西方辺境からおこった新興国の秦は，法家の政策を採用し富国強兵に成功した。⑤紀元前3世紀，秦王の政は中国を統一し，はじめて「皇帝」の称号をつくり，始皇帝と称されるようになった。始皇帝は，度量衡，⑥貨幣，文字などの統一を進め，全国を郡，県にわけ，官僚を派遣して統治した。また，北方の⑦匈奴が中国にしばしば侵入するのを防ぐため，万里の長城を修築した。秦の政治の仕組みは，その後2000年あまり続く皇帝による政治体制の基礎となったが，始皇帝死後，⑧各地で反乱が起きたため秦は滅亡した。

1　文中の（　A　），（　B　）にあてはまる語句を書きなさい。

2　下線部①について，図中の　あ・い　は鎬京と開封のいずれかの位置を示しており，以下の文aとbはそれぞれの都市を説明したものである。鎬京の位置と説明の組合せとして適切なものを，あとのア～エから1つ選んで，その符号を書きなさい。

図

a　天然の要害を持つ渭水平原の中心に位置し，唐の都がこの付近に築かれた。

b　黄河と大運河の合流点に位置し，宋の都が置かれた。

ア　あ－a　　イ　あ－b　　ウ　い－a　　エ　い－b

3　下線部②について，周の封建制に関して述べた文として適切なも

のを，次のア～エから1つ選んで，その符号を書きなさい。

ア　父系の血縁的なつながりを基礎にした族長間の主従関係であった。

イ　土地の徴税権を軍人に与え，俸給にみあう金額を農民や都市民から徴税させた。

ウ　土地を仲立ちとした個別の契約によって結ばれる主従関係であった。

エ　在地の貴族を伯に任命して現地の統治を委任する一方，巡察使を派遣して伯を監督させた。

4　下線部③について，この時代に農業の生産性が高まった要因について述べた文として適切なものを，次のア～エから1つ選んで，その符号を書きなさい。

ア　施肥の普及と品種改良，二毛作が進展した。

イ　低湿地を堤防で囲んで干拓した囲田がつくられた。

ウ　鉄製農具や牛の使用がはじまった。

エ　日照りに強い早稲の占城稲が導入された。

5　下線部④に関して述べた文として適切なものを，次のア～エから1つ選んで，その符号を書きなさい。

ア　儒家は血縁関係にとらわれない無差別の愛を説くとともに，平和論を主張した。

イ　道家は人為的なものを排し，自然の道と天命に従う無為自然を主張した。

ウ　墨家は家族道徳を基礎にする人間のあり方を仁とし，その実践による社会秩序の実現を説いた。

エ　法家は周代の封建制を理想としながら，君主が法によって人民を統治すべきことを説いた。

6　下線部⑤について，紀元前3世紀における出来事に関して述べた文として適切なものを，次のア～エから1つ選んで，その符号を書きなさい。

ア　ローマがタレントゥムを占領してイタリア半島を統一した。

イ　アレクサンドロス大王がエジプトを征服した。

ウ　ナーガールジュナによって大乗仏教の教理が体系化された。

エ　パレンバンを中心とするシュリーヴィジャヤが交易帝国として栄えた。

7　下線部⑥について，中国における貨幣に関して述べた文aとbの正誤の組合せとして適切なものを，以下のア〜エから1つ選んで，その符号を書きなさい。

a　漢の武帝は，民間貨幣の流通による混乱を収めるため，半両銭だけを正式な通貨とした。

b　元は銀を通貨の要として，交子とよばれる紙幣を補助として広く流通させた。

ア　a−正　b−正　　イ　a−正　b−誤

ウ　a−誤　b−正　　エ　a−誤　b−誤

8　下線部⑦に関して述べた文として適切なものを，次のア〜エから1つ選んで，その符号を書きなさい。

ア　君主はカガン(可汗)と称して鮮卑人が建てた北魏と対抗した。

イ　ササン朝ペルシアと協力してエフタルを攻撃した。

ウ　冒頓単于に率いられて強力になり，漢の武帝を破った。

エ　八王の乱に乗じて自立し，洛陽・長安を陥落させて晋を滅ぼした。

9　下線部⑧について，新や唐においても，王朝末期に民衆の不満が増大して反乱が起こっている。次の表中のⅠ・Ⅱに入る語句の組合せとして適切なものを，あとのア〜エから1つ選んで，その符号を書きなさい。

表

王朝名	民衆の不満が増大した原因	反乱の名称
新	Ⅰ	赤眉の乱
唐	両税法と塩の専売の導入	Ⅱ

民衆の不満が増大した原因(Ⅰ)　　　　　反乱の名称(Ⅱ)

あ　周代を理想とする非現実的な政策　　X　黄巣の乱

い　大運河建設の負担と高句麗遠征の失敗　　Y　安史の乱

　　　ア　Ⅰ－あ　　Ⅱ－X　　イ　Ⅰ－あ　　Ⅱ－Y
　　　ウ　Ⅰ－い　　Ⅱ－X　　エ　Ⅰ－い　　Ⅱ－Y

(☆◎◎◎)

【2】次の文章を読み，以下の問いに答えなさい。

　18世紀には，①産業革命とアメリカ・フランスでの革命が起こった。広大な海外市場を確保したイギリスで最初におこった産業革命は，②綿工業から始まって，ほかの産業部門にもおよび，工業中心の社会を生み出した。これによってイギリスは，世界の市場形成に主導的役割を果たした。

　③アメリカの独立革命は近代民主主義の基本原理を表明して，イギリスからの独立を達成した。④フランス革命は多様な社会層の複雑なからみあいのなかで，国王を頂点とした絶対王政下の古い政治・社会体制である(　　)を廃棄し，有産市民層に政治的発言力をもたらした。アメリカとフランスの革命は，近代国家と近代市民社会の重要な原理を提起するものであった。

1　文中の(　　)にあてはまる語句をカタカナで書きなさい。

2　下線部①について，次の問いに答えなさい。

　(1)　産業革命がイギリスで生じた背景を述べた文として適切なものを，次のア～エから1つ選んで，その符号を書きなさい。

　　　ア　石炭・鉄などの資源を輸入に頼っていたため。

　　　イ　豊かな国内市場と有利な投資先を求める資本が用意されていたため。

　　　ウ　アジアやアフリカから締め出され，海外市場の確保に失敗したため。

　　　エ　島国のため，他国からの自然科学や技術の流入が遅れたため。

　(2)　産業革命を契機とする社会問題に関して述べた文として適切でないものを，次のア～エから1つ選んで，その符号を書きなさい。

　　　ア　機械制工業が出現し，大量生産で安価な商品が供給されはじめると，家内工業や手工業は没落した。

99

　　イ　大工場を経営する資本家は経済の大勢を左右することになり，社会的地位を高め，資本主義体制が確立した。

　　ウ　都市への人口集中が問題となり，グリーンベルトが設けられるなど都市環境の改善が進められた。

　　エ　資本家の多くは，利潤の追求を優先し，労働者に不衛生な生活環境のもとでの長時間労働や低賃金を強制した。

3　下線部②について，綿花は，大西洋の三角貿易で重要な商品となったが，三角貿易に関して述べた次の文中の(X)，(Y)にあてはまる語句の組合せとして適切なものを，以下のア～エから1つ選んで，その符号を書きなさい。

> 　ヨーロッパから武器や雑貨などを(X)に送りそれと交換で得た奴隷を(Y)や西インド諸島におくりこんで，そこから砂糖・綿花・タバコ・コーヒーなどの農産物をヨーロッパに持ち帰って売りさばくという三角貿易の一環としておこなわれた。

ア　X　アメリカ　Y　中国　　イ　X　アメリカ　Y　アフリカ
ウ　X　アフリカ　Y　中国　　エ　X　アフリカ　Y　アメリカ

4　下線部③について，次の問いに答えなさい。

(1)　北アメリカ植民地の形成について述べた文として適切でないものを，次のア～エから1つ選んで，その符号を書きなさい。

　　ア　イギリスは，東岸に最初の植民地としてヴァージニアを設けた。

　　イ　北部では自営農民や自営の商工業者が多く，信仰の自由を求めて移住する者が多かった。

　　ウ　イギリスは，重農主義政策によって，植民地の自由な貿易や工業の発展を促した。

　　エ　南部ではタバコや米を栽培する大農園が拡大した。

(2)　周辺諸国の対応について述べた文aとbの正誤の組合せとして適切なものを，以下のア～エから1つ選んで，その符号を書きなさい。

　　　a　イギリスと対立していたフランスやスペインは独立軍側に参
　　　　戦した。
　　　b　ロシアなどによる武装中立同盟の結成によって，中立国の航
　　　　行の自由を要求し，イギリスを外交的に孤立させた。
　　　ア　a－正　b－正　　イ　a－正　b－誤
　　　ウ　a－誤　b－正　　エ　a－誤　b－誤
　(3)　この革命の影響について述べた文として適切なものを，次のア
　　　～エから1つ選んで，その符号を書きなさい。
　　　ア　ポーランドのラ＝ファイエットが独立戦争に参戦した経験を
　　　　生かし，ロシアによるポーランド分割に対して抵抗した。
　　　イ　先住民が居住するアパラチア山脈以西への移住を解禁したた
　　　　め，先住民と融和が進んだ。
　　　ウ　広大な領域の国でも共和政が実現可能であることを示し，絶
　　　　対王政が多かったヨーロッパ諸国に衝撃を与えた。
　　　エ　合衆国憲法で，人民の権利を保護する条項も明記されたため，
　　　　黒人奴隷制度が解消された。
5　下線部④について，次の問いに答えなさい。
　(1)　革命前のフランスの文化について述べた文として適切なもの
　　　を，次のア～エから1つ選んで，その符号を書きなさい。
　　　ア　フリードリヒ2世は，優美で調和のとれたロココ様式のサン
　　　　スーシ宮殿を造営させた。
　　　イ　ルイ14世は，豪壮華麗なバロック様式のヴェルサイユ宮殿を
　　　　造営させた。
　　　ウ　レオポルド1世は，のちハプスブルク家の王宮となるシェー
　　　　ンブルン宮殿を造営させた。
　　　エ　ユリウス2世が，ブラマンテに命じ古典主義的なルネサンス
　　　　様式のサン＝ピエトロ大聖堂を造営させた。
　(2)　次の表は立憲民主政が成立する頃の出来事を時代順に並べたも
　　　のである。「球戯場(テニスコート)の誓い」の時期として適切なも
　　　のを，以下のア～エから1つ選んで，その符号を書きなさい。

表

Ⅰ　三部会が招集される
Ⅱ　バスティーユ牢獄を攻撃
Ⅲ　人権宣言を採択

ア　Ⅰの前　　　　イ　ⅠとⅡの間　　ウ　ⅡとⅢの間

エ　Ⅲの後

(3)　立憲君主政から共和政へ移行する頃の出来事について述べた文として適切でないものを，次のア～エから1つ選んで，その符号を書きなさい。

ア　立法議会では，これ以上の革命進行を望まない立憲君主派と共和政を主張するジロンド派が対立した。

イ　オーストリアはプロイセンと共同でフランス王を包囲攻撃することを各国君主に呼びかけていた。

ウ　オーストリア・プロイセンの侵入の危機にパリ民衆の義勇軍は，王政を廃止し，共和政の樹立を宣言した。

エ　急進共和主義のジャコバン派が力を増し，フランス王は処刑された。

（☆☆☆◎◎◎）

【3】次の文章を読み，以下の問いに答えなさい。

東アジア文化圏形成の一翼を担ったのが，遣唐使等の外交使節であった。①日本から入唐した人々，唐から来日した人々それぞれが，日本の仏教界や政治・文化の発展に大きな影響を与えた。しかし，唐が衰亡するなか，②菅原道真の献言で遣唐使が中止された。

平安時代後期から鎌倉中期にかけて，日本と宋の貿易が発展した。平安末期に勢力を拡大した平氏政権では，平清盛が音戸の瀬戸を開削したとされ，③瀬戸内海の航路を整備して貿易を奨励した。

室町時代は明による朝貢貿易の活性化を背景に，④琉球王国が中継貿易で繁栄した。やがて豊臣秀吉の朝鮮出兵で明との交易ができなくなった日本は，東南アジアで中国船との出会貿易を行った。その際，

オランダなどのヨーロッパ船もこの貿易に加わり，利益を上げた。

　江戸時代になると，幕府は鎖国政策をとるようになるが，1609年にオランダ人に通商許可が与えられ，鎖国政策下においても日本との交易関係は継続された。このころになると，海外に渡航する日本人の商人には(　　)が与えられ，東南アジアとの貿易を盛んに行った。

　19世紀初頭，イギリスは東洋貿易の独占を図るため，アジアにおけるオランダの拠点を奪おうとした。⑤1808年にイギリス軍艦フェートン号がオランダ商船をだ捕するために長崎港内に侵入した。この後，1825年に⑥異国船打払令が発令されるなど，江戸幕府の外交方針は強硬姿勢に変わっていく。アヘン戦争後の清の状況に危機感を抱いた幕府は，異国船打払令を緩和する一方，あくまでも鎖国体制を守ろうとした。しかし，1853年にペリーやプチャーチンが開国を迫るとその強い圧力に屈し，1854〜55年に⑦諸外国と和親条約を結び開国した。

1　文中の(　　)にあてはまる語句を漢字3字で書きなさい。

2　下線部①について，次の問いに答えなさい。

　(1)　入唐した人物として適切でないものを，次のア〜エから1つ選んで，その符号を書きなさい。

　　　ア　空海　　イ　行基　　ウ　玄昉　　エ　最澄

　(2)　入唐したが帰国を果たせなかった著名な人物として，阿倍仲麻呂がいる。この人物が詠んだ有名な和歌を次のア〜エから1つ選んで，その符号を書きなさい。

　　　ア　ちはやぶる　神代も聞かず　龍田川　からくれなゐに　水くくるとは

　　　イ　春すぎて　夏来にけらし　白妙の　衣ほすてふ　天の香具山

　　　ウ　いにしへの　奈良の都の　八重桜　けふ九重に　匂ひぬるかな

　　　エ　天の原　ふりさけ見れば　春日なる　三笠の山に　出でし月かも

3　下線部②について，次の表はこの前後の出来事を時代順に並べたものである。菅原道真の献言で遣唐使が中止された時期として適切なものを，以下のア〜エから1つ選んで，その符号を書きなさい。

103

表

Ⅰ　古今和歌集が編集された。
Ⅱ　承平・天慶の乱が発生した。
Ⅲ　尾張国郡司百姓等解が提出された。

　ア　Ⅰの前　　　イ　ⅠとⅡの間
　ウ　ⅡとⅢの間　　エ　Ⅲの後

4　下線部③について，修築された大輪田泊が所在した旧国名として
　適切なものを，次のア〜エから1つ選んで，その符号を書きなさい。
　　ア　但馬国　　イ　淡路国　　ウ　播磨国　　エ　摂津国

5　下線部④について，琉球王国に関して述べた文aとbの正誤の組合
　せとして適切なものを，以下のア〜エから1つ選んで，その符号を
　書きなさい。
　　a　分立していた三山を中山王の尚巴志が統一して，琉球王国を建
　　　国した。
　　b　都の那覇では，日本産の銅や武具，中国からの陶磁器や絹織物
　　　などが取引された。
　　ア　a－正　b－正　　　イ　a－正　b－誤
　　ウ　a－誤　b－正　　　エ　a－誤　b－誤

6　下線部⑤について，この出来事に関して述べた文として適切なも
　のを，次のア〜エから1つ選んで，その符号を書きなさい。
　　ア　長崎港に侵入したフェートン号は市街地に向けて砲撃を行い，
　　　日本人に多数の犠牲者が出た。
　　イ　佐賀藩は，フェートン号に対して砲撃し，これに大きな損傷を
　　　与えた。
　　ウ　出島のオランダ商館長は，長崎奉行にフェートン号への徹底抗
　　　戦を主張した。
　　エ　フェートン号を港内に侵入させた責任を取り，長崎奉行が自刃
　　　した。

7　下線部⑥の法令が出された頃の出来事に関して述べた文aとbの正
　誤の組合せとして適切なものを，以下のア〜エから1つ選んで，そ

の符号を書きなさい。

a　松平定信が推進した寛政の改革において，この法令が制定された。

b　シーボルト事件は，この法令が制定された数年後に発生した。

ア　a－正　b－正　　イ　a－正　b－誤

ウ　a－誤　b－正　　エ　a－誤　b－誤

8　下線部⑦について，日本が和親条約を締結した国として適切でないものを，次のア～エから1つ選んで，その符号を書きなさい。

ア　フランス　　イ　オランダ　　ウ　イギリス　　エ　ロシア

(☆☆☆☆◎◎◎)

【4】次の文章を読み，以下の問いに答えなさい。

　明治新政府にとって，不平等条約の改正が大きな問題となっていた。そこで，岩倉使節団がアメリカ・ヨーロッパに条約改正予備交渉のために派遣され，外国の制度・文物の視察を目的として①留学生も同行した。使節団の帰国後に，対外姿勢の相違から一部の参議が下野する②「明治六年の政変」が起こった。

　その後，③寺島宗則が，条約の一部改正交渉に成功しかけたが，諸外国に反対され成立せず，その後を受け継いだ井上馨も，交渉促進のための④極端な欧化主義をとったことで，条約改正交渉自体に否定的な声が高まり，交渉を中止して外相を辞任するなど，条約交渉は不調が続いた。一方で，日本が近代化を推進し，⑤欧米列強の一員となるべきとの世論も高まっていた。

　日本の国力が高まるにつれて，条約改正交渉が進むと同時に，各国との軋轢が生まれるようにもなった。⑥1894年，陸奥宗光がイギリスと一部条約改正を成功させた。同年起きた日清戦争の講和のため，下関条約が締結されたが，日本の影響力が大陸に広がるのを警戒した国による⑦三国干渉が起きた。

　1904年に起こった日露戦争の講和条約として⑧ポーツマス条約が締結された。その後，他の欧米諸国とも改正条約が調印され，課題とし

105

て残されていた関税自主権の回復も，1911年，⑨<u>小村寿太郎外相</u>のもとで達成された。

1　下線部①について，帰国後，女子英学塾を創設し，女子教育に尽力した人物として適切なものを，次のア～エから1つ選んで，その符号を書きなさい。

　　ア　山川捨松　　イ　陸奥亮子　　ウ　津田梅子　　エ　渋沢兼子

2　下線部②に関して述べた文として適切なものを，次のア～エから1つ選んで，その符号を書きなさい。

　　ア　西郷隆盛は，下野せず，有司専制を行った。

　　イ　木戸孝允は，下野して，征台の役を起こした。

　　ウ　西郷従道は，下野して，佐賀の乱を起こした。

　　エ　後藤象二郎は，下野して，愛国公党を設立した。

3　下線部③について，この時，条約改正に同意した国として適切なものを，次のア～エから1つ選んで，その符号を書きなさい。

　　ア　イギリス　　イ　ドイツ　　ウ　アメリカ　　エ　イタリア

4　下線部④について，次の図は極端な欧化主義を揶揄した風刺画である。この作品の作者の名前をカタカナで書きなさい。

図

5　下線部⑤について，この時期「脱亜論」を発表した人物として適切なものを，次のア～エから1つ選んで，その符号を書きなさい。

　　ア　福沢諭吉　　イ　中江兆民　　ウ　森有礼　　エ　植木枝盛

6　下線部⑥について，このことに関して述べた文aとbの正誤の組合せとして適切なものを，以下のア～エから1つ選んで，その符号を書きなさい。

　　a　相互平等の最恵国待遇が成立した。

　　b　内地開放を条件に治外法権が撤廃された。

　　ア　a－正　b－正　　イ　a－正　b－誤

　　ウ　a－誤　b－正　　エ　a－誤　b－誤

7　下線部⑦によって清国に返還した地名として適切なものを，次のア～エから1つ選んで，その符号を書きなさい。

　　ア　山東半島　　イ　遼東半島　　ウ　天津　　エ　香港

8　下線部⑧について，この時のアメリカ大統領として適切なものを，次のア～エから1つ選んで，その符号を書きなさい。

　　ア　セオドア・ローズヴェルト　　イ　ウィルソン

　　ウ　ハーディング　　　　　　　　エ　フーヴァー

9　下線部⑨について，この人物に関して述べた文aとbの正誤の組合せとして適切なものを，以下のア～エから1つ選んで，その符号を書きなさい。

　　a　ポーツマス条約全権大使として派遣されたが，賠償金は全く取れなかった。

　　b　外交記録として『蹇蹇録』を著した。

　　ア　a－正　b－正　　イ　a－正　b－誤

　　ウ　a－誤　b－正　　エ　a－誤　b－誤

(☆☆☆☆◎◎◎)

【5】次の文章を読み，以下の問いに答えなさい。

　　農業と工業は，人間の暮らしを支える重要な産業である。人間は，農業を基盤とした社会に移行することにより，食料を安定的・効率的に確保できるようになった。人間の暮らしは①自然環境からさまざまな影響を受けるが，②農業も各地の自然条件などを反映して多様な形態に発達した。

　また，18世紀以降の工業化は，人々に豊かな生活をもたらすとともに，国家間の経済的な結びつきを強め，今日では，③貿易がなければ各国の経済状況は成り立たない状況になっている。ヨーロッパでは④ヨーロッパ連合(EU)を結成し，加盟国の多くで単一通貨(　　)による決済が行われるなど，従来の国家の枠を超える取組が行われている。一方で，工業の発達は⑤地球的規模で新たな問題をもたらしたことも事実である。

1　文中の(　　)にあてはまる語句をカタカナ3字で書きなさい。

2　下線部①について，次の問いに答えなさい。

(1)　表1はヨーロッパのある都市の気温と降水量を示したものである。この都市が属する気候区を表すケッペンの気候記号として適切なものを，以下のア〜オから1つ選んで，その符号を書きなさい。

表1　　　　　　　　　　　　　　　　　　　　　　上段…月平均気温（℃），下段…月降水量（mm）

	1月	2月	3月	4月	5月	6月	7月	8月	9月	10月	11月	12月	全年
	8.3	9.1	11.3	13.5	17.5	21.0	23.9	24.1	20.7	16.9	12.1	9.0	15.6
	71.9	42.4	38.6	70.3	46.1	35.9	14.9	18.4	75.3	130.8	108.9	85.7	739.2

（『データブック オブ ザ ワールド 2022』より作成）

　ア　Aw　　イ　Cfa　　ウ　BS　　エ　Cs　　オ　Cfb

(2)　表1の都市が属する気候区の特徴を述べた文として適切なものを，次のア〜エから1つ選んで，その符号を書きなさい。

　ア　南半球には見られない気候区である。

　イ　大陸の西岸で，緯度40度〜60度の緯度帯に分布する。

　ウ　亜熱帯高圧帯の影響で，夏季に降水量が減少する。

　エ　赤道低圧帯の影響で，明瞭な雨季と乾季がある。

(3)　フランス北部のパリ盆地にみられる，硬軟がある地層が地表に露出し，不均一に浸食を受けて緩傾斜と急傾斜が繰り返す非対称な断面を持つ地形の名称をカタカナで書きなさい。

(4)　氷河の末端や砂漠から風によって細かい土が運ばれ，厚く堆積した土壌の名称として適切なものを，次のア〜エから1つ選んで，その符号を書きなさい。

　ア　テラロッサ　　イ　テラローシャ　　ウ　レグール
　エ　レス

3 下線部②について，ヨーロッパで発達した農業に関して述べた文として適切でないものを，次のア～エから1つ選んで，その符号を書きなさい。

ア 大都市近郊などで，現金収入を目的とする野菜や果樹・花きなどの栽培が，多くの資本を投入して集約的に行われてきた。

イ 地下用水路によって供給される水や外来河川の水を用いて，ナツメヤシや小麦などの栽培が行われてきた。

ウ 三圃式農業から発達した，小麦，ライ麦などの穀物や飼料作物の栽培と家畜飼育を組み合わせた農業が行われてきた。

エ 牧草や飼料作物を栽培して乳牛を飼育し，生乳やバター，チーズなどの生産が行われてきた。

4 下線部③について，貿易の自由化に関して述べた文aとbの正誤の組合せとして適切なものを，以下のア～エから1つ選んで，その符号を書きなさい。

a GATTにより，工業製品を中心に関税の引き下げを図って自由貿易を促進したが，先進国間での貿易摩擦問題も頻発した。

b WTOでは，サービス貿易や投資の自由化，知的財産権の保護など，モノの貿易以外も交渉が行われている。

ア a－正 b－正　　イ a－正 b－誤

ウ a－誤 b－正　　エ a－誤 b－誤

5 下線部④について，次の問いに答えなさい。

(1) 1993年にマーストリヒト条約が発効したことにより，初めて実現したこととして適切なものを，次のア～エから1つ選んで，その符号を書きなさい。

ア 加盟国の国境管理が廃止され，域内の人の移動が完全に自由化された。

イ 石炭や鉄鋼などの戦略物資を共有することを目的に共同体が設立された。

ウ 統一市場の実現に向けて，ヨーロッパ中央銀行が設立された。

エ 農業市場を統一し，域内の関税を撤廃した共通農業政策が採

用された。

(2)　表2は，フランス，ポーランド，ギリシア，スウェーデンの1人
あたりGNI，輸出額，輸入額，産業別人口構成を示している。ポ
ーランドに該当するものを，次のア〜エから1つ選んで，その符
号を書きなさい。

表2

国名	1人あたり GNI（ド ル）	輸出額 （百万ドル）	輸入額 （百万ドル）	産業別人口構成（%）		
				第1次	第2次	第3次
ア	56,090	154,152	148,385	1.7	18.2	80.1
イ	42,290	478,333	572,028	2.5	20.3	77.2
ウ	19,690	35,170	55,695	12.3	15.2	72.5
エ	15,350	270,939	257,064	9.6	31.8	58.6

（『データブック オブ ザ ワールド 2022』より作成）

6　下線部⑤について，地球的規模の問題に関して述べた文として適
切なものを，次のア〜エから1つ選んで，その符号を書きなさい。

ア　地球温暖化を食い止めるため，京都議定書に代わる新たな枠組
みとしてパリ協定が採択された。

イ　発展途上国では，工業化が進み，経済状態が大幅に改善したこ
とから，1990年代半ばに南北問題は解消された。

ウ　チタンやリチウムなどのレアメタルは，都市鉱山からのリサイ
クルが進み，世界規模で供給が過剰になっている。

エ　1960年代以降，OPECが世界の原油供給の主導権を握り，産油
地が偏在しないよう北海油田等の新たな油田開発を進めている。

（☆☆☆◎◎◎）

【6】次の文章を読み，以下の問いに答えなさい。

　①地方自治は大きく団体自治と住民自治に二分される。住民自治に
おいては国政では認められていない②直接請求権が認められている。
しかし，戦後の日本において，地方公共団体の自立性は高いものでは
なく，財政面でも③地方税を中心とする自主財源の割合が少なく，残
りを国から使途を指定されない（　A　）や地方債などの財源に頼ってき
た。1990年代になると④地方分権改革が進められ，1999年には地方分
権一括法が制定され，地方公共団体の仕事は，自治体が固有の事務と
して独自に処理できる（　B　）事務と，本来国が果たす役割に関連した

もので，自治体が処理する(C)事務に分類された。しかし，これらの分権改革が長期的な不況や財政危機の時期に重なったため，地方財源は充実しなかった。1980年代以降には，国においても税制改革が進められ，1989年には⑤消費税を導入し，消費支出に「広く薄く」課税し，安定した財源を確保することをめざした。また，政府は租税だけで歳入を賄うことができない場合には⑥国債を発行することもある。

1　文中の(A)～(C)にあてはまる語句を書きなさい。

2　下線部①について，「地方自治は民主主義の学校」だと述べたイギリスの政治学者は誰か書きなさい。

3　下線部②について，直接請求権に関する次の文の空欄(X)，(Y)にあてはまる語句の組合せを，以下のア～エから1つ選んで，その符号を書きなさい。

> 条例の制定や改廃の請求に必要な署名数は有権者の(X)以上である。請求先は(Y)である。

　ア　X－50分の1　　Y－議会　　イ　X－3分の1　　Y－議会
　ウ　X－50分の1　　Y－首長　　エ　X－3分の1　　Y－首長

4　下線部③について，地方税として適切なものを，次のア～エから1つ選んで，その符号を書きなさい。
　ア　固定資産税　　イ　所得税　　ウ　相続税　　エ　法人税

5　下線部④について，地方分権改革に関連することがらとして適切なものを，次のア～エから1つ選んで，その符号を書きなさい。
　ア　住民投票条例に基づく住民投票の結果に，法的拘束力の付与が義務づけられた。
　イ　きめ細かな住民サービスを提供するため，大きな市町村を分割する動きが進んだ。
　ウ　独自課税が国の許可制から，総務大臣の同意を要する協議制へと緩和された。
　エ　公共施設や道路整備が推進され，国からの補助金が増額された。

6　下線部⑤に関して述べた文aとbの正誤の組合せとして適切なもの

を，以下のア～エから1つ選んで，その符号を書きなさい。

a　商品やサービス等を購入した際に，消費者がその代金とともに税金を納める直接税である。

b　2000年代初めに行われた地方分権の動きの中で，税源がすべて地方公共団体に移譲された。

ア　a－正　b－正　　イ　a－正　b－誤

ウ　a－誤　b－正　　エ　a－誤　b－誤

7　下線部⑥に関して述べた次の文のうち，適切なものを次のア～エから1つ選んで，その符号を書きなさい。

ア　安易な国債発行は，財政危機を招き，経済への不安感からデフレーションを引き起こしたりした。

イ　国債の発行は，原則として公共事業の費用などをまかなう建設国債に財政法で限定されている。

ウ　第二次石油危機にともなって税収が大幅に減少した1975年度のみ，特例的な赤字国債が発行された。

エ　国債は，いったん日本銀行が直接引き受け，市中へ売却することが原則とされている。

(☆☆◎◎◎)

解答・解説

共　通　問　題

【1】1　A　実測(一般)　　B　ユニバーサル横メルカトル(UTM)

2　オ　3　ア　4　エ　5　(1)　イ　　(2)　ウ　　(3)　イ

(4)　イ

〈解説〉1　A　縮尺が2500分の1や5000分の1の国土基本図，地籍図なども実測図であり，これらから縮尺や内容を変更したものを編集図とい

う。　B　ユニバーサル横メルカトル図法(UTM)は，地球にある経線に接するように円筒をかぶせて地球の中心から投影すると，その経線付近は比較的正確に投影される性質を生かした図法。　2　a　規模すなわち量の大小を視覚化するべきで，各都市の行政府所在地を中心に図形の大きさ(面積)の大小でそれを示した図形表現図が適する。

b　分布すなわち対象の広がりを視覚化するべきで，1点(ドット)あたりの羊・乳牛の頭数を指定して存在の広がりを示したドットマップが適する。　c　桜の開花日すなわち気温の差異などによって線状に分布するものを視覚化するべきで，同じ開花日の地点を結んでできた複数の線で示した等値線図が適する。　3　2地点間の平均勾配は「標高差÷距離」で求められ，100倍してパーセント表示をしたものが交通標識でもみられる。2万5千分の1の地形図における4cmの実距離は1000mであるから，20÷1000＝0.02となる。　4　GIS(地理情報システム)は，各種の地理情報をコンピュータにより編集や分析をして地図で表現する方法のこと。エは，例えば同住所にある中高層建築物ごとの階数や戸数を区別して視覚的に表現することはGISであれば可能だが，それらから居住者の性別や家賃は知り得ず，またそれらが一般に確認されうること自体が倫理的な問題を伴うので不適。　5　(1)　「内山下」にあった「小・中学校」が「図書館」に換わっていることが地図記号からわかる。　(2)　図1では「城跡」の記号，図2では「史跡・名勝・天然記念物」の記号と「岡山城跡」の記載が同所にあり，「丸の内」(城内の意)や「内山下」「中山下」(城山の周辺を「山下(さんげ)」ということに由来)や「紺屋町」(染め物屋)・「磨屋町」(刀研ぎ師)の記載が見られ，城下町を由来としていると判断できる。　(3)　岡山市は瀬戸内の気候に属し，降水が冬よりも夏のほうが多い点で太平洋側の気候と似るが，南北の山地部で湿った季節風が遮られるため，夏でも太平洋側ほど降水量は増えず月200mmを超えない。一方，月の平均気温は夏に30℃弱，冬は5℃前後と太平洋側の気候の都市と変わらない。アは高知県高知市，ウは兵庫県豊岡市，エは長野県松本市のハイサーグラフである。　(4)　岡山県はかつての新田開発で干拓地の塩分に適

応する綿の栽培が進められて繊維産業が発達したほか，内陸に清涼飲
料水やビールの大手企業の工場，臨海部に自動車工業と石油化学工業
が集積する。広島県も瀬戸内工業地域のうち大手自動車会社の本社・
工場があるのでアが該当する。山口県もセメントや自動車・鉄道製造
などの重化学工業が沿岸部に発達しウがそれぞれ該当し，残るエは各
工業の発達が他県に及ばない香川県が該当する。

【2】1　(1)　民法　　(2)　ウ　　2　(1)　チャーチスト　　(2)　イ
(3)　オ　　3　(1)　X　エ　　Y　ウ　　Z　キ　　(2)　エ　　4　エ
〈解説〉1　(1)　市民同士の関係を規律する法律を，総称して私法という。
民法は私法の一般法であり，総則，物権・担保物権，債権，親族，相
続によって構成されている大法典である。成年年齢や婚姻適齢も民法
によって定められている。　(2)　成年年齢の引下げに合わせ，裁判員
や検察審査員の対象年齢も18歳以上に引下げられた。　ア　親権とは
子の監護・教育や財産を管理する権限，義務のこと。　イ　改正法施
行以前，女性は16歳から結婚できた。　エ　飲酒や喫煙が認められる
のも，従前どおり20歳からである。　2　(1)　運動家らが作成した要
望書であるピープルズ・チャーター(人民憲章)の名称から，チャーチ
スト運動と呼ばれている。弾圧や内部対立により，チャーチスト運動
は19世紀半ばに衰退したものの，選挙権の拡大は少しずつ進み，20世
紀に普通選挙が実現するに至った。　(2)　働き方改革関連法の制定に
より，同一労働同一賃金の原則が導入された。　ア　派遣労働者では
なく有期雇用契約労働者。　ウ　フレックスタイム制ではなく，みな
し労働時間制。　エ　非正規雇用も雇用契約を伴うし，労働基準法が
適用される。　(3)　18〜29歳の年代で「社会の一員として，務めを果
たすため」と回答した割合は，平成28年には12.3％だったが，令和3年
には4.9％となっている。　3　(1)　X　特定の人に特定の給付をなす
義務のことを，債務という。　Y　特定の人に特定の給付を要求する
権利のことを，債権という。　Z　国籍や階級の違いに関係なく，出
生時からに平等に権利能力を有する。　ア　売り手と買い手に商品に

関する情報量に格差があること，　イ　加害者による被害者の損害を
補塡する責任のこと。　オ，カ　所有権絶対の原則や契約自由の原則
なども民法の大原則。　(2)　a　クレジットカードの契約も単独でで
きるようになり，特定少年は，犯罪を犯した18歳，19歳の者を引続き
保護の対象とするため，少年法で定められた。　b　クーリング・オ
フ制度は特定商取引法で定められている。　4　新しい学習指導要領
により，「消費者に関する教育」は小学校から実施されることになっ
ている。　ア　ただし，政治的偏向は禁止されている。　イ　公共の
新設により，現代社会は廃止された。　ウ　現代ではキャリア教育が
必要となっている。

中　学　社　会

【1】1　ユーロ　　2　(1)　エ　　(2)　ウ　　(3)　ケスタ　　(4)　エ
3　イ　4　ア　5　(1)　ウ　　(2)　エ　　6　ア

〈解説〉1　2002年から利用が開始。2022年時点で27のEU加盟国のうち19
か国で使われており，これらの国々はユーロ圏とよばれる。
2　(1)　最寒月である1月の平均気温が18℃未満−3℃以上のため温帯
が該当し，さらに夏季に乾燥しているので地中海性気候があてはまる。
(2)　隣接する乾燥帯の形成要因である亜熱帯高圧帯が夏季に温帯側へ
張り出してくるためである。　(3)　ケスタは，侵食平野の中の構造平
野に分類される。侵食平野とは，長期にわたる侵食や風化により地表
面が平坦になった地形で，構造平野とは，地殻変動を受けずに安定し
た古い地層が水平を維持したまま侵食されてできた低地。　(4)　レス
は，ヨーロッパや南北アメリカでは氷河で削られてできた微細土が由
来で，中国華北地方ではゴビ砂漠が由来である。アのテラロッサは地
中海沿岸に広がる酸性土壌，イのテラローシャはブラジル高原に広が
る肥沃な土壌，ウのレグールはインドのデカン高原に広がる肥沃な土
壌で，いずれも母岩の影響を強く受けた間帯土壌である。　3　砂漠

115

気候下での灌漑農業の説明である。水分の蒸発を防ぐための地下水の導水路が湧水帯から耕地まで伸びる。　4 a　GATTは「関税と貿易に関する一般協定」の略称で，「無差別」を理念として自由な貿易が国際的に推進された。一方で，日米自動車摩擦に代表される日本車の輸入拡大による米国車の販売台数低下・景気の悪化など，関係国間の利害の対立も起こった。　b　WTOはGATTの権限を強化して発展的に解消されてできた国連機関。　5 (1)　マーストリヒト条約は，1993年にヨーロッパ共同体(EC)加盟国がECの憲法ともよばれたローマ条約を改正して作った，ヨーロッパ連合(EU)の憲法。　ア　EU設立後に一部の国を除いて国境管理が廃止されている。　イ　1952年に設立されたヨーロッパ石炭鉄鋼共同体(ECSC)についての記述。　エ　共通農業政策は1962年に導入されている。　(2)　4か国の中で南欧のギリシアと東欧のポーランドは経済発展が遅れており，1人あたりGNIと第3次産業就業者率が低く第1次産業就業者率が高いウとエが該当する。そのうち，ポーランドは鉱物資源が豊富で，金属・自動車産業が発展するため，第2次産業就業者率が高いエが該当。ギリシアは農林水産業が主要産業の1つでウが該当。イは工業化が進み小麦なども輸出されるフランス，アは高い技術力の機械工業・ICT産業などが輸出を支え高福祉を実現するスウェーデンが該当。　6 ア　2020年以降の地球温暖化対策を策定したものがパリ協定である。　イ　国際分業による発展途上国と先進国の経済格差は依然として残る。　ウ　都市鉱山からのリサイクルは，世界規模では進んでいない。　エ　北海油田はイギリスとノルウェーにより開発・採掘されているが，両国ともOPECには加盟していない。

【2】1 A　ナイル　　B　アーリヤ　　C　バラモン　　2 ア
3 イ　4 エ　5 イ　6 ウ　7 ア
〈解説〉1 A　エジプト文明はナイル川の河畔に誕生した。ヘロドトスは，エジプトがナイル川の周期的氾濫によって地力が回復するために農業が繁栄した状況を，「エジプトはナイルのたまもの」と表現した。

B　アーリヤ人は，インド＝ヨーロッパ語系民族で，前1500年頃にインド北西部に移住した。階層分化は進んでおらず，自然現象を神格化した。前1000年頃にガンジス川流域に広がると，鉄製農具で開拓を進め，小麦や大麦栽培から稲の栽培に変化した。　C　アーリヤ人の民族宗教で，自然神を崇拝する多神教『ヴェーダ』を聖典として，司祭階級であるバラモンによる祭祀を主軸としている。のちに河川信仰，沐浴や断食などの民間信仰や習俗と融合してヒンドゥー教へと変化した。　2　イ　太陽神の化身を王とみなすのはエジプト文明である。王はファラオと呼ばれた。　ウ　アテネはギリシア文明の都市である。シュメール人の都市にはウル，ウルクやラガシュなどが有名。　エ　ミイラや「死者の書」はエジプト文明である。　3　a　黄河文明の甲骨文字である。パスパ文字は13世紀の元で作成されたモンゴル語用の文字であるので誤り。　4　ミケーネ文明はギリシアの文明である。前1600年にアカイア人によってペロポネソス半島に築かれた。

5　b　インダス文明は青銅器文明であるので鉄器は用いられていない。動物や地母神などを刻んだ印章が多数出土しているが，そこに刻まれたインダス文字は未解読。土器が使用され，焼煉瓦でつくられた住宅・倉庫・沐浴場・排水溝・道路を備えた，計画的な都市遺構が発掘されている。　6　ア　封建制は周である。殷は多数の氏族集団が連合し，大邑のもとに多くの邑が従属する形式の国家。　イ　郡県制は秦である。　エ　郡国制は武帝までの前漢である。　7　イ　会子は南宋代である。中国史の紙幣には，宋(北宋)の交子，南宋の会子，金・元の交鈔，明の宝鈔がある。　ウ　科挙は隋代以降である。エ　製紙は後漢の蔡倫によって2世紀初頭に発明された。

【3】1　A　ナポレオン　　B　アヘン　　2　ア　　3　ウ　　4　首里
5　ウ　　6　エ　　7　イ　　8　ア
〈解説〉1　A　19世紀初頭とは1801年から。18世紀末，フランス革命の混乱の中で軍事指導者のナポレオンが力を伸ばした。1799年にはクーデタで独裁権を握り，1804年には皇帝に即位し，ナポレオン1世と称

した。オランダは1810年にフランスに一時併合されたが，ナポレオンの帝国崩壊後の1815年にネーデルラント南部(現在のベルギー，ルクセンブルク)を含むオランダ王国として復活した。　B　1840年，麻薬のアヘン密輸の取り締まりを強める清とイギリスとの間にアヘン戦争が起こり，1842年にイギリスが勝利した。そして南京条約が結ばれ，清は香港のイギリスへの割譲，上海・寧波・福州・厦門・広州の5港の開港などを認めた。これに衝撃を受けた幕府は同年，異国船打払令を緩和して，薪水給与令を発布した。　2　奈良時代中期の753年，鑑真は聖武天皇の要請に応え，盲目になりながらも6度目の挑戦で唐から来日し，正式な僧侶となるための戒律のあり方を伝えた。759年，鑑真は平城京に僧侶の養成機関として唐招提寺を創建した。　3　平清盛は日宋貿易を盛んにして経済力を強化するため，九州までしか来ていなかった宋の貿易船を瀬戸内海に招き入れて商人を畿内に招来することを図り，摂津国に大輪田泊(現在の神戸港付近)を修築し，瀬戸内海航路の安全確保に努めた。1180年，清盛は大輪田泊のある福原京への遷都を強行した。貿易で栄える海洋国家をめざしたといわれるが，貴族や延暦寺などの寺院勢力の反対および源頼朝の挙兵をはじめ反乱が相次いだことにより，半年で平安京に戻った。　4　1429年，沖縄本島の北山・中山・南山の三山を統一して琉球王国を建国した尚巴志が首里城を築いて都とした。琉球王国は首里の外港の那覇を拠点に，日本・明・朝鮮・東南アジアとの中継貿易を盛んに行って繁栄したが，江戸時代初期の1609年に薩摩藩の島津家久が派遣した軍に征服された。　5　a　異国船打払令は1787〜93年の寛政の改革期ではなく1825年に出された。ロシア船やイギリス船の接近が相次ぐなか，幕府は従来の異国船には薪水や食料を供与して退去させる方針を改め，清・朝鮮・琉球の船と長崎に来航したオランダ船以外の外国船は撃退するよう命じたものである。　b　シーボルト事件は1828年にオランダ商館医師のシーボルトが帰国の際に国外への持ち出し禁止の日本地図などを持ち出そうとしたことが発覚し，取り調べの末，翌年に国外退去処分となった事件である。　6　1853年に浦賀に来航したアメリ

カ東インド艦隊司令官ペリーは幕府に捕鯨船などへの石炭と食料・水の供与を求めたフィルモア大統領の国書を提出した。翌1854年，日米和親条約が結ばれて，下田・箱館の2港が開かれ，翌年にかけて，イギリス・ロシア・オランダとも同様の条約を締結した。フランスとの関係は1858年にナポレオン3世が派遣した全権公使グロとの間で日仏修好通商条約が結ばれたことによって始まった。 7 1882年，政府は日本銀行を設立し，銀本位制の確立をめざした。1885年，太政官制に代わって内閣制度を導入し，伊藤博文が初代内閣総理大臣となった。1889年，黒田清隆内閣の時に大日本帝国憲法が発布された。1897年，貨幣法が制定され，日清戦争の勝利による巨額の賠償金の一部を準備金として，金本位制へ移行した。 8 日本は第一次世界大戦が始まった1914年には約11億円の債務国だったが，大戦景気による国際収支の大幅な黒字化により，戦後の1920年には約28億円の債権国となった。イ 国際連合ではなく国際連盟。 ウ 日本がソヴィエト政権を国家として承認したのは，ソヴィエト社会主義共和国連邦の成立が宣言された3年後の1925年。 エ 世界恐慌が発生したのは1929年(昭和4年)。

【4】1 A 地方交付税(交付金) B 自治 C 法定受託 2 ブライス 3 ウ 4 ア 5 ウ 6 エ 7 ウ
〈解説〉1 A 地方交付税(交付金)は，地方自治体間にある財政力格差を縮小するために交付されるものだから，その使途は指定されない。 B 自治事務は地方自治体の事務のうち，法定受託事務を除いたすべての事務。 C 戸籍事務や旅券(パスポート)の発行などが法定受託事務の例。 2 ブライスは『近代民主政治』で，「地方自治は民主主義の学校」とした。また，トクヴィルは『アメリカの民主政治』で，自由と民主主義は本来対立するものだが，充実した地方自治などにより両者は両立し得るとした。 3 X 解職請求をリコールという。レファレンダムは住民投票のこと。また，住民発案をイニシアティブという。 Y 原則として3分の1以上だが，所定の規模を超える地方自治体では，この要件は緩和される。50分の1以上の署名が必要なのは，

事務監査請求や条例の制定・改廃の請求。　4　固定資産税は市町村税であり，土地や建物などの所有者に課される。　イ　所得のある個人に課される国税。　ウ　資産の相続者に課される国税。　エ　企業活動を行う法人に課される国税。　5　地方自治体は，総務大臣との協議を前提として，条例に基づき，独自の課税ができる。　ア　条例に基づく住民投票の結果に法的拘束力はない。　イ　市町村合併が進んだ。　エ　地方財政の三位一体改革として，地方への税源移譲，地方交付税の見直しとともに，国庫補助負担金の廃止・縮減が行われた。　6　a　消費税は間接税。税を負担する人と納税する人が同じ税を直接税，異なる税を間接税という。　b　税源移譲として所得税が減税され，住民税が増税された。なお，消費税は国税である消費税と地方税である地方消費税からなる。　7　第二次石油危機は1979年の出来事であり，特例国債は1965年度に戦後初めて発行され，1975年度から一時期を除き毎年度発行されている。　ア　デフレーションではなくインフレーション。　イ　国債費の肥大化で財政の硬直化が起こる。エ　日銀による国債の直接引き受けは禁止されている。

地理歴史・公民

【1】1　A　甲骨　　B　洛邑　　2　ウ　　3　ア　　4　ウ　　5　イ
6　ア　　7　エ　　8　エ　　9　ア
〈解説〉1　A　占い結果を記録するために亀甲や獣骨に刻まれた文字であり，漢字の原型となった。　B　周の都は，現在の西安近郊にあった鎬京であるが，王位を巡る内紛や犬戎の侵入などで前770年に東方の洛邑に遷都した。これ以降の周は，東周と呼ばれ，この遷都の年が春秋時代の始まりとされる。洛邑は，現在の洛陽である。　2　a　鎬京は黄河の支流である渭水流域に位置する。　b　開封は五代(後唐を除く)と宋(北宋)が都を置いた。黄河と大運河の通済渠と永済渠の結節点に位置する。　3　徴税権ではなく土地の支配権を与えた。

イ　徴税権を認めた土地制度には，イスラーム世界のイクター制やオスマン帝国のティマール制がある。　ウ　個別ではなく世襲の諸侯にもとづく宗族による主従関係である。個別的な主従関係にもとづく封建制は西ヨーロッパ。　エ　伯と巡察使は周ではなくフランク王国の制度である。　4　ア，イ，エはすべて宋代の農業改良である。

5　ア　儒家ではなく墨家である。儒家は人が自然に持つ他人への親愛の情である仁を根本に据えた。　ウ　墨家ではなく儒家である。墨家は無差別の愛である兼愛を説いた。　エ　周代の封建制を理想とするのは法家でなく儒家。　6　ローマのイタリア半島統一は前272年。イ　アレクサンドロス大王のエジプト征服は前332年で前4世紀である。　ウ　ナーガールジュナは2～3世紀の人物である。　エ　シュリーヴィジャヤの繁栄は7～14世紀である。　7　a　武帝が鋳造した貨幣は五銖銭である。半両銭は秦の始皇帝が自国の円銭(環銭)に統一させた貨幣。　b　交鈔である。交子は宋(北宋)で発行された世界最古の紙幣。　8　ア　柔然である。匈奴の君主の称号は単于である。柔然は5～6世紀にモンゴル高原を支配して，北魏と対立したが，6世紀中頃に突厥に滅ぼされた。　イ　突厥である。突厥は552年に建国したトルコ系騎馬遊牧民で，6世紀半ばすぎにササン朝のホスロー1世と結んでエフタルを滅ぼした。　ウ　武帝ではなく高祖(劉邦)である。

9　「い」は隋の煬帝に対する反乱の原因である。Yは755～63年に節度使の安禄山とその部下である史思明が起こした内乱である。

【2】1　アンシャンレジーム　　2　(1)　イ　　(2)　ウ　　3　エ
4　(1)　ウ　　(2)　ア　　(3)　ウ　　5　(1)　イ　　(2)　イ
(3)　イ

〈解説〉1　旧体制を意味するフランス語であり，16世紀からフランス革命までのフランスの政治・社会制度，特に少数の聖職者・貴族が，総人口の98％を占める平民を特権的に支配する矛盾を指し示す。

2　(1)　ア　資源は自前で調達できていた。　ウ　海外市場の確保に失敗していない。　エ　技術の流入は遅れていない。　(2)　不衛生な

生活環境のなかでコレラが流行するなど，生活汚染は改善しなかった。そのため公衆衛生法の成立は1848年を待たねばならなかった。

3　X　武器や雑貨は小国家や部族が抗争を繰り広げていたアフリカに送られた。　Y　奴隷はアフリカで黒人が奴隷狩りによって確保された。中国は大西洋ではなくアジア三角貿易の一角であるので不適切。

4　(1)　重農主義ではなく重商主義，自由な貿易や工業の発展を促すのではなく阻害した。1699年に羊毛品の輸出入の禁止や1750年に鉄製品の製造禁止などで，イギリスは北アメリカ植民地に本国と重複する産業を規制する一方で，本国への原料供給地へと押し込めた。このような規制は「有益なる怠慢」と植民地側から批判された。　(2)　1778年にフランス，79年にスペイン，80年にオランダが北アメリカ植民地側で独立戦争に参戦する一方，エカチェリーナ2世の提唱で1780年にロシア・スウェーデン・デンマーク・プロイセン・ポルトガル・オーストリアが参加する武装中立同盟が結成され，北アメリカ植民地側を間接的に支援した。　(3)　ア　ラ＝ファイエットではなくコシューシコ(コシチューシコ)である。ラ＝ファイエットはフランス革命に参加して人権宣言を起草した。　イ　西漸運動(西部開拓)の進行により生活圏を奪われた先住民との対立が深まった。　エ　黒人奴隷制度は解消されなかった。奴隷制度の廃止は1865年。　5　(1)　ア　サンスーシ宮殿はプロイセンである。　ウ　シェーンブルン宮殿はオーストリアにあるバロック様式の宮殿である。　エ　サン＝ピエトロ大聖堂はイタリアである。ルネサンス様式の大聖堂。　(2)　「球戯場(テニスコート)の誓い」は1789年6月20日。Ⅰの三部会の招集は同年5月5日。Ⅱのバスティーユ牢獄の襲撃は同年7月14日。Ⅲの人権宣言の採択は同年8月26日。　(3)　1791年8月27日にオーストリアの神聖ローマ皇帝レオポルト2世とプロイセン王フリードリヒ＝ヴィルヘルム2世は共同でピルニッツ宣言を出して，フランスのブルボン王家の安泰と親政復権を要求する一方で，革命政府の非正統性を強調した。

【3】1　朱印状　　2　(1)　イ　　(2)　エ　　3　ア　　4　エ　　5　イ
6　エ　　7　ウ　　8　ア

〈解説〉1　西国大名や大商人に発行した渡航許可証の朱印状を持った朱
印船を用いて行われたので，朱印船貿易と呼ばれる。　　2　(1)　行基
は民衆に仏教を広めた僧で，民衆への布教を禁じていた朝廷に弾圧さ
れたが，のちに朝廷はその技術と民衆動員力を評価して大仏づくりへ
の協力を求め，行基を大僧正に任じた。　　(2)　717年，阿倍仲麻呂は
留学生として遣唐使の吉備真備，留学僧の玄昉らとともに唐に渡り，
玄宗皇帝に仕えた。753年に帰国の船に乗ったが遭難して安南(ベトナ
ム)に漂着した。エは阿倍仲麻呂が望郷の念から奈良の三笠山に出た月
を追想して詠んだ歌である。アは在原業平，イは持統天皇，ウは伊勢
大輔の歌で，ア〜エはいずれも『小倉百人一首』に収録されている。
3　894年，参議・左大弁の菅原道真は遣唐大使に任命されたが，反乱
や異民族の侵入による唐の衰退や，航海中の難破や盗賊に襲撃される
危険を理由に派遣の停止を提唱し，これが認められた。Ⅰの『古今和
歌集』が編集された905年より前の出来事である。なお，Ⅱの承平・
天慶の乱の発生は939年，Ⅲの「尾張国郡司百姓等解」が提出された
のは988年の出来事である。　　4　それまで九州までしか来ていなかっ
た中国の宋の貿易船を瀬戸内海に招き入れることを図り，摂津国(現在
の神戸港付近)に大輪田泊を修築した。　　5　a　1429年，尚巴志が沖縄
島の北山・中山・南山の三山を統一して琉球王国を建国した。

b　琉球王国の都は王宮の首里城のある首里。那覇は首里の外港で，
日本・明・朝鮮・東南アジアとの中継貿易を行う貿易港として繁栄し
た。　　6　1808年，イギリス軍艦フェートン号が戦争状態にあったナ
ポレオンのフランスに占領されていたオランダの船をだ捕するために
長崎湾に侵入するフェートン号事件が起こった。長崎奉行松平康英は
責を負い自刃した。　　7　a　異国船打払令は1787〜93年の寛政の改革
期ではなく1825年に出された。ロシア船やイギリス船の接近が相次ぐ
なか，幕府は従来の異国船には薪水や食料を供与して退去させる方針
を改め，清・朝鮮・琉球の船と長崎に来航したオランダ船以外の外国

船は撃退するよう命じたものである。　b　シーボルト事件は1828年にオランダ商館医師のシーボルトが帰国の際に国外への持ち出し禁止の日本地図などを持ち出そうとしたことが発覚し、取り調べの末、翌年に国外退去処分となった事件である。　8　1854年、日米和親条約が結ばれて、下田・箱館の2港が開かれ、翌年にかけて、イギリス・ロシア・オランダとも同様の条約を締結した。フランスとの関係は1858年にナポレオン3世が派遣した全権公使グロとの間で日仏修好通商条約が結ばれたことによって始まった。

【4】1　ウ　　2　エ　　3　ウ　　4　ビゴー　　5　ア　　6　ア
　　　7　イ　　8　ア　　9　イ

〈解説〉1　1871年に出発した岩倉使節団に同行した女子留学生5人のうち、津田梅子は1882年にアメリカ留学から帰国すると英語教師となり、1900年には津田塾大学の前身の女子英学塾を創立した。アの山川捨松は津田梅子とともに帰国したのち大山巌陸軍卿と結婚し、「鹿鳴館の花」と呼ばれた。イの陸奥亮子は陸奥宗光の妻で、陸奥の駐米公使在任中に社交界で活躍、エの渋沢兼子は渋沢栄一の後妻。いずれも岩倉使節団に同行した女子留学生ではない。　2　1874年1月、下野した板垣退助・後藤象二郎・副島種臣・江藤新平らによって、日本最初の政党の愛国公党が結成され、左院に民撰議院設立の建白書を提出した。イ　木戸孝允が下野したのは1874年で、台湾出兵への抗議が理由。ウ　西郷従道は政府に残り、台湾出兵を指揮した。　3　1873年に外務卿に就任した寺島宗則は、1878年に税権回復について、他の列国が承認することを条件にアメリカ合衆国の同意を得た。しかしアのイギリスとイのドイツに反対されたため失敗し、翌年に辞職した。
4　フランス人画家ビゴーによる鹿鳴館の舞踏会の風刺画「名磨行(なまいき)」(粋ではないという意味)で、極端な欧化主義を「猿真似」として風刺したものである。　5　1885年、福沢諭吉は自らが発行している『時事新報』に「脱亜論」を発表した。その背景には、前年の甲申事変で清が朝鮮に軍事介入し、福沢が支援していた金玉均らの朝鮮

の改革派勢力が一掃されたことへの失望があった。　6　日清戦争直前の1894年，第2次伊藤博文内閣の外相陸奥宗光によって日英通商航海条約が結ばれた。これにより内地開放を条件に治外法権(領事裁判権)が撤廃され，また関税率が引き上げられ，相互平等の最恵国待遇が定められた。次いで他の欧米諸国とも同様の条約が結ばれ，不平等条約の一部改正に成功した。　7　1895年，日清戦争の講和条約の下関条約で，日本は清から台湾・澎湖諸島と遼東半島を割譲されたが，満州・朝鮮への進出をねらうロシアはドイツ・フランスを誘って日本に対し遼東半島を清に返還するよう要求した(三国干渉)。フランスは露仏同盟から，またヨーロッパでロシアと対立するドイツはロシアの関心を極東に向けたいため，これに加わった。　8　日本側の全権大使は小村寿太郎外相，ロシア側の全権大使はウィッテ。ローズヴェルトはこの功績により，翌年にアメリカ人として初のノーベル平和賞を受賞した。　9　a　日本側は賠償金を要求したが，ロシア側はこれを拒絶した。　b　『蹇蹇録』は陸奥宗光が1892～95年に著した外交記録で，日清戦争・三国干渉など明治外交史の第一級の史料である。小村寿太郎は回顧録や日記を残していない。

【5】1　ユーロ　　2　(1)　エ　　(2)　ウ　　(3)　ケスタ　　(4)　エ
3　イ　　4　ア　　5　(1)　ウ　　(2)　エ　　6　ア
〈解説〉1　2002年から利用が開始。2022年時点で27のEU加盟国のうち19か国で使われており，これらの国々はユーロ圏とよばれる。
2　(1)　最寒月である1月の平均気温が18℃未満－3℃以上のため温帯が該当し，さらに夏季に乾燥しているので地中海性気候があてはまる。
(2)　隣接する乾燥帯の形成要因である亜熱帯高圧帯が夏季に温帯側へ張り出してくるためである。　(3)　ケスタは，侵食平野の中の構造平野に分類される。侵食平野とは，長期にわたる侵食や風化により地表面が平坦になった地形で，構造平野とは，地殻変動を受けずに安定した古い地層が水平を維持したまま侵食されてできた低地。　(4)　レスは，ヨーロッパや南北アメリカでは氷河で削られてできた微細土が由

来で，中国華北地方ではゴビ砂漠が由来である。アのテラロッサは地中海沿岸に広がる酸性土壌，イのテラローシャはブラジル高原に広がる肥沃な土壌，ウのレグールはインドのデカン高原に広がる肥沃な土壌で，いずれも母岩の影響を強く受けた間帯土壌である。　3　イは，砂漠気候下での灌漑農業の説明である。水分の蒸発を防ぐための地下水の導水路が湧水帯から耕地まで伸びる。　4　a　GATTは「関税と貿易に関する一般協定」の略称で，「無差別」を理念として自由な貿易が国際的に推進された。一方で，日米自動車摩擦に代表される日本車の輸入拡大による米国車の販売台数低下・景気の悪化など，関係国間の利害の対立も起こった。　b　WTOはGATTの権限を強化して発展的に解消されてできた国連機関。　5　(1)　マーストリヒト条約は，1993年にヨーロッパ共同体(EC)加盟国がECの憲法ともよばれたローマ条約を改正して作った，ヨーロッパ連合(EU)の憲法。　ア　EU設立後に一部の国を除いて国境管理が廃止されている。　イ　1952年に設立されたヨーロッパ石炭鉄鋼共同体(ECSC)についての記述。　エ　共通農業政策は1962年に導入されている。　(2)　4か国の中で南欧のギリシアと東欧のポーランドは経済発展が遅れており，1人あたりGNIと第3次産業就業者率が低く第1次産業就業者率が高いウとエが該当する。そのうち，ポーランドは鉱物資源が豊富で，金属・自動車産業が発展するため，第2次産業就業者率が高いエが該当。ギリシアは農林水産業が主要産業の1つでウが該当。イは工業化が進み小麦なども輸出されるフランス，アは人口がフランスの6分の1以下だが，高い技術力の機械工業・ICT産業などが輸出を支え高福祉を実現するスウェーデンが該当。　6　ア　2020年以降の地球温暖化対策を策定したものがパリ協定である。　イ　国際分業による発展途上国と先進国の経済格差は依然として残る。　ウ　都市鉱山からのリサイクルは，世界規模では進んでいない。　エ　北海油田はイギリスとノルウェーにより開発・採掘されているが，両国ともOPECには加盟していない。

【6】1 A 地方交付税(交付金)　B 自治　C 法定受託　2 ブライス　3 ウ　4 ア　5 ウ　6 エ　7 イ

〈解説〉1 A 地方交付税(交付金)は，地方自治体間にある財政力格差を縮小するために交付されるものだから，その使途は指定されない。 B 自治事務は地方自治体の事務のうち，法定受託事務を除いたすべての事務。 C 戸籍事務や旅券(パスポート)の発行などが法定受託事務の例。 2 ブライスは『近代民主政治』で，「地方自治は民主主義の学校」とした。また，トクヴィルは『アメリカの民主政治』で，自由と民主主義は本来対立するものだが，充実した地方自治などにより両者は両立し得るとした。 3 X 3分の1以上(原則)の署名が必要なのは，解職請求や議会の解散請求。 Y 請求が行われると，首長は20日以内に議会を招集し，意見を付して議会に付議する。 4 固定資産税は市町村税であり，土地や建物などの所有者に課される。

イ 所得のある個人に課される国税。 ウ 資産の相続者に課される国税。 エ 企業活動を行う法人に課される国税。 5 地方自治体は，総務大臣との協議を前提として，条例に基づき，独自の課税ができる。 ア 条例に基づく住民投票の結果に法的拘束力はない。

イ 市町村合併が進んだ。 エ 地方財政の三位一体改革として，地方への税源移譲，地方交付税の見直しとともに，国庫補助負担金の廃止・縮減が行われた。 6 a 消費税は間接税。税を負担する人と納税する人が同じ税を直接税，異なる税を間接税という。 b 税源移譲として所得税が減税され，住民税が増税された。なお，消費税は国税である消費税と地方税である地方消費税からなる。 7 財政法では，建設国債の発行のみが認められているが，実際にはこの効力を一時的に打ち消す特例法の制定により，赤字国債(特例公債)が発行されている。 ア デフレーションではなくインフレーション。 ウ 第二次石油危機は1979年の出来事であり，1975年度から一時期を除き毎年度発行されている。 エ 日銀による国債の直接引き受けは禁止されている。

2022年度　実施問題

共　通　問　題

【1】次の図は和歌山県の串本町付近の地図である。図を見て，以下の問いに答えなさい。

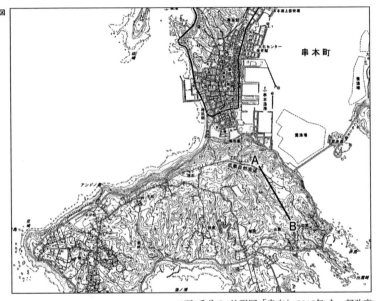

(2万5千分の1地形図「串本」(2015年)を一部改変)

1　国土地理院が作成している地図の説明として適切なものを，次のア〜エから1つ選んで，その符号を書きなさい。

ア　縮尺1万分の1の地形図は，建物の形状が表示され，主曲線は10m間隔で描かれている。

イ　縮尺2万5千分の1の地形図では，1kmは2.5cmで表される。

ウ　縮尺5万分の1の地形図の計曲線は50m間隔で描かれている。

エ　縮尺20万分の1の地勢図は，実測図を編集して作成した編集図である。

2　図の線——の両端のAとBの高低差の値として適切なものを，次のア～エから1つ選んで，その符号を書きなさい。

ア　20m　　イ　40m　　ウ　60m　　エ　80m

3　図から読み取れることについて述べた文として適切なものを，次のア～エから1つ選んで，その符号を書きなさい。

ア　近畿自然歩道に沿って，果樹園が並んでいる。

イ　町役場の周辺の街路区画は碁盤目状になっている。

ウ　苗我島は海底トンネルによって対岸とつながっている。

エ　「権現」，「出雲」付近には茶畑が見られる。

4　図に見られる地形について述べた次の文の(X)～(Z)にあてはまる適切な語句を書きなさい。

> 串本町の中心市街地は，(X)と呼ばれる平地上に広がっている。この平地は，沿岸潮流によって流された土砂が堆積し，沖にある島とつながってできたものであり，つながった島を(Y)と呼ぶ。また，(Y)の沿岸部は，かつて海水面付近で形成された波食棚が，隆起を繰り返してできた(Z)が発達している。

5　串本町の中心市街地が立地する平地と同じ要因で形成された平地に中心市街地がみられる都市名を，次のア～エから1つ選んで，その符号を書きなさい。

ア　函館市　　イ　鹿児島市　　ウ　釜石市　　エ　長崎市

6　次の表は宮城県，和歌山県，兵庫県，山口県，佐賀県，長崎県のそれぞれの海岸線の総延長(km)，海面漁獲量(百t，2018年)，かき養殖収穫量(t，2018年)，板のり養殖収穫量(百万枚，2018年)を示している。表を見て，以下の問いに答えなさい。

表

	海岸線の総延長	X	Y	Z
和歌山県	651	－	－	152
Ⅰ	1,580	19	19	255
Ⅱ	850	8,652	1,706	401
Ⅲ	829	26,086	345	1,847
佐賀県	383	282	1,817	84
Ⅳ	4,183	1,348	11	2,906

（『地理統計 2021 年版』『海岸統計　平成 28 年度版』）
表中の「－」は、1未満もしくは秘匿

(1)　表のX, Y, Zに該当するものの組み合わせとして適切なものを，次のア～カから1つ選んで，その符号を書きなさい。

ア　X　板のり養殖収穫量　　　Y　海面漁獲量
　　Z　かき養殖収穫量

イ　X　板のり養殖収穫量　　　Y　かき養殖収穫量
　　Z　海面漁獲量

ウ　X　海面漁獲量　　　　　　Y　板のり養殖収穫量
　　Z　かき養殖収穫量

エ　X　海面漁獲量　　　　　　Y　かき養殖収穫量
　　Z　板のり養殖収穫量

オ　X　かき養殖収穫量　　　　Y　板のり養殖収穫量
　　Z　海面漁獲量

カ　X　かき養殖収穫量　　　　Y　海面漁獲量
　　Z　板のり養殖収穫量

(2)　宮城県にあたるものを，表のⅠ～Ⅳから選んで，その符号を書きなさい。

7　海岸の地形について述べた文aとbの正誤の組み合わせとして適切なものを，以下のア～エから1つ選んで，その符号を書きなさい。

a　海岸平野は，平坦な海底が沈水したことで形成されたものである。

130

b　リアス海岸は，U字谷に海水が入り込み，山地の奥まで谷に沿った入り江となったものである。

ア　a－正　　b－正　　イ　a－正　　b－誤

ウ　a－誤　　b－正　　エ　a－誤　　b－誤

(☆☆☆◎◎◎)

中 学 社 会

【1】次の文章を読み，以下の問いに答えなさい。

　17世紀のヨーロッパでは，製品の販売を目的に工業を営む資本家が現れた。工場には労働者が集められ，分業によって加工生産を行う（　A　）が普及していった。18世紀後半になるとイギリスで（　B　）が進行し，工業生産は急速に拡大した。その後，①鉱産資源の開発が進むとともに②工業立地や工業製品の生産形態も変化していった。③都市において工業が発達すると，人々の暮らしや生産活動に必要な設備も充実する。第二次世界大戦後には，技術革新が進み，コンピュータや④産業用ロボットの導入により，工業生産は飛躍的に発展を遂げたが，地域に根差した⑤伝統工芸技術や中小企業のネットワークの重要性も見直されている。

1　文中の（　A　），（　B　）にあてはまる適切な語句を書きなさい。

2　下線部①について，次の問いに答えなさい。

(1)　図1～図4は，金鉱(2017年)，すず鉱(2016年)，鉄鉱石(2016年)，銅鉱(2015年)の世界生産に占める上位5か国の割合を示している。金鉱の世界産出に占める割合を示した図として適切なものを，次のア～エから1つ選んで，その符号を書きなさい。

ア　図1　　イ　図2　　ウ　図3　　エ　図4

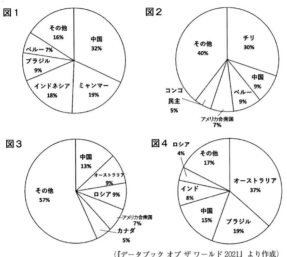

図1　図2　図3　図4

（『データブック オブ ザ ワールド 2021』より作成）

(2)　次の文ア〜エは金鉱，すず鉱，鉄鉱石，銅鉱のうちいずれかの鉱産資源について述べたものである。すず鉱について述べた文として適切なものを1つ選んで，その符号を書きなさい。

ア　高い導電性と腐食に対する強い耐性から，電子部品の電導体やコネクタの部品として利用されている。

イ　比較的加工しやすい金属材料であり，はんだやメッキでの利用の他に工芸品原料としても利用されている。

ウ　金属製品や硬貨の材料として古くから利用されており，電線や屋根ふき材及び配管としても利用が多い。

エ　固くて強く細密な加工ができるため，あらゆる産業の基盤として利用されており，生産量・流通量ともに多い。

3　下線部②について，次の問いに答えなさい。

(1)　アルフレッド＝ウェーバーが著書『工業立地論』の中で，工業生産の利潤を大きくするために最も重視した要素として適切なものを，次のア〜エから1つ選んでその符号を書きなさい。

ア　輸送費　　イ　電力費　　ウ　地価　　エ　人口

(2) 次に示した立地の条件に適した工業の組み合わせとして適切なものを，以下のア〜カから1つ選んで，その符号を書きなさい。

  a 原料産地が特定の場所に限られており，製品の重量が原料とほとんど変わらないため，労働力が豊富な場所に立地する。

  b 原料産地が限定されず，どこでも入手可能なため，都市近郊に立地する。

  c 原料産地が特定の場所に限られており，製品の重量が原料よりも著しく軽くなるため，原料産地に立地する。

	ア	イ	ウ	エ	オ	カ
a	セメント工業	セメント工業	繊維工業	繊維工業	ビール工業	ビール工業
b	繊維工業	ビール工業	セメント工業	ビール工業	セメント工業	繊維工業
c	ビール工業	繊維工業	ビール工業	セメント工業	繊維工業	セメント工業

4 下線部③について，次の問いに答えなさい。

(1) 都市の機能について述べた文として適切でないものを，次のア〜エから1つ選んで，その符号を書きなさい。

  ア ニースやカンヌは，観光保養都市として知られている。

  イ ブラジリアやキャンベラは，計画的な市街地を持つ政治都市として知られている。

  ウ チュキカマタやイタビラは，世界でも有数の鉱産資源を産出する鉱業都市として知られている。

  エ アバディーンやベルゲンは，宗教に関わる機能が卓越した宗教都市として知られている。

(2) 都市・居住問題について述べた文として適切なものを，次のア〜エから1つ選んで，その符号を書きなさい。

  ア 先進国で早くから都市化が進んだ大都市では，高所得者層が郊外に流出し，都心周辺の漸移地帯で商店街の衰退やコミュニティの崩壊などが起きるスプロール現象がみられることがある。

  イ 日本のいくつかの都市では，都市計画がほとんど実行されなかった結果として，住宅，商業開発，道路などが，都市周縁の広範な地帯に無秩序に拡大するドーナツ化現象がみられることがある。

　　ウ　発展途上国の都市では，小規模な小売業・サービス業・製造
　　　業などのうち，正式な雇用契約や社会保障がないような労働環
　　　境で働くインフォーマルセクターに分類される人も多い。

　　エ　発展途上国の都市では，近年の経済成長により貧富の差が拡
　　　大して，ストリートチルドレンと呼ばれる富裕層の子どもたち
　　　が増加している。

　(3)　大都市の都心地域で国家レベルの政治・行政機関や大企業・多
　　　国籍企業の本社や支社などが集中している地区を何というか，次
　　　のア～エから1つ選んで，その符号を書きなさい。

　　　ア　WTO　　　イ　CBD　　　ウ　FTA　　　エ　GIS

5　下線部④について，次の表1は産業用ロボット稼働台数(2018年)の
　上位5か国・地域の世界に占める割合を示している。また，表2のア
　～エは，化学繊維生産量(2016年)，携帯電話生産台数(2015年)，船
　舶竣工量(2019年)，自動車生産台数(2018年)のいずれかの上位5か
　国・地域の世界に占める割合を，表中のA～Dは，アメリカ合衆国，
　韓国，中国，日本のいずれかの国を示している。表1と表2に関する
　以下の問いに答えなさい。

表1

産業用ロボット稼働台数	
国・地域名	%
A	22.6
B	13.0
C	12.3
D	11.7
ドイツ	8.8

表2

ア		イ		ウ		エ	
国・地域名	%	国・地域名	%	国・地域名	%	国・地域名	%
A	35.0	**A**	78.6	**A**	28.7	**A**	68.9
C	32.8	ベトナム	10.7	**D**	11.7	インド	8.6
B	24.4	**C**	3.6	**B**	10.0	**D**	3.1
フィリピン	1.2	インド	2.8	インド	5.3	インドネシア	3.0
ベトナム	0.8	台湾	1.8	ドイツ	5.3	台湾	2.9

（『データブック オブ ザ ワールド 2021』より作成）

　(1)　自動車生産台数を示す表を，表2のア～エから1つ選んで，その
　　　符号を書きなさい。

134

(2) 表2中のB及びDにあてはまる国名を書きなさい。

6 下線部⑤について、イタリアにおいて、ヴェネツィアやフィレンツェ等，中世以来の伝統的な技術を持った職人たちが集積している地域を何というか，書きなさい。

(☆☆☆☆◎◎◎)

【2】次の文章を読み，以下の問いに答えなさい。

19世紀末，欧米列強が軍備拡大競争を行い，世界を自らの植民地として支配する①帝国主義時代に入った。東アジアでは，1894年に日清戦争が勃発し日本軍は優勢に戦いを進め，1895年に（ A ）条約が締結された。この条約で清は，②朝鮮の独立を認め，③遼東半島・台湾・澎湖諸島を日本にゆずりわたし，賠償金2億両を支払うことなどが決められた。この後，清では，人々の信頼を失った政府を倒そうとする動きが起こり，④辛亥革命により皇帝が退位し，清は滅亡した。

日本政府は，新たに領有した台湾の統治に力を注いだ。その一例として日本から派遣された⑤技師は，台湾の灌漑設備が不十分だった嘉南平野に烏山頭ダムをはじめとする嘉南水路を造り，台湾最大の穀倉地帯に変えた。

さらに1910年に日本は，韓国を併合し，強い権限を持つ朝鮮（ B ）を設置した。この統治は，⑥第二次世界大戦がおわる1945年まで続いた。

1 文中の（ A ），（ B ）にあてはまる適切な語句を書きなさい。

2 下線部①について，次の表は帝国主義時代における出来事を時代順に並べたものである。「日露戦争」の時期として適切なものを，以下のア～エから1つ選んで，その符号を書きなさい。

表

| Ⅰ 樺太・千島交換条約が結ばれる |
| Ⅱ 第一次日英同盟が結ばれる |
| Ⅲ 第一次世界大戦がはじまる |

　　ア　Ⅰの前　　イ　ⅠとⅡの間　　ウ　ⅡとⅢの間　　エ　Ⅲの後

3　下線部②について，当時の朝鮮の出来事として適切なものを，次のア～エから1つ選んで，その符号を書きなさい。

　　ア　甲午農民戦争を鎮圧するため朝鮮政府は清に出兵を求めた。

　　イ　甲午農民戦争を鎮圧するため朝鮮政府は日本に出兵を求めた。

　　ウ　壬午軍乱を鎮圧するため朝鮮政府は清に出兵を求めた。

　　エ　壬午軍乱を鎮圧するため朝鮮政府は日本に出兵を求めた。

4　下線部③について，遼東半島に関して述べた文として適切なものを，次のア～エから1つ選んで，その符号を書きなさい。

　　ア　香港島の対岸に位置する

　　イ　旅順や大連等の都市があり満州進出の玄関口であった

　　ウ　ポルトガルの勢力範囲であった

　　エ　ドイツの勢力範囲であった

5　下線部④について，辛亥革命に関して述べた文として適切でないものを，次のア～エから1つ選んで，その符号を書きなさい。

　　ア　毛沢東が，紅衛兵を動員して大衆運動を盛り上げ，権力奪回に立ち上がった。

　　イ　武昌で清の軍隊が反乱を起こすと，多くの省がこの動きに続いた。

　　ウ　孫文が臨時大総統に就任し，共和政の中華民国が南京に成立した。

　　エ　清朝滅亡に功績のあった袁世凱を首班とする中華民国が北京に成立した。

6　下線部⑤について，この技師名として適切なものを，次のア～エから1つ選んで，その符号を書きなさい。

　　ア　八田與一　　イ　豊田佐吉　　ウ　田中正造　　エ　辰野金吾

7　下線部⑥について，第二次世界大戦後の植民地に関して述べた文として適切でないものを，次のア～エから1つ選んで，その符号を書きなさい。

　　ア　インドは，イギリス連邦内自治領としてパキスタンと分離して，

　　独立した。

　イ　インドシナでは，ドイツが植民地支配の再建を目指したが，ホ
　　ー＝チ＝ミン率いる勢力に敗れた。

　ウ　アルジェリアは，フランスと長い独立戦争を続け，独立を達成
　　した。

　エ　1960年には，アフリカでは多くの国が独立し，「アフリカの年」
　　と呼ばれるようになった。

8　2002年にインドネシアから独立した東ティモールを植民地にして
　いた国として適切なものを，次のア～エから1つ選んで，その符号
　を書きなさい。

　ア　スペイン　　　イ　アメリカ　　　ウ　オランダ
　エ　ポルトガル

(☆☆☆☆◎◎◎◎)

【3】次の文章を読み，以下の問いに答えなさい。

　　江戸時代後期の歴史書『大勢三転考』では，日本の歴史は「時の勢」
によって，二度の大変化を遂げたとしている。

　　この歴史書は，①「骨の代」と呼ばれる古代から記されている。こ
の時代は，（　A　）制度に基づき，血縁やその他の政治的関係をもとに
構成された組織に編成され，その組織ごとにヤマト政権の職務が分担
されていた。血族と居住地と職務が一体化された時代とされ，世襲的
に国を支配したが，中央集権が進められた孝徳天皇時代の諸改革であ
る（　B　）を機に衰退することになる。次は，②「職の代」と呼ばれ
る律令制度に基づく時代である。これは天皇主導で行われた変革であ
り，官職によって職務が定められた時代とされる。最後に，守護・地
頭設置以後の③「名の代」と呼ばれる封建時代である。これは④武士
主導で行われた変革であり，大名が実力で土地を支配する時代とされ
る。江戸時代には将軍と大名の主従関係をもとに，幕府と諸藩が全国
の大部分の土地・人民を支配する（　C　）体制が確立したとされてい
る。

　なお，この歴史書は，陸奥宗光の実父であり，⑤<u>国学者</u>である⑥<u>紀伊藩重臣</u>の伊達千広が1848年に著したものである。

1　文中の（　A　）〜（　C　）にあてはまる適切な語句を書きなさい。

2　下線部①について，この時代に関して述べた文aとbの正誤の組み合わせとして適切なものを，以下のア〜エから1つ選んで，その符号を書きなさい。

　a　埼玉県の稲荷山古墳出土の鉄剣にある大王は，雄略天皇にあたると考えられている。

　b　百済と結んだ筑紫国造磐井が起こした大規模な戦乱をヤマト政権は制圧し，九州北部に屯倉を設けた。

　ア　a−正　　b−正　　イ　a−正　　b−誤
　ウ　a−誤　　b−正　　エ　a−誤　　b−誤

3　下線部②について，次の問いに答えなさい。

(1)　この時代に関して，次の史料で示された帝について述べた文として適切なものを，以下のア〜エから1つ選んで，その符号を書きなさい。

　史料

> 　　勅有りて，参議右衛士督従四位下藤原朝臣緒嗣と参議左大弁正四位下菅野朝臣真道とをして，天下の徳政を相論ぜしむ。時に緒嗣，議して云ふ，「方今，天下の苦しむ所は軍事と造作となり。此の両事を停めば百姓安んぜむ」と。真道，意義を確執し肯えて聞かず。帝，緒嗣の議を善しとし，即ち停廃に従ふ。

　ア　国家の平安を祈るため，国ごとに僧寺・尼寺を設け，近江紫香楽宮で盧舎那仏造立の詔を宣言した。

　イ　4人の娘を天皇の后とし，摂政，太政大臣となり，御堂関白といわれ，約30年にわたって権勢をふるった。

　ウ　8階の制に分け，天皇と関係の深いものを上位におき，豪族を新しい身分秩序に編成した。

　　エ　国司が交替する際，事務の引継ぎを厳しく監督する官職を設
　　　置した。
　(2)　次の表はこの時代における出来事を時代順に並べたものである。「三世一身法」が施行された時期として適切なものを，以下のア～エから1つ選んで，その符号を書きなさい。

　　表

| Ⅰ　墾田永年私財法が発せられる |
| Ⅱ　延喜の荘園整理令が出される |
| Ⅲ　延久の荘園整理令が出される |

　　ア　Ⅰの前　　イ　ⅠとⅡの間　　ウ　ⅡとⅢの間
　　エ　Ⅲの後

4　下線部③について，次の問いに答えなさい。
　(1)　将軍源実朝が暗殺された後，朝幕関係が不安定になったことに関して述べた次の文中の(Ｘ)，(Ｙ)にあてはまる語句の組み合わせとして適切なものを，以下のア～エから1つ選んで，その符号を書きなさい。

> 　後鳥羽上皇は，新たに(Ｘ)をおいて軍事増強をはかり，北条義時追討の兵を挙げたが，北条泰時，時房らの活躍により幕府の圧倒的な勝利に終わった。幕府は新たに(Ｙ)をおいて朝廷を監視した。

　　ア　Ｘ　北面の武士　　Ｙ　京都所司代
　　イ　Ｘ　北面の武士　　Ｙ　六波羅探題
　　ウ　Ｘ　西面の武士　　Ｙ　京都所司代
　　エ　Ｘ　西面の武士　　Ｙ　六波羅探題
　(2)　この時代に関して述べた文として適切でないものを，次のア～エから1つ選んで，その符号を書きなさい。
　　ア　宋に渡った天台宗の僧栄西は，ひたすら坐禅することによって悟りの境地を体得しようとする曹洞宗を伝えた。

139

　　　イ　堺の商人と結んだ細川氏と博多の商人と結んだ大内氏が貿易
　　　　の実権をめぐり，寧波で激しく衝突した。
　　　ウ　大村純忠が長崎をイエズス会の教会に寄付したことが契機
　　　　に，豊臣秀吉はバテレン追放令を出した。
　　　エ　ポルトガル商人が中国産の生糸を長崎に運んで巨利を得てい
　　　　たので，幕府は糸割符制度を設けて利益独占を排除した。
　5　下線部④について，江戸時代に居城を無断で修築することを禁止
　　　した法令として適切なものを，次のア～エから1つ選んで，その符
　　　号を書きなさい。
　　　ア　武家諸法度　　イ　禁中並公家諸法度　　ウ　諸宗寺院法度
　　　エ　諸社禰宜神主法度
　6　下線部⑤について，次の文で説明されている人物として適切なも
　　　のを，以下のア～エから1つ選んで，その符号を書きなさい。

　　　　江戸に和学講談所を設けて国史講習と史料編纂に従事し，
　　　ここで『群書類従』を編纂した。

　　　ア　荷田春満　　イ　賀茂真淵　　ウ　本居宣長　　エ　塙保己一
　7　下線部⑥について，この藩の藩主から江戸幕府の将軍となった人
　　　物として適切なものを，次のア～エから1つ選んで，その符号を書
　　　きなさい。
　　　ア　徳川綱吉　　イ　徳川吉宗　　ウ　徳川家治　　エ　徳川慶喜
　　　　　　　　　　　　　　　　　　　　　　　　　　（☆☆☆◎◎◎）

【4】次の文章を読み，以下の問いに答えなさい。
　　　16～17世紀のヨーロッパでは，自然を人間の理性によって理解しよ
　　　うとする近代の自然科学が誕生した。その先駆者となり，『（　　）』を
　　　著わしたデカルトは，「方法的懐疑」を説いた。また，17世紀後半以降，
　　　①国家や社会についても，旧来の宗教的な伝統や身分制度から，合理
　　　的な枠組みに変えていこうとする動きが生み出された。これにより，
　　　科学技術の急速な発展や，②自由や平等を実現する民主的な社会がも

たらされた。

　一方で,交通やICT技術の進歩により③グローバル化が進む現代では,異文化との摩擦や共存が大きな課題となっている。④医学や生命科学の発展は,よりよい医療の提供につながったが,これまでなかったような生命への介入により,従来の価値観や生命観を大きく揺さぶっている。自由な経済活動は人々に豊かな生活を与えるが,反面,激しい経済競争を生み,⑤人間的な心を失わせる要因になったりしているのではないか。⑥様々な課題に直面する今日,新たな時代の社会の在り方や価値観を問い直す時期なのかもしれない。

1　文章中の空欄(　　)に当てはまる語句と「方法的懐疑」を説明した文の組み合わせとして適切なものを,以下のア～カから1つ選んで,その符号を書きなさい。

　　語句　a－論理学体系　　b－省察　　c－自然哲学の数学的原理

　　説明　x－理性や感情を疑い,人間は絶対的な真理に到達できない
　　　　　y－およそ疑いうるもの全て疑うことで真理に到達できる

	ア	イ	ウ	エ	オ	カ
語句	a	a	b	b	c	c
説明	x	y	x	y	x	y

2　下線部①について,この時期の啓蒙思想家ジョン＝ロックについて述べた文として適切でないものを,次のア～エから1つ選んで,その符号を書きなさい。

　ア　私有財産制により生まれた不平等を克服するため,人々は自己を一般意志に従わせることが必要だと説いた。

　イ　人々は自然権を確実に保証するため,政府に法の制定・実行の権利を信託するのであり,主権は人民にあると説いた。

　ウ　権力の濫用を未然に防ぐためには,権力を分立させ,互いに制限しあうような仕組みが必要であると説いた。

　エ　人々は自己の生命・自由・財産に対する所有権を持ち,その源泉は労働であると説いた。

3　下線部②について,次の問いに答えなさい。

(1)　人間の在り方を自由という観点から考察し、「人間は自由の刑に処せられている」としたフランスの思想家は誰か、書きなさい。

(2)　2000年以降の日本の選挙について述べた文aとbの正誤の組み合わせとして適切なものを、以下のア～エから1つ選んで、その符号を書きなさい。

　　a　成年年齢が18歳以上に引き下げられたことにより、高校生であっても18歳以上であれば選挙権を付与されるようになった。

　　b　公職選挙法改正により、それまでの不在者投票制度が廃止され、期日前投票制度が導入された。

　　ア　a－正　　b－正　　イ　a－正　　b－誤
　　ウ　a－誤　　b－正　　エ　a－誤　　b－誤

4　下線部③について、国連開発計画が1994年版『人間開発報告』の中で提唱した、人間の生存、生活、尊厳に対する脅威から各個人を守り、その生活に欠かせない自由と可能性を保障する考え方を何というか、書きなさい。

5　下線部④について述べた文として、適切なものの組み合わせを、以下のア～カから1つ選んで、その符号を書きなさい。

　　a　人権運動を背景に、患者の自己決定権を尊重した医療を行うパターナリズムの考え方が浸透してきている。

　　b　日本では、臓器移植法の改正で、生前の本人の意思表示が不明な場合は家族の承諾により脳死からの臓器移植が可能である。

　　c　生命維持治療や治癒困難な病気の治療については、残された時間の生き方を尊重する「生命の尊厳(SOL)」という考え方が浸透してきている。

　　d　クローン技術の進展に伴い、クローン人間の可能性も出てきたが、日本ではそれを制限する法律がなく、不安視されている。

　　e　ヒトゲノム解析によって、ヒトの遺伝情報の解読が進み、遺伝子診断や遺伝子治療が進んできている。

　　f　ユニバーサルデザインという考え方から、バリアフリーの考え方が生み出された。

ア　aとd　　イ　aとf　　ウ　bとc

エ　bとe　　オ　cとf　　カ　dとe

6　下線部⑤について述べた文aとbの正誤の組み合わせとして適切なものを，以下のア〜エから1つ選んで，その符号を書きなさい。

a　古代日本が理想とした「清き明き心」の精神は，後世の「正直」や「誠」，武士道の「いさぎよさ」などにつながった。

b　荀子は「人の性は悪にして其の善なる者は偽なり」と説き，欲望を抑え，矯正するための「法」の教えを重視した。

ア　a−正　　b−正　　イ　a−正　　b−誤

ウ　a−誤　　b−正　　エ　a−誤　　b−誤

7　下線部⑥について，企業が利益追求のほか，社会的責任や社会貢献を果たすために行うこととして適切でないものを，次のア〜エから1つ選んで，その符号を書きなさい。

ア　ダンピング　　イ　メセナ　　ウ　フィランソロピー

エ　コンプライアンス

(☆☆☆◎◎◎)

【5】次の文章を読み，以下の問いに答えなさい。

　第二次世界大戦後，①イギリスのポンド経済圏のようなブロック経済の反省を踏まえて，新たな制度の下で国際経済秩序の再建がはかられることになった。その柱の一つである②GATTは③自由貿易を促進するため自由・無差別・（　A　）主義の三原則に立ち，関税の引き下げ，非関税障壁の撤廃等を行った。（　B　）は国際収支の赤字国には一時的に短期資金を供給するなど，国際収支の不均衡を調整することを目的とした。この秩序のもと，先進国と，④農産物や鉱産物などの特定の一次産品に特化した経済を余儀なくされた⑤発展途上国との経済格差はさらに広がった。発展途上国の先進国に対する格差是正の要求は，1973年のOPECによる石油価格の大幅な引き上げに象徴される（　C　）ナショナリズムの動きにあと押しされてしだいに勢いを増した。格差の問題は単に経済上の問題であるばかりでなく，教育，医療，福祉な

ど社会全般に関わるものであり，2015年には⑥国際連合で持続可能な開発目標が採択され，さらなる取組がすすめられている。⑦貧困削減に向けた支援の取組では，国家レベルの支援に加え，⑧非政府組織や企業などによる様々な取組も進められている。

1　文中の(　A　)～(　C　)にあてはまる適切な語句を書きなさい。

2　下線部①について，イギリスの政治について述べた文として適切なものを，次のア～エから1つ選んで，その符号を書きなさい。

　　ア　EUからの離脱を問う国民投票では，離脱反対派が勝利した。

　　イ　議会は二院制であり，参議院と下院で構成される。

　　ウ　政権に就かない野党は「影の内閣」を組織している。

　　エ　国民の直接選挙で選ばれる大統領制を採用している。

3　下線部②について，GATTに関して述べた文aとbの正誤の組み合わせとして適切なものを，次のア～エから1つ選んで，その符号を書きなさい。

　　a　ウルグアイ・ラウンドの交渉の結果，日本はコメの部分的な市場開放を受け入れた。

　　b　ドーハ・ラウンドでは先進国が発展途上国への開発支援を大幅に認め，交渉が大きく進展した。

　　ア　a－正　　b－正　　イ　a－正　　b－誤

　　ウ　a－誤　　b－正　　エ　a－誤　　b－誤

4　下線部③について，自由貿易に対して国内産業を保護・育成するために保護貿易が必要であると主張した経済学者は誰か，次のア～エから1つ選んで，その符号を書きなさい。

　　ア　アダム＝スミス　　イ　ケインズ　　ウ　マルクス

　　エ　リスト

5　下線部④について，このような経済構造を何というか書きなさい。

6　下線部⑤について，発展途上国の間で産油国や成長軌道に乗った国々と資源を持たない国々との格差が表面化した。このような問題を何というか，書きなさい。

7　下線部⑥について述べた文として適切なものを，次のア～エから1

つ選んで，その符号を書きなさい。

ア　国際司法裁判所が，裁判を行うためには当事国双方の同意を必
　　要とする。

イ　国際連盟の反省に基づき，安全保障理事会では全会一致の原則
　　を採用している。

ウ　PKOは，国連憲章に明文規定された，中立的で非強制的な紛争
　　処理方式である。

エ　包括的核実験禁止条約が国連総会で採択され，核保有国すべて
　　が批准し発効した。

8　下線部⑦について，発展途上国の原料や製品を，持続可能な発展
　のために適正価格で取引する貿易を何というか，書きなさい。

9　下線部⑧について，戦争や自然災害による被災者や難民への援助
　活動を展開し，1999年にノーベル平和賞を受賞した非政府組織とし
　て適切なものを，次のア～エから1つ選んで，その符号を書きなさ
　い。

ア　アムネスティ・インターナショナル　　イ　オックスファム

ウ　国際赤十字　　　　　　　　　　　　　エ　国境なき医師団

（☆☆☆○○○）

地 理 歴 史 ・ 公 民

【1】次の文章を読み，以下の問いに答えなさい。

　　1368年に明を建てた朱元璋は，①元末の社会混乱を収拾すべく，
　②社会全般への統制を強めた。中央では皇帝への権力集中をはかり，
　軍事面では，（　A　）制を編制して防衛・運輸などを担わせた。一方で
　息子たちを王として北方などの辺境に配置して防衛にあたらせた。対
　外関係では厳格な管理体制をしき，海禁政策をとって民間人の海上貿
　易を許さず，政府の管理する朝貢貿易を推進した。

　　その後，③南京を占領して即位した永楽帝は北京に都を移し，積極

的な対外政策を展開した。④周辺諸国との間に朝貢関係を結ぶことによって新王朝の権威を高め，政権を安定させようとした。そのため，明への朝貢は広範囲で盛んにおこなわれ，明の朝貢制度のもとで，地域間の交流も活発化した。明代後期には，活発化する海外貿易を通じ，中国の製品が輸出され，その対価として流入した銀が中国の商工業の発展をうながした。

　⑤16世紀に国際貿易が盛んになると，明の周縁部では，規制を破って貿易の利益を得ようとする動きが活発化した。貿易の活発化によって政府の統制は崩れ，軍事と商業が結びついた新興勢力が台頭した。⑥中国東北地方では，（　B　）が頭角をあらわして女真諸部族を統一し，1616年に後金を建てた。（　B　）を継いだホンタイジは内モンゴルに進出し，チャハル部を従え，国号を清と改めた。これら新興勢力との戦争によって明の軍事費は増大し，それをまかなうための増税が政府への批判を激化させ，明朝は国内に対しても支配力を失っていった。重税と飢饉により各地で反乱がおこり，李自成の率いる反乱軍が北京を占領して明は滅亡した。

　明が滅亡した後，清は呉三桂の手引きで中国本土に入って北京を占領して遷都した。その後，李自成を倒し，明の残存勢力を平定して中国皇帝の位も継承した。1661年，康熙帝が即位して漢人の武将が起こした三藩の乱を平定し，⑦清朝統治の基礎を固めた。⑧康熙帝・雍正帝・乾隆帝と続く3代約130年間が清の最盛期となった。

1　文中の（　A　），（　B　）にあてはまる適切な語句を書きなさい。

2　下線部①について，元末の社会混乱に関して述べた次の文中（　X　）～（　Z　）に入る語句の組み合わせとして適切なものを，以下のア～クから1つ選んで，その符号を書きなさい。

> 　モンゴルの貴族層が（　X　）への過度の帰依・寄進をしたことによって財政が悪化したため，（　Y　）や専売制度の強化を行った。この政策が飢饉とあいまって民衆を苦しめ，（　Z　）をはじめとして各地で反乱がおこった。

	X		Y		Z	
ア	X	白蓮教	Y	交鈔の濫発	Z	紅巾の乱
イ	X	白蓮教	Y	交鈔の濫発	Z	黄巣の乱
ウ	X	白蓮教	Y	均輸の実施	Z	紅巾の乱
エ	X	白蓮教	Y	均輸の実施	Z	黄巣の乱
オ	X	チベット仏教	Y	交鈔の濫発	Z	紅巾の乱
カ	X	チベット仏教	Y	交鈔の濫発	Z	黄巣の乱
キ	X	チベット仏教	Y	均輸の実施	Z	紅巾の乱
ク	X	チベット仏教	Y	均輸の実施	Z	黄巣の乱

3 下線部②について，この時の統制に関して述べた文として適切な
ものを，次のア〜エから1つ選んで，その符号を書きなさい。

　ア　戸籍と租税台帳である魚鱗図冊を作成して財政基盤を確立し
　　た。

　イ　民衆の教化をめざして儒教にもとづく六諭を制定した。

　ウ　三長制のもとに民戸を組織して治安維持や徴税を担わせた。

　エ　耕作地の一定の割合を商品作物生産にあてさせた。

4 下線部③について，南京に関して述べた文として適切なものを，
次のア〜エから1つ選んで，その符号を書きなさい。

　ア　三国時代には建業とよばれ，魏の都となった。

　イ　南北朝時代には建康とよばれ，南朝の都となった。

　ウ　靖康の変後，宋を再興した高宗が都をおいた。

　エ　太平天国が占領して首都とし，臨安と改称した。

5 下線部④について，明の周辺諸国に関して述べた文aとbの正誤の
組み合わせとして適切なものを，以下のア〜エから1つ選んで，そ
の符号を書きなさい。

　a　ベトナムの李朝は明と朝貢関係を結び，朱子学を振興して支配
　　を固めた。

　b　マラッカ王国は鄭和が遠征艦隊の基地としたことで，明への朝
　　貢貿易の拠点となった。

　ア　a－正　　b－正　　イ　a－正　　b－誤
　ウ　a－誤　　b－正　　エ　a－誤　　b－誤

6　下線部⑤について，16世紀の国際貿易に関して述べた文として適切なものを，次のア〜エから1つ選んで，その符号を書きなさい。

　ア　ムガル帝国はフランス商人に対して領内での免税，治外法権などの特権を与えた。

　イ　オランダは，ジャワ島のバタヴィアを拠点として香辛料貿易を独占した。

　ウ　サファヴィー朝は，貿易上の要衝であったホルムズ島からポルトガル人を追放した。

　エ　スペインはマニラを建設し，メキシコと中国を結ぶ貿易の中継地とした。

7　下線部⑥について，中国東北地方を支配した王朝に関して述べた文として適切なものを，次のア〜エから1つ選んで，その符号を書きなさい。

　ア　高句麗は広開土王の時に全盛を迎え，朝鮮半島北部まで支配下におさめた。

　イ　渤海は，後晋の建国を援助した代償として燕雲十六州を獲得した。

　ウ　西夏は華北に侵入し，澶淵の盟を結んで宋に貢納を約束させた。

　エ　金は，漢民族には州県制を用いて支配する一方，女真族には千戸制を適用した。

8　下線部⑦について，清の中国統治に関して述べた文として適切なものを，次のア〜エから1つ選んで，その符号を書きなさい。

　ア　辮髪や纏足などの悪習を廃止し，土地の均分などの政策をうち出した。

　イ　反清的言論に対して焚書・坑儒で厳しく弾圧し，禁書を行って思想を統制した。

　ウ　『古今図書集成』『四庫全書』など大規模な編纂事業をおこして学者を優遇した。

　エ　武人や実務官僚を重視する一方，儒教を重視せず，科挙を廃止

した。

9 下線部⑧について，この間の出来事に関して述べた文として適切なものを，次のア～エから1つ選んで，その符号を書きなさい。

ア ネルチンスク条約を結び，アルグン川とスタノヴォイ山脈を国境とした。

イ キャフタ条約を結び，ウスリー川以東をロシアとの共同管理地と定めた。

ウ モンゴル・青海・チベット・新疆を藩部とし，軍機処に統轄させた。

エ 地税を廃止し，人頭税に一本化する地丁銀制を採用した。

(☆☆☆◎◎◎)

【2】次の文章を読み，以下の問いに答えなさい。

　第二次世界大戦後の世界は，国際連合による平和秩序の維持が期待されたが，アメリカを中心とする資本主義・自由主義陣営(西側)と，①ソ連がひきいる社会主義・共産主義陣営(東側)とに二極化した。欧米での直接対決こそ回避されたものの，②国際的な緊張関係は，核兵器を主とする軍拡競争や外交，経済だけでなく，宇宙開発や文化，スポーツなどにも大きな影響を与えた。こうした状況は冷たい戦争(冷戦)といわれた。

　両陣営の対立は，局地的代理戦争である③朝鮮戦争のように戦火を交えることもあったが，米ソが全面戦争の危機に直面した④キューバ危機を契機に，平和共存の気運が高まった。また，⑤ベトナム戦争や⑥中ソ対立は米ソの指導力を低下させ，1960年代後半以降の国際政治情勢は⑦多極化した。1980年代後半に始まった⑧ソ連での社会主義体制の改革に刺激されて，⑨1989年春になると東ヨーロッパ諸国の民衆の間で変革の機運が急激に高まった。そして，同年12月には，米ソ首脳によるマルタ会談で冷戦の終結が宣言された。

　1990年代以降，情報技術革命の急速な進展などを背景に，世界が一体化して相互依存を高めるグローバル化の時代となった。しかし，国

149

際間の経済格差や⑩多発する地域紛争，環境破壊など，よりよい未来の実現に向けて解決すべき多くの課題を抱えている。

1　下線部①について，1946年，イギリスの前首相チャーチルは「鉄のカーテン」という表現で，ソ連の閉鎖的な勢力圏獲得政策を非難している。発言当時の「鉄のカーテン」の位置として適切なものを，次の図中のア～エから1つ選んで，その符号を書きなさい。

図

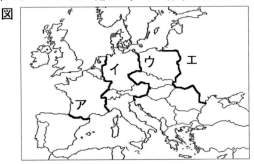

2　下線部②について，国際的な緊張関係に関して述べた文として適切でないものを，次のア～エから1つ選んで，その符号を書きなさい。

　ア　アメリカがマーシャル＝プランを発表しヨーロッパの経済復興を援助したのに対し，ソ連・東ヨーロッパ諸国はコミンフォルムを結成して対抗した。

　イ　西側が軍事同盟の北大西洋条約機構を結成したのに対し，東側は共同防衛を定めたワルシャワ条約機構を発足させた。

　ウ　連合国4か国の分割占領下にあったドイツは，戦争の危機が高まったベルリン封鎖の解除後，東西に分裂して独立を回復した。

　エ　アメリカとソ連は核爆弾と大陸間弾道ミサイルの開発でも競い合い，ソ連は太平洋のビキニ環礁で原水爆実験を繰り返した。

3　下線部③について，朝鮮戦争に関して述べた文として適切なものを，次のア～エから1つ選んで，その符号を書きなさい。

　ア　李承晩が率いる大韓民国軍が南北統一をめざして朝鮮民主主義人民共和国へ侵攻したことにより発生した。

　　イ　北緯38度線付近を境とする休戦協定が成立し，現在も続く南北
　　　　の分断が固定化されていった。

　　ウ　日本は，アメリカ軍に必要な軍需物資の提供を求められたため，
　　　　国内経済は混乱し，戦後復興に遅れがでた。

　　エ　日本は，朝鮮戦争中にサンフランシスコ講和会議で米ソを含む
　　　　48か国と平和条約に調印し，独立を回復した。

4　下線部④について，キューバ危機とその影響に関して述べた文aと
　bの正誤の組み合わせとして適切なものを，以下のア～エから1つ選
　んで，その符号を書きなさい。

　a　キューバでソ連の支援によるミサイル基地建設が発覚すると，
　　　ケネディ大統領はソ連船の機材搬入を海上封鎖で阻止した。

　b　キューバ危機は，多くの人々に核戦争が現実となる危険性を認
　　　識させ，米・英・ソ3国が部分的核実験禁止条約に調印した。

　　ア　a－正　　　b－正　　　イ　a－正　　　b－誤
　　ウ　a－誤　　　b－正　　　エ　a－誤　　　b－誤

5　下線部⑤について，ベトナム戦争に関して述べた次の文中の
　（　X　），（　Y　）にあてはまる語句の組み合わせとして適切なもの
　を，以下のア～エから1つ選んで，その符号を書きなさい。

　　　南ベトナムでアメリカの支援のもとに反共政策をおしすす
　めていた政権が倒されると，1965年，（　X　）大統領は北ベト
　ナムへの大規模爆撃に踏み切る一方，南ベトナムに地上兵力
　を投入した。戦局は泥沼化し，アメリカの軍事介入は国際的
　にも多くの批判を受け，政権は大きく揺らいだ。次の（　Y　）
　大統領は軍事介入を縮小し，1973年にパリ和平協定が成立，
　アメリカ軍は撤退した。

　　ア　X　アイゼンハワー　　　Y　ニクソン
　　イ　X　ジョンソン　　　　　Y　フォード
　　ウ　X　アイゼンハワー　　　Y　フォード
　　エ　X　ジョンソン　　　　　Y　ニクソン

6　下線部⑥について，中国における社会主義の展開に関して述べた
文aとbの正誤の組み合わせとして適切なものを，以下のア～エから
1つ選んで，その符号を書きなさい。

a　毛沢東は急激な社会主義建設をめざす大躍進政策を指示して，
　農村での人民公社設立をすすめた。

b　鄧小平は全国にプロレタリア文化大革命という新たな革命運動
　を呼びかけ，紅衛兵など全国的な大衆運動が組織された。

　ア　a－正　　b－正　　イ　a－正　　b－誤

　ウ　a－誤　　b－正　　エ　a－誤　　b－誤

7　下線部⑦について，多極化に関して述べた文として適切なものを，
次のア～エから1つ選んで，その符号を書きなさい。

　ア　西ヨーロッパでは，地域統合によってヨーロッパの再生をはか
　　ろうとして，イギリスを中心にヨーロッパ共同体が発足した。

　イ　インドネシアのバンドンで，アジア＝アフリカ会議が開催され，
　　反植民地主義をうたった平和五原則が採択された。

　ウ　ユーゴスラヴィアのベオグラードで，国際平和・中立・自主外
　　交を掲げる第1回非同盟諸国首脳会議が開催された。

　エ　西ドイツは，核兵器保持や高度経済成長を背景に，米英主導の
　　外交とは一線を画す独自外交を展開した。

8　下線部⑧について，ゴルバチョフが改革の政策理念に掲げた「グ
ラスノスチ」は，日本語では何と訳されるか，書きなさい。

9　下線部⑨について，1989年の出来事として適切でないものを，次
のア～エから1つ選んで，その符号を書きなさい。

　ア　チェコスロヴァキアで民主化運動「プラハの春」が起きた。

　イ　東ドイツでベルリンの壁が開放された。

　ウ　ポーランドで自主管理労組「連帯」中心の連立政権が発足した。

　エ　ルーマニアでチャウシェスク大統領が処刑された。

10　下線部⑩について，地域紛争に関して述べた文として適切なもの
を，次のア～エから1つ選んで，その符号を書きなさい。

　ア　スリランカでは，大半が仏教徒の多数勢力タミル人と，ヒンド

　　ゥー教徒の少数勢力シンハラ人の内戦が起きた。

　イ　ソマリアでは，ツチ人とフツ人の内戦が発生し，多数の死者や
　　難民が出た。

　ウ　ロシア連邦内では，ムスリム住民の運動により，チェチェン共
　　和国が独立を宣言したが，ロシア軍が介入した。

　エ　中東では，イラクのサダム＝フセインが隣国シリアに侵攻した
　　が，アメリカ軍中心の多国籍軍の反撃をうけて撤退した。

　　　　　　　　　　　　　　　　　　　　　　　　　　　（☆☆☆◎◎◎）

【3】次の文章を読み，以下の問いに答えなさい。

　　江戸時代後期の歴史書『大勢三転考』では，日本の歴史は「時の勢」
によって，二度の大変化を遂げたとしている。

　　この歴史書は，①「骨の代」と呼ばれる古代から記されている。こ
の時代は，（　A　）制度に基づき，血縁やその他の政治的関係をもとに
構成された組織に編成され，その組織ごとにヤマト政権の職務が分担
されていた。血族と居住地と職務が一体化された時代とされ，世襲的
に国を支配したが，中央集権が進められた孝徳天皇時代の諸改革であ
る（　B　）を機に衰退することになる。次は，②「職の代」と呼ばれ
る律令制度に基づく時代である。これは天皇主導で行われた変革であ
り，官職によって職務が定められた時代とされる。最後に，守護・地
頭設置以後の③「名の代」と呼ばれる封建時代である。これは④武士
主導で行われた変革であり，大名が実力で土地を支配する時代とされ
る。江戸時代には将軍と大名の主従関係をもとに，幕府と諸藩が全国
の大部分の土地・人民を支配する（　C　）体制が確立したとされてい
る。

　　なお，この歴史書は，陸奥宗光の実父であり，⑤国学者である⑥紀
伊藩重臣の伊達千広が，1848年に著したものである。

1　文中の（　A　）～（　C　）にあてはまる適切な語句を書きなさい。

2　下線部①について，この時代に関して述べた文aとbの正誤の組み
　合わせとして適切なものを，以下のア～エから1つ選んで，その符

号を書きなさい。

a　埼玉県の稲荷山古墳出土の鉄剣にある大王は，雄略天皇にあたると考えられている。

b　百済と結んだ筑紫国造磐井が起こした大規模な戦乱をヤマト政権は制圧し，九州北部に屯倉を設けた。

ア　a－正　　b－正　　イ　a－正　　b－誤
ウ　a－誤　　b－正　　エ　a－誤　　b－誤

3　下線部②について，次の問いに答えなさい。

(1)　この時代に関して，次の史料で示された帝について述べた文として適切なものを，以下のア～エから1つ選んで，その符号を書きなさい。

史料

> 　勅有りて，参議右衛士督従四位下藤原朝臣緒嗣と参議左大弁正四位下菅野朝臣真道とをして，天下の徳政を相論ぜしむ。時に緒嗣，議して云ふ，「方今，天下の苦しむ所は軍事と造作となり。此の両事を停めば百姓安んぜむ」と。真道，意義を確執し肯えて聞かず。帝，緒嗣の議を善しとし，即ち停廃に従ふ。

ア　国家の平安を祈るため，国ごとに僧寺・尼寺を設け，近江紫香楽宮で廬舎那仏造立の詔を宣言した。

イ　4人の娘を天皇の后とし，摂政，太政大臣となり，御堂関白といわれ，約30年にわたって権勢をふるった。

ウ　8階の制に分け，天皇と関係の深いものを上位におき，豪族を新しい身分秩序に編成した。

エ　国司が交替する際，事務の引継ぎを厳しく監督する官職を設置した。

(2)　次の表はこの時代における出来事を時代順に並べたものである。「三世一身法」が施行された時期として適切なものを，以下のア～エから1つ選んで，その符号を書きなさい。

表

Ⅰ 墾田永年私財法が発せられる
Ⅱ 延喜の荘園整理令が出される
Ⅲ 延久の荘園整理令が出される

ア　Ⅰの前　　イ　ⅠとⅡの間　　ウ　ⅡとⅢの間
エ　Ⅲの後

4　下線部③について，次の問いに答えなさい。

(1)　将軍源実朝が暗殺された後，朝幕関係が不安定になったことに関して述べた次の文中の(Ｘ)，(Ｙ)にあてはまる語句の組み合わせとして適切なものを，以下のア〜エから1つ選んで，その符号を書きなさい。

> 　後鳥羽上皇は，新たに(Ｘ)をおいて軍事増強をはかり，北条義時追討の兵を挙げたが，北条泰時，時房らの活躍により幕府の圧倒的な勝利に終わった。幕府は新たに(Ｙ)をおいて朝廷を監視した。

ア　Ｘ　北面の武士　　Ｙ　京都所司代
イ　Ｘ　北面の武士　　Ｙ　六波羅探題
ウ　Ｘ　西面の武士　　Ｙ　京都所司代
エ　Ｘ　西面の武士　　Ｙ　六波羅探題

(2)　この時代に関して述べた文として適切でないものを，次のア〜エから1つ選んで，その符号を書きなさい。

ア　宋に渡った天台宗の僧栄西は，ひたすら坐禅することによって悟りの境地を体得しようとする曹洞宗を伝えた。

イ　堺の商人と結んだ細川氏と博多の商人と結んだ大内氏が貿易の実権をめぐり，寧波で激しく衝突した。

ウ　大村純忠が長崎をイエズス会の教会に寄付したことが契機に，豊臣秀吉はバテレン追放令を出した。

エ　ポルトガル商人が中国産の生糸を長崎に運んで巨利を得てい

たので，幕府は糸割符制度を設けて利益独占を排除した。

5　下線部④について，幕府が制定した，紫衣の寺の住持に関する許可を規定している法令として適切なものを，次のア～エから1つ選んで，その符号を書きなさい。

　ア　武家諸法度　　イ　禁中並公家諸法度　　ウ　諸宗寺院法度

　エ　諸社禰宜神主法度

6　下線部⑤について，国学者に関して述べた文として適切なものを，次のア～エから1つ選んで，その符号を書きなさい。

　ア　荷田春満は，古典研究を進めて復古神道を主張し，『源氏物語』の注釈書である『源氏物語玉の小櫛』等を著した。

　イ　賀茂真淵は，契沖の『万葉代匠記』を学び，『古事記』『日本書紀』を研究し，江戸に出て『創学校啓』を幕府に献呈した。

　ウ　本居宣長は，『万葉集』『古事記』の研究から古道説を説き，『万葉集』の注釈書である『万葉考』や『国意考』を著した。

　エ　塙保己一は，江戸に和学講談所を設け，国史講習と史料編纂に従事し，ここで『群書類従』を編纂した。

7　下線部⑥について，この藩の藩主であった江戸幕府の将軍が実施した政策として適切なものを，次のア～エから1つ選んで，その符号を書きなさい。

　　ア　足高の制　　イ　棄捐令　　ウ　囲米　　エ　七分積金

（☆☆☆◎◎◎）

【4】次の文章を読み，以下の問いに答えなさい。

　わが国における政党の歴史は，明治時代の自由民権運動から始まる。1874年，板垣退助・後藤象二郎らは東京で（　A　）を設立し，民撰議院設立の建白書を提出した。その後，自由民権運動の中心的な政党となったのが，①自由党と立憲改進党である。やがて，大日本帝国憲法が制定され，帝国議会が開設されると，旧自由党系と旧立憲改進党系の両グループは政党内閣の実現をめざして合同し，1898年に②新政党を結成した。当初政党政治に否定的であった藩閥政治家らも，1900年に

伊藤博文が(B)を結成し，まもなく軍部・官僚・貴族院勢力と政界を二分するまでに成長した。

　大正の時代になり，政党は一般民衆とのつながりを強めるようになった。<u>③第一次護憲運動</u>で桂太郎内閣が在職50日余りで退陣したり，社会運動の高揚により社会主義勢力が<u>④複数の無産政党を立ち上げて，社会改造をめざしたり</u>するようになった。

　昭和の時代になり，軍人や右翼が急進的に国家改造を唱え始めると，政党政治の打倒をめざすようになった。この象徴的な出来事が1932年に起こった<u>⑤五・一五事件</u>である。この事件により，戦前の政党内閣は崩壊した。

　太平洋戦争後，<u>⑥連合国軍による占領政策</u>の一環として，複数の政党が相次いで復活ないし結成された。戦後当初の約10年間は，政党間で離合集散が繰り返された。やがて，<u>⑦55年体制</u>が構築され，<u>⑧1993年までこの体制が続いた</u>。

1　文中の(A)，(B)にあてはまる適切な語句を書きなさい。

2　下線部①について，自由党と立憲改進党に関して述べた文として適切なものを，次のア〜エから1つ選んで，その符号を書きなさい。

　ア　自由党の主な支持層は都市の実業家や知識人であった。

　イ　立憲改進党は政府要人であった大隈重信を党首に迎え，超然主義を提唱した。

　ウ　フランス流の急進的な自由主義を唱える自由党に対し，政府は板垣退助らの洋行を援助するなどの懐柔策をとった。

　エ　松方財政下での生活困窮によって起こった福島事件では，立憲改進党の党員が大量に検挙された。

3　下線部②について，新政党名として適切なものを，次のア〜エから1つ選んで，その符号を書きなさい。

　ア　憲政会　　イ　憲政党　　ウ　立憲同志会　　エ　立憲国民党

4　下線部③について，第一次護憲運動に関して述べた文aとbの正誤の組み合わせとして適切なものを，以下のア〜エから1つ選んで，その符号を書きなさい。

　　a　この運動の中心人物は，西郷隆盛と大久保利通であった。

　　b　「閥族打破・憲政擁護」を掲げ，全国的な運動に発展した。

　　ア　a－正　　b－正　　イ　a－正　　b－誤

　　ウ　a－誤　　b－正　　エ　a－誤　　b－誤

5　下線部④について，無産政党に関して述べた文として適切でない
ものを，次のア～エから1つ選んで，その符号を書きなさい。

　　ア　無産政党に大きな影響力を及ぼした立憲帝政党は結党以来，合
法政党として活動していた。

　　イ　全国的な無産政党として結成された農民労働党は，当時の非合
法政党との関係が疑われ，即日禁止となった。

　　ウ　1926年，合法的な無産政党として労働農民党が組織された。

　　エ　普通選挙制度による最初の総選挙で，無産政党勢力から複数名
の当選者を出した。

6　下線部⑤について，この事件に関して述べた文として適切なもの
を，次のア～エから1つ選んで，その符号を書きなさい。

　　ア　この事件の背景に，海軍内の皇道派と統制派の派閥争いがあっ
た。

　　イ　この事件で総辞職した内閣にかわって広田弘毅内閣が成立し，
軍部大臣現役武官制がとられることとなった。

　　ウ　この事件で天皇が厳罰を指示したこともあり，事件の首謀者ら
は反乱軍として鎮圧された。

　　エ　この事件により犬養毅首相が海軍青年将校の一団により，首相
官邸で射殺された。

7　下線部⑥について，この占領政策に関して述べた文として適切な
ものを，次のア～エから1つ選んで，その符号を書きなさい。

　　ア　この占領政策は，連合国軍最高司令官総司令部による直接統治
の方法で行われた。

　　イ　教育制度の自由主義的改革を行うために，国定教科書の制度が
導入された。

　　ウ　各産業部門の巨大独占企業の分割をめざし，過度経済力集中排

　除法が制定された。

　エ　公害を批判する世論の高まりを背景に，環境省の設立を指示した。

8　下線部⑦について，次の表はこの前後の出来事を時代順に並べたものである。

　55年体制が構築された時期として適切なものを，以下のア～エから1つ選んで，その符号を書きなさい。

　表

| Ⅰ　湯川秀樹がノーベル物理学賞を受賞した。 |
| Ⅱ　円が変動為替相場制へ移行した。 |
| Ⅲ　消費税を導入した。 |

　ア　Ⅰの前　　イ　ⅠとⅡの間　　ウ　ⅡとⅢの間

　エ　Ⅲの後

9　下線部⑧について，1993年に首相に就任した人物名と所属政党の組み合わせとして適切なものを，次のア～エから1つ選んで，その符号を書きなさい。

　ア　小泉純一郎・日本新党　　イ　小泉純一郎・新党さきがけ

　ウ　細川護熙・日本新党　　エ　細川護熙・新党さきがけ

（☆☆☆☆◎◎◎◎）

【5】次の文章を読み，以下の問いに答えなさい。

　17世紀のヨーロッパでは，製品の販売を目的に工業を営む資本家が現れた。工場には労働者が集められ，分業によって加工生産を行う（　A　）が普及していった。18世紀後半になるとイギリスで（　B　）が進行し，工業生産は急速に拡大した。その後，①鉱産資源の開発が進むとともに②工業立地や工業製品の生産形態も変化していった。③都市において工業が発達すると，人々の暮らしや生産活動に必要な設備も充実する。第二次世界大戦後には，技術革新が進み，コンピュータや④産業用ロボットの導入により，工業生産は飛躍的に発展を遂げた

が，地域に根差した⑤伝統工芸技術や中小企業のネットワークの重要
性も見直されている。

1　文中の(A)，(B)にあてはまる適切な語句を書きなさい。

2　下線部①について，次の問いに答えなさい。

(1)　図1～図4は，金鉱(2017年)，すず鉱(2016年)，鉄鉱石(2016年)，
銅鉱(2015年)の世界産出に占める上位5か国の割合を示している。
金鉱の世界産出に占める割合を示した図として適切なものを，次
のア～エから1つ選んで，その符号を書きなさい。

　　　ア　図1　　イ　図2　　ウ　図3　　エ　図4

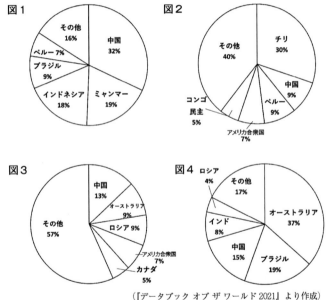

(『データブック オブ ザ ワールド 2021』より作成)

(2)　次の文ア～エは金鉱，すず鉱，鉄鉱石，銅鉱のうちいずれかの
鉱産資源について述べたものである。すず鉱について述べた文と
して適切なものを1つ選んで，その符号を書きなさい。

　　　ア　高い導電性と腐食に対する強い耐性から，電子部品の電導体
やコネクタの部品として利用されている。

　　イ　比較的加工しやすい金属材料であり，はんだやメッキでの利
　　　用の他に工芸品原料としても利用されている。

　　ウ　金属製品や硬貨の材料として古くから利用されており，電線
　　　や屋根ふき材及び配管としても利用が多い。

　　エ　固くて強く細密な加工ができるため，あらゆる産業の基盤と
　　　して利用されており，生産量・流通量ともに多い。

3　下線部②について，次の問いに答えなさい。

(1)　アルフレッド＝ウェーバーが著書『工業立地論』の中で，工業
　生産の利潤を大きくするために最も重視した要素として適切なも
　のを，次のア～エから1つ選んで，その符号を書きなさい。

　　ア　輸送費　　イ　電力費　　ウ　地価　　エ　人口

(2)　次に示した立地の条件に適した工業の組み合わせとして適切な
　ものを，以下のア～カから1つ選んで，その符号を書きなさい。

　　a　原料産地が特定の場所に限られており，製品の重量が原料と
　　　ほとんど変わらないため，労働力が豊富な場所に立地する。

　　b　原料産地が限定されず，どこでも入手可能なため，都市近郊
　　　に立地する。

　　c　原料産地が特定の場所に限られており，製品の重量が原料よ
　　　りも著しく軽くなるため，原料産地に立地する。

	ア	イ	ウ	エ	オ	カ
a	セメント工業	セメント工業	繊維工業	繊維工業	ビール工業	ビール工業
b	繊維工業	ビール工業	セメント工業	ビール工業	セメント工業	繊維工業
c	ビール工業	繊維工業	ビール工業	セメント工業	繊維工業	セメント工業

4　下線部③について，次の問いに答えなさい。

(1)　都市の機能について述べた文として適切でないものを，次のア
　～エから1つ選んで，その符号を書きなさい。

　　ア　ニースやカンヌは，観光保養都市として知られている。

　　イ　ブラジリアやキャンベラは，計画的な市街地を持つ政治都市
　　　として知られている。

　　ウ　チュキカマタやイタビラは，世界でも有数の鉱産資源を産出
　　　する鉱業都市として知られている。

　　エ　アバディーンやベルゲンは，宗教に関わる機能が卓越した宗

161

教都市として知られている。

(2) 都市・居住問題について述べた文として適切なものを，次のア〜エから1つ選んで，その符号を書きなさい。

ア　先進国で早くから都市化が進んだ大都市では，高所得者層が郊外に流出し，都心周辺の漸移地帯で商店街の衰退やコミュニティの崩壊などが起きるスプロール現象がみられることがある。

イ　日本のいくつかの都市では，都市計画がほとんど実行されなかった結果として，住宅，商業開発，道路などが，都市周縁の広範な地帯に無秩序に拡大するドーナツ化現象がみられることがある。

ウ　発展途上国の都市では，小規模な小売業・サービス業・製造業などのうち，正式な雇用契約や社会保障がないような労働環境で働くインフォーマルセクターに分類される人も多い。

エ　発展途上国の都市では，近年の経済成長により貧富の差が拡大して，ストリートチルドレンと呼ばれる富裕層の子どもたちが増加している。

(3) 旧市街地や都市内域における建物の改修や再開発の結果として比較的裕福な人が流入し，地域における居住者の階層の上位化とともに居住空間の質の向上が進行する現象のことを何というか，書きなさい。

5　下線部④について，次の表1は産業用ロボット稼働台数(2018年)の上位5か国・地域の世界に占める割合を示している。また，表2のア〜エは，化学繊維生産量(2016年)，携帯電話生産台数(2015年)，船舶竣工量(2019年)，自動車生産台数(2018年)のいずれかの上位5か国・地域の世界に占める割合を，表中のA〜Dは，アメリカ合衆国，韓国，中国，日本のいずれかの国を示している。表1と表2に関する以下の問いに答えなさい。

表1

産業用ロボット稼働台数	
国・地域名	％
A	22.6
B	13.0
C	12.3
D	11.7
ドイツ	8.8

表2

ア		イ		ウ		エ	
国・地域名	％	国・地域名	％	国・地域名	％	国・地域名	％
A	35.0	A	78.6	A	28.7	A	68.9
C	32.8	ベトナム	10.7	D	11.7	インド	8.6
B	24.4	C	3.6	B	10.0	D	3.1
フィリピン	1.2	インド	2.8	インド	5.3	インドネシア	3.0
ベトナム	0.8	台湾	1.8	ドイツ	5.3	台湾	2.9

（『データブック オブ ザ ワールド 2021』より作成）

(1) 自動車生産台数を示す表を，表2のア～エから1つ選んで，その符号を書きなさい。

(2) 表2中のB及びDにあてはまる国名を書きなさい。

6 下線部⑤について，イタリアにおいて，ヴェネツィアやフィレンツェ等，中世以来の伝統的な技術を持った職人たちが集積している地域を何というか，書きなさい。

(☆☆☆◎◎◎)

【6】次の文章を読み，以下の問いに答えなさい。

　16～17世紀のヨーロッパでは，自然を人間の理性によって理解しようとする近代の自然科学が誕生した。その先駆者となり，『（　　）』を著わしたデカルトは，「方法的懐疑」を説いた。また，17世紀後半以降，①国家や社会についても，旧来の宗教的な伝統や身分制度から，合理的な枠組みに変えていこうとする動きが生み出された。これにより，科学技術の急速な発展や，②自由や平等を実現する民主的な社会がもたらされた。

　一方で，交通やICT技術の進歩により③グローバル化が進む現代では，異文化との摩擦や共存が大きな課題となっている。④医学や生命科学

の発展は，よりよい医療の提供につながったが，これまでなかったような生命への介入により，従来の価値観や生命観を大きく揺さぶっている。自由な経済活動は人々に豊かな生活を与えるが，反面，激しい経済競争を生み，⑤人間的な心を失わせる要因になったりしているのではないか。⑥様々な課題に直面する今日，新たな時代の社会の在り方や価値観を問い直す時期なのかもしれない。

1　文章中の空欄(　　)に当てはまる語句と「方法的懐疑」を説明した文の組み合わせとして適切なものを，以下のア～カから1つ選んで，その符号を書きなさい。

語句　a－論理学体系　　b－省察　　c－自然哲学の数学的原理

説明　x－理性や感情を疑い，人間には絶対的な真理に到達できない

　　　y－およそ疑いうるもの全て疑うことで真理に到達できる

	ア	イ	ウ	エ	オ	カ
語句	a	a	b	b	c	c
説明	x	y	x	y	x	y

2　下線部①について，この時期の啓蒙思想家ジョン＝ロックについて述べた文として適切でないものを，次のア～エから1つ選んで，その符号を書きなさい。

ア　私有財産制により生まれた不平等を克服するため，人々は自己を一般意志に従わせることが必要だと説いた。

イ　人々は自然権を確実に保証するため，政府に法の制定・実行の権利を信託するのであり，主権は人民にあると説いた。

ウ　権力の濫用を未然に防ぐためには，権力を分立させ，互いに制限しあうような仕組みが必要であると説いた。

エ　人々は自己の生命・自由・財産に対する所有権を持ち，その源泉は労働であると説いた。

3　下線部②について，次の問いに答えなさい。

(1)　人間の在り方を自由という観点から考察し，「人間は自由の刑に処せられている」としたフランスの思想家は誰か，書きなさい。

164

(2) 2000年以降の日本の選挙について述べた文aとbの正誤の組み合わせとして適切なものを，以下のア〜エから1つ選んで，その符号を書きなさい。

　a　成年年齢が18歳以上に引き下げられたことにより，高校生であっても18歳以上であれば選挙権を付与されるようになった。

　b　公職選挙法改正により，それまでの不在者投票制度が廃止され，期日前投票制度が導入された。

　ア　a−正　　b−正　　イ　a−正　　b−誤

　ウ　a−誤　　b−正　　エ　a−誤　　b−誤

4　下線部③について，国連開発計画が1994年版『人間開発報告』の中で提唱した，人間の生存，生活，尊厳に対する脅威から各個人を守り，その生活に欠かせない自由と可能性を保障する考え方を何というか，書きなさい。

5　下線部④について述べた文として，適切なものの組み合わせを，以下のア〜カから1つ選んで，その符号を書きなさい。

　a　人権運動を背景に，患者の自己決定権を尊重した医療を行うパターナリズムの考え方が浸透してきている。

　b　日本では，臓器移植法の改正で，生前の本人の意思表示が不明な場合は家族の承諾により脳死からの臓器移植が可能である。

　c　生命維持治療や治癒困難な病気の治療については，残された時間の生き方を尊重する「生命の尊厳(SOL)」という考え方が浸透してきている。

　d　クローン技術の進展に伴い，クローン人間の可能性も出てきたが，日本ではそれを制限する法律がなく，不安視されている。

　e　ヒトゲノム解析によって，ヒトの遺伝情報の解読が進み，遺伝子診断や遺伝子治療が進んできている。

　f　ユニバーサルデザインという考え方から，バリアフリーの考え方が生み出された。

　ア　aとd　　イ　aとf　　ウ　bとc　　エ　bとe　　オ　cとf

　カ　dとe

165

6　下線部⑤について述べた文aとbの正誤の組み合わせとして適切な
　　ものを，以下のア〜エから1つ選んで，その符号を書きなさい。
　　a　古代日本が理想とした「清き明き心」の精神は，後世の「正直」
　　　や「誠」，武士道の「いさぎよさ」などにつながった。
　　b　荀子は「人の性は悪にして其の善なる者は偽なり」と説き，欲
　　　望を抑え，矯正するための「法」の教えを重視した。
　　ア　a−正　　　b−正　　　イ　a−正　　　b−誤
　　ウ　a−誤　　　b−正　　　エ　a−誤　　　b−誤
7　下線部⑥について，その著作『論理哲学論考』の中で「およそ語
　　りうるものは明晰に語りうる，そして語りえぬものについては，沈
　　黙せねばならない」と述べ，科学が探究すべき事実と生き方にかか
　　わる倫理上の問題を混合してはならないとした思想家を，ア〜エか
　　ら1つ選んで，その符号を書きなさい。
　　ア　ソシュール　　　イ　レヴィ＝ストロース
　　ウ　ハーバーマス　　エ　ウィットゲンシュタイン

（☆☆☆◎◎◎）

【7】次の文章を読み，以下の問いに答えなさい。
　　第二次世界大戦後，①イギリスのポンド経済圏のようなブロック経
　済の反省を踏まえて，新たな制度の下で国際経済秩序の再建がはから
　れることになった。その柱の一つである②GATTは③自由貿易を促進す
　るため自由・無差別・（　A　）主義の三原則に立ち，関税の引き下げ，
　非関税障壁の撤廃等を行った。（　B　）は国際収支の赤字国には一時的
　に短期資金を供給するなど，国際収支の不均衡を調整することを目的
　とした。この秩序のもと，先進国と，④農産物や鉱産物などの特定の
　一次産品に特化した経済を余儀なくされた⑤発展途上国との経済格差
　はさらに広がった。発展途上国の先進国に対する格差是正の要求は，
　1973年のOPECによる石油価格の大幅な引き上げに象徴される（　C　）
　ナショナリズムの動きにあと押しされてしだいに勢いを増した。格差
　の問題は単に経済上の問題であるばかりでなく，教育，医療，福祉な

ど社会全般に関わるものであり，2015年には_⑥国際連合で持続可能な開発目標が採択され，さらなる取組がすすめられている。_⑦貧困削減に向けた支援の取組では，国家レベルの支援に加え，非政府組織や企業などによる様々な取組も進められている。

1　文中の（　A　）～（　C　）にあてはまる適切な語句を書きなさい。

2　下線部①について，イギリスの政治について述べた文として適切なものを，次のア～エから1つ選んで，その符号を書きなさい。

　　ア　政権に就かない野党は政権交代に備えて「影の内閣」を形成している。

　　イ　国民の選挙で選ばれる貴族院と下院からなる二院制を採用している。

　　ウ　特別の憲法裁判所を設け，違憲審査を行っている。

　　エ　国民の直接選挙で選ばれる大統領制を採用している。

3　下線部②について，GATTに関して述べた文aとbの正誤の組み合わせとして適切なものを，以下のア～エから1つ選んで，その符号を書きなさい。

　a　ウルグアイ・ラウンドの交渉の結果，日本はコメの部分的な市場開放を受け入れた。

　b　ドーハ・ラウンドでは先進国が発展途上国への開発支援を大幅に認め，交渉が大きく進展した。

　　ア　a－正　　b－正　　　イ　a－正　　b－誤

　　ウ　a－誤　　b－正　　　エ　a－誤　　b－誤

4　下線部③について，X国とY国が機械と小麦の生産において，次の資料のような状況であった場合，以下の文中の下線部について適切でないものを，ア～エから1つ選んで，その符号を書きなさい。

　　資料

	1単位の生産に必要な労働量	
	機械	小麦
X国	100人	120人
Y国	80人	40人

> 　Y国は機械，小麦の両方でX国に対し_ア絶対優位といえる。しかし，イギリスの経済学者_イリカードの比較生産費説に基づくならば，X国が機械の，Y国が小麦の生産に特化すれば，両国で生産される総量は特化前と比べて，機械は_ウ1.1倍に小麦は_エ3倍になる。

5　下線部④について，このような経済構造を何というか，書きなさい。

6　下線部⑤について，発展途上国の間で産油国や成長軌道に乗った国々と資源を持たない国々との格差が表面化した。このような問題を何というか，書きなさい。

7　下線部⑥について，国際連合について述べた文として適切なものを，次のア～エから1つ選んで，その符号を書きなさい。

　　ア　国際司法裁判所は，紛争当事国の一方が提訴すれば，早期解決に向けて迅速に訴訟を開始する。

　　イ　国際連盟の反省に基づき，安全保障理事会では全会一致の原則を採用している。

　　ウ　PKOは，中立的で非強制的な紛争処理方式であるが，国連憲章に明文規定はない。

　　エ　包括的核実験禁止条約が国連総会において採択され，核保有国すべてが批准し発効した。

8　下線部⑦について，発展途上国の原料や製品を，持続可能な発展のために適正価格で取引する貿易を何というか，書きなさい。

9　次の文は，学習指導要領(平成30年告示)の科目「公共」の目標の一部である。文中の(　A　)～(　C　)にあてはまる語句の組み合わせとして適切なものを，以下のア～カから1つ選んで，その符号を書きなさい。

　　よりよい社会の実現を視野に，現代の諸課題を(A)に解決しようとする態度を養うとともに，多面的・多角的な考察や深い理解を通して涵養される，現代社会に生きる人間としての在り方生き方についての自覚や，公共的な空間に生き(B)を担う公民として，自国を愛し，その平和と繁栄を図ることや，各国が相互に(C)を尊重し，各国民が協力し合うことの大切さについての自覚などを深める。

ア　A　合理的　　B　国民主権　　C　領土
イ　A　合理的　　B　世界平和　　C　主権
ウ　A　合理的　　B　世界平和　　C　領土
エ　A　主体的　　B　国民主権　　C　主権
オ　A　主体的　　B　国民主権　　C　領土
カ　A　主体的　　B　世界平和　　C　主権

(☆☆☆○○○)

解答・解説

共　通　問　題

【1】1　エ　　2　ウ　　3　イ　　4　X　トンボロ(陸繋砂州)
　Y　陸繋島　　Z　海岸段丘　　5　ア　　6　(1)　オ　　(2)　Ⅲ
　7　エ

〈解説〉1　編集図とは実測図や資料などを基に編集して作られるもので，縮尺20万分の1の地勢図は，縮尺5万分の1の地形図を基にしている。　ア　縮尺1万分の1の地形図では，主曲線2m，計曲線10m間隔で描かれる。　イ　縮尺2万5千分の1地形図における1kmは，1000m＝

100000cm÷25000＝4より，4cmである。　ウ　縮尺5万分の1の地形図の計曲線は100m，主曲線は20m間隔である。　2　Aの近くに84.6mの三角点があることから，Aはおよそ80m。Bは50mの計曲線を丁寧にたどることで，およそ20mと判断する。したがって，標高差は60m。

3　ア　近畿自然歩道に沿って見えるのは，果樹園ではなくて，広葉樹林または電波塔，畑などである。　ウ　苗我島は対岸とトンネルではなく，くしもと大橋によって結ばれている。　エ　「権現」，「出雲」付近には茶畑ではなく，畑または荒地，広葉樹林の記号がある。

4　串本町は，和歌山県最南端の東牟婁郡に属する。串本町役場や漁港のある部分は低地で細くなっていることからトンボロ(陸繋砂州)であることがわかる。その先は，陸繋島で，南西部には潮岬がある。もとは島であった部分の海岸線には平野が少なく，山が迫っているように見えるが，リアス海岸のような谷が沈降した地形ではなく，等高線が海岸と並行で，また，北部や西部の海岸線などでは，等高線の間隔の広いところと狭いところがあることから，海岸段丘が形成されていることがわかる。段丘面には集落が形成されている。　5　函館市は，串本町と同様のトンボロに市街地が広がり，有名な函館山からの夜景は，このトンボロを眺める形になっている。　6　(1)・(2)　和歌山県では収穫量がないことから，XとYはかき養殖収穫量と板のり養殖収穫量。また，佐賀県では板のり養殖収穫量が多いことからYが板のり養殖収穫量。よって，Xはかき養殖収穫量，Zは海面漁獲量とわかる。Ⅲはかき養殖が盛んな宮城県，Ⅱは佐賀県に次いで板のり養殖収穫量が多い兵庫県，海面漁獲量が多く海岸線の長いⅣが長崎県，板のり養殖収穫量が少ないⅠが山口県と判断できる。　7　a　海岸平野は，かつて海面下にあった地面に海による浸食と堆積が進んだのち，隆起して地上に現れたものである。　b　リアス海岸は，沈水地形(陸地が沈降あるいは海水面が上昇してできる地形)の1つであるが，氷河が削ってできたU字谷ではなくて，河川によるV字谷が沈水してできたもの。山が迫り，大きな都市は形成されにくい。

中 学 社 会

【1】1　A　マニュファクチュア　　B　産業革命　　2　(1)　ウ
(2)　イ　　3　(1)　ア　　(2)　エ　　4　(1)　エ　　(2)　ウ
(3)　イ　　5　(1)　ウ　　(2)　B　日本　　D　アメリカ合衆国
6　第3のイタリア(サードイタリー)

〈解説〉1　工業の発展は，家内制手工業から問屋によって製品を集めて
販売する問屋制家内工業，そして資本家が労働者を工場に集めて生産
する工業制手工業，すなわちマニュファクチュアへと変遷した。蒸気
機関の発明によって，イギリスで起こった産業革命は，大量生産を可
能とした工業制機械工業へと発展した。　2　(1)　図1　ミャンマーが
第2位に入る資源は珍しいので，すず鉱と覚えておきたい。　図2　ア
ンデス山脈の通るチリ，ペルーで多いのは銅鉱。アフリカのコンゴ民
主共和国とザンビアにかけて，カッパーベルト(copper＝銅)とよばれる
産出地帯がある。　図4　オーストラリア西部のピルバオ地区やブラ
ジルのカラジャスとイタビラは鉄鉱石の産地が多い。　(2)　鉱産資源
は種類が多く，確実に用途をおさえておきたい。すず鉱は，はんだの
原料として知られる。はんだとは，金属を接合したり固定したりする
もの。　ア　金鉱はコインやアクセサリーの利用を思い浮かべるが，
腐食に強く，電子部品の利用が特徴。　ウ　銅鉱も硬貨に利用される
が，電線や配管がポイント。　エ　生産量・流通量ともに多いのは，
鉄鉱石。　3　(1)　ウェーバーの工業立地論は，工業生産によって利
益を最大にするには輸送費，人件費，地代を考慮し，中でも原料や製
品を輸送する際の輸送費が最小となることが重要であるというもの。
(2)　a　繊維工業は，最近では機械化が進んでいるものの労働力を要
する場合が多い。なお，aの説明文は綿花や羊毛から生産する場合を
指しているが，繊維工業の中でも縫製業は特に労働力指向で，また，
ファッション性を追求する場合は消費地指向となるので注意が必要。
b　ビールは消費する人が多い大都市近郊で生産することが多いが，
ホップや大麦などの原料がある地域での地ビール生産はまた別であ

る。　c　石灰石は日本でも自給される資源であるが，生産されるセメントは石灰石と比較して軽量で運搬しやすいため原料産地に立地する。　4　(1)　イギリス北部のアバディーン，ノルウェーのベルゲンは，宗教都市ではなく，北海油田の基地の1つである。宗教都市として知られるのは，バチカン，エルサレム，メッカなど。　ア　地中海に面するフランスのニースやカンヌは，イギリスやドイツのほか世界中から温暖な気候を求めてバカンス客が大勢集まる。　イ　ブラジルの首都ブラジリアやオーストラリアの首都キャンベラは，首都として建設された計画都市。　ウ　チュキカマタはチリの銅山，イタビラはブラジルの鉄山。　(2)　ア　インナーシティ問題の説明文である。イ　スプロール現象の説明文である。ドーナツ化現象は，都心部の地価や物価の高騰によって人口が減り，同心円状に居住地が郊外に広がることをいう。　エ　ストリートチルドレンは，富裕層の子どもたちではなく，発展途上国の都市周辺で，充分な住居や食料がないため，やむなく路上で物乞いをしたり，日雇い労働をしたりする貧困層の子どもたちのことである。　(3)　CBD(C.B.D.)＝Central Business Districtは，中心業務地区のことである。WTOは世界貿易機関，FTAは自由貿易協定，GISは地理情報システム。　5　(1)・(2)　全部1位を占めているのは，中国でA。ドイツが5位に入っているウが，自動車生産台数とわかる。アメリカ合衆国が2位でD，日本が3位でB。残るCが韓国。造船では，中国，韓国，日本が上位を占めることから，アが船舶竣工量と判明。韓国が3位に入るイは携帯電話生産台数。アメリカ合衆国ではもう携帯電話の生産はほとんどされていない。中国とインドが牽引しているエが化学繊維生産量。　6　ヨーロッパの工業は，当初は原料立地によってドイツ北西部からフランス北部に重工業三角地帯と呼ばれる工業地帯が形成されたが，原料の枯渇と輸入原料の増加，エネルギーの石炭から石油への転換もあって，工業地帯は臨海部に移動した。また，EU結成により，青いバナナ(ブルーバナナ)と呼ばれる商工業発展地帯が広がった。イタリアでは，南部の発展が遅れ，バノーニプランなどによる振興策がとられてきたが，従来からの北部の工業化

と共に伝統産業を守ろうとする動きからヴェネツィアなどを中心とした「第3のイタリア」または「サードイタリー」において高付加価値の伝統工芸品が維持されている。

【2】1　A　下関　　B　総督府　　2　ウ　　3　ア　　4　イ　　5　ア
6　ア　　7　イ　　8　エ

〈解説〉1　A　下関条約は，伊藤博文，陸奥宗光が，下関において，李鴻章との間で調印した日清戦争の講和条約である。　　B　朝鮮総督府には軍人の総督を任命し，初代総督は寺内正毅である。　　2　日露戦争は1904年に起こった。Ⅰの樺太・千島交換条約は1875年，Ⅱの第一次日英同盟は1902年，Ⅲの第一次世界大戦は1914年である。日英同盟は，ロシアの満州占領を警戒する日本とイギリスの利害が一致して結ばれたもので，日英同盟成立の2年後に日露戦争が起こった。　　3　甲午農民戦争(1894年)は朝鮮南部で起こった農民蜂起で，東学党の乱とも呼ばれる。　　イ　朝鮮政府は日本ではなく清に援軍を要請した。しかし，1885年締結の天津条約により，日本と清は，朝鮮に出兵する際は相互に事前通告することが決められていたため，朝鮮支配をねらう日本は，清の出兵通知が届くとすぐに，日本も通告して陸軍を仁川に上陸させた。　　ウ・エ　壬午軍乱の際は，日清両国とも出兵したが，朝鮮府の求めに応じてのものではない。　　4　遼東半島は，中国東北部から海に突き出た半島で，半島南部に旅順と大連がある。
5　アはプロレタリア文化大革命についての記述である。大躍進政策で大きく失敗した毛沢東は，毛沢東に代わって国家主席につき市場原理導入を柱とする「調整政策」をすすめた劉少奇から実権を取り戻すため，中国全土を巻き込んだ政治権力闘争を行い，約10年にわたり，中国社会は大混乱に陥った。　　6　ア　八田與一は，台湾総督府土木局の技術者。10年かけて烏山頭ダムと総延長16,000kmの給排水路を完成させ，現地の農業発展に寄与した。　　7　インドシナは，日本の占領を受ける前は仏領インドシナだった。日本の占領下でベトナム独立同盟を組織したホー＝チ＝ミンが，戦争終結直後にベトナム民主共和

国の独立を宣言したが，宗主国フランスがそれを認めず武力介入した。
8　東ティモールはポルトガルの植民地で1975年に独立運動が高まったが，1976年に隣接するインドネシアに併合された。

【3】1　A　氏姓　　B　大化の改新　　C　幕藩　　2　イ
3　(1)　エ　(2)　ア　4　(1)　エ　(2)　ア　5　ア　6　エ
7　イ

〈解説〉1　A　氏姓制度下では，中央の政治は臣・連の姓をもつ大豪族と造などの姓をもち部民を管理する伴造の氏とを中心に組織され，地方の政治では，君や直などの姓をもつ国造が有力だった。　B　大化の改新は飛鳥時代に行われた政治改革である。中大兄皇子が中臣鎌足らの協力を得て蘇我蝦夷・入鹿父子を滅ぼした改新のクーデタ(乙巳の変)を皮切りに，大王(天皇)を中心とする中央集権国家建設の改革が断行された。　C　幕藩体制は，江戸幕府と諸藩を単位とする政治組織を構成し，農民からの年貢収納によって維持された江戸時代の政治支配体制である。武家諸法度などで大名を統制した。　2　b　百済ではなく新羅である。新羅征討軍派遣に対し，九州一帯の豪族などの支持を得た筑紫国造磐井が新羅と通じて527年に起こした反乱を，磐井の反乱という。　3　(1)　史料は，「徳政相論」についての記述である。「徳政相論」とは，桓武天皇が藤原緒嗣と菅野真道に行わせた「徳のある政治とは」の議論である。桓武天皇は国司交代の不正を正すために令外官である勘解由使を新設している。　(2)　723年に三世一身法が出されたが，収公の期限が近付くと農民が土地を手入れしなくなりまた荒れてしまうので，743年に墾田永年私財法を出して，墾田を行った者にその土地の永久の私有権を認めた。延喜の荘園整理令は902年，延久の荘園整理令は1069年である。　4　(1)　この資料は承久の乱についての記述である。　X　北面の武士は，院政を始めた白河上皇の時代の1095年に初めて設けられた院の警護に当たる武士。　Y　京都所司代は1600年に設けられた江戸幕府の職名である。　(2)　アは鎌倉時代の出来事であるが内容が正しくない。栄西が宋から伝えたのは，

ひたすら坐禅を行う曹洞宗ではなく,「公案」(禅問答)をしながら坐禅を行う臨済宗である。なお,イは室町時代の出来事,ウは安土桃山時代の出来事,エは江戸時代の出来事である。　5　武家諸法度は江戸幕府の大名統制法である。1615年に2代将軍秀忠の名で発布された元和令が最初で,3代将軍家光の寛永令で参勤交代が法制化され,以後将軍代替わりごとに発せられた。　6　ア　荷田春満は京都伏見の神官で,『古事記』などを研究して復古を説いた。　イ　賀茂真淵は荷田春満に学び,『万葉集』の研究を通じて復古主義を唱えた。　ウ　本居宣長は真淵の門下生で,国学を大成し,『古事記伝』を著した。
7　徳川吉宗は8代将軍。5代将軍綱吉の元禄期から赤字に転落していた幕府財政の再建を目指し,幕政改革の最初である享保の改革を行った。

【4】1　エ　2　ア　3　(1)　サルトル　　(2)　エ　4　人間の安全保障　5　エ　6　イ　7　ア
〈解説〉1　デカルトは,あらゆるものを疑っても自分の思惟だけは疑いようのない絶対確実な真理であり,「我思う,ゆえに我有り」を哲学の第一原理であるとした。なお,aはミル,cはニュートンの著。
2　アはジョン＝ロックではなくルソーの思想に関する記述である。ルソーは私有財産制など,文明の発展に伴って人間は自由を喪失し,不平等になったとし,自由と平等を回復するには新たに社会契約を結ぶ必要があるとした。説明文中の「一般意志」とは公共善を願う全人民の意志のこと。　3　(1)　サルトルは,実存主義を唱えた思想家の一人。人間の「実存は本質に先立つ」とし,人間はアンガージュマン(社会参加)によって自己の「本質」を自由に選択できるが,その反面,人間は「自由の刑」に処せられており,自己の選択の全責任を負うとした。　(2)　a　選挙権年齢は2016年に18歳以上に引き下げられたが,成年年齢の18歳への引き下げは,2022年4月からである。　b　期日前投票制度が導入されたのは正しいが,不在者投票制度は,制度の趣旨は変わったものの,現在もある。　4　安全保障とは,通常,国家を

侵略の脅威から守ることをいうが,「人間の安全保障」は個々の人間を生存の脅威から守る取組をいう。よって,武力紛争の抑止だけでなく,人権保障や環境保全の取組などもその課題とされる。　5　a　パターナリズムではなく,インフォームドコンセント。　b　法改正により,遺言ができない15歳未満の者の臓器提供も認められるようになった。　c　「生命の尊厳(SOL)」ではなく,「生命の質(QOL)」。　d　クローン技術規制法により,クローン人間の作製は禁止されている。e　国際プロジェクトとしてヒトゲノム計画が行われた。　f　ユニバーサルデザインではなく,ノーマライゼーション。　6　a　「清き明き心」は清明心ともいう。「正直」は石田梅岩の商人道徳論である石門心学で,「誠」は伊藤仁斎の古義学で説かれた。　b　荀子は儒学の思想家であり,法ではなく,礼を重視した。　7　ア　ダンピングとは不当廉売のことで,市場の独占や外国市場の確保のために,原価を下回るような価格で販売を続けることをいう。イは芸術・文化支援活動,ウは社会貢献活動,エは法令遵守のこと。

【5】1　A　多角　　B　IMF(国際通貨基金)　　C　資源　　2　ウ
　　3　イ　　4　エ　　5　モノカルチャー経済　　6　南南問題
　　7　ア　　8　フェアトレード　　9　エ
〈解説〉1　A　GAATでは,多角的貿易交渉(ラウンド)による自由貿易体制の推進が目指された。　B　IMFは国連の専門機関の一つで,為替相場の安定化のために設立された。　C　資源ナショナリズムとは,自国の資源の管理は自国が行うべきとする考え方。石油も,OPECが設立されるまでは石油メジャー(国際石油資本)によって支配されていた。　2　イギリスでは,野党は「影の内閣(シャドウ・キャビネット)」を組織し,政権獲得に備えている。　ア　離脱派が勝利し,2020年に離脱が実現した。　イ　上院(貴族院)と下院(庶民院)の二院制である。エ　大統領制ではなく,立憲君主制で議院内閣制の国である。
3　a　ウルグアイ・ラウンドは1980年代から1990年代にかけて行われた多角的貿易交渉。農作物の市場開放などが討議された。　b　ドー

ハ・ラウンド(ドーハ開発アジェンダ)は，2000年代にWTOのもとで行われた多角的貿易交渉だが，先進国と発展途上国の対立が激化し，交渉は頓挫した。　4　リストは，経済発展段階説に基づき，幼稚産業には国家による保護・育成が必要とした。　ア　アダム＝スミスは『諸国民の富(国富論)』で自由放任主義を主張した。　イ　ケインズは修正資本主義の経済理論を唱えた。　ウ　マルクスは社会主義経済学を確立した。　5　モノカルチャー経済は，単一の一次産品の生産に依存した経済のあり方のこと。かつて植民地だった国で多くみられる。天候や一次産品の国際価格の動向によって国内経済が大きく左右されるため，発展途上国の貧困の理由の一つとされている。　6　先進国と発展途上国の間の経済格差を南北問題というのに対し，発展途上国どうしに生じた経済格差の問題を，南南問題という。先進国の多くが北半球に位置するのに対し，南半球の国々の多くは発展途上国だからである。　7　国際司法裁判所は国家間の紛争を裁く裁判所だが，強制的管轄権を持たない。よって，紛争の当事国双方からの付託または訴えに対する被告の国の同意が必要となる。　イ　決議の要件は15理事国中9理事国以上の賛成であり，実質事項の決議には常任理事国に拒否権が認められている。　ウ　明文の規定がなく，「6章半の活動」と呼ばれている。　エ　米中などが批准せず，発効要件を満たしていない状態にある。　8　フェアトレードは，公正貿易などと訳されているが，発展途上国で生産される農作物などを，先進国の人々が適正な価格で買おうという運動のこと。例えば，チョコレートの原料であるカカオなどは，発展途上国で過酷な労働条件のもとで生産されていることが多い。　9　「国境なき医師団(MSF)」は医療ボランティア活動を行う非政府組織(NGO)。　ア　アムネスティ・インターナショナルは人権問題に取り組む非政府組織で，1977年にノーベル平和賞を受賞した。　イ　オックスファムは貧困問題に取り組む非政府組織。設問8で取り上げられているフェアトレード活動などが有名。　ウ　国際赤十字は，赤十字国際委員会などの総称。戦争犠牲者の保護や医療活動などを行っている。

地理歴史・公民

【1】1　A　衛所　　B　ヌルハチ　　2　オ　　3　イ　　4　イ
5　ウ　　6　エ　　7　ア　　8　ウ　　9　ア

〈解説〉1　A　衛所は洪武帝により導入された兵農一致の軍事制度。
B　ヌルハチは1616年に後金を建国し，モンゴル文字を改良した満州
文字を制定する一方で，軍制として八旗を導入した。　2　X　白蓮教
は民間信仰で，モンゴル族が建てた元では邪教として弾圧された。
Y　均輸は，前漢の武帝や宋の王安石が実施した経済政策である。
Z　黄巣の乱は唐末の875年に生じた反乱である。　3　ア　魚鱗図冊
ではなく賦役黄冊である。魚鱗図冊は土地台帳。　ウ　三長制ではな
く里甲制である。三長制は北魏の孝文帝が導入した村落制度。
エ　耕作地の作付け強制は明では実施されていない。　4　ア　魏で
はなく呉である。魏の都は洛陽。　ウ　再興された宋(南宋)の都は臨
安(杭州)である。　エ　臨安ではなく天京である。　5　a　李朝では
なく黎朝である。李朝は北部ベトナム最初の統一王朝で，1009年に建
国され，1225年に陳朝に交替した。　6　ア　ムガル帝国ではなくオ
スマン帝国である。　イ　ジャワ島バタヴィアをオランダが拠点とす
るのは16世紀ではなく17世紀である。　ウ　ホルムズ島の奪回は16世
紀ではなく17世紀である。　7　イ　渤海ではなく遼である。
ウ　西夏ではなく遼である。西夏と宋の和約は慶暦の和約。　エ　千
戸制ではなく猛安・謀克である。千戸制は大モンゴル国の軍事・行政
制度。　8　ア　悪習廃止や土地均分は清ではなく太平天国である。
イ　焚書・坑儒ではなく文字の獄である。焚書・坑儒は秦の始皇帝の
施策。　エ　科挙廃止などの儒教軽視と実力主義は清ではなく元の特
徴である(ただし，儒教軽視ではなく西洋科学などの重視から，清は
1905年に科挙を廃止)。　9　イ　キャフタ条約ではなく1860年の北京
条約である。1727年のキャフタ条約はモンゴルの国境画定など。
ウ　軍機処ではなく理藩院である。軍機処は1730年に設置された政務
最高機関。　エ　地税廃止・人頭税一本化ではなく，人頭税廃止・地

税一本化である。

【2】1 ウ 　 2 エ 　 3 イ 　 4 ア 　 5 エ 　 6 イ 　 7 ウ
8 情報公開 　 9 ア 　 10 ウ

〈解説〉1 「鉄のカーテン」は自由主義陣営と社会主義陣営との間の対立についての比喩であるので，社会主義陣営に属する東欧との間に線が引かれているウが正答。バルト海のシュテッティンからアドリア海のトリエステまで。 　 2 ビキニ環礁での原水爆実験は，ソ連ではなくアメリカ合衆国である。ビキニ環礁での水爆実験によって，1954年に，日本の漁船が被曝する第五福竜丸事件が発生した。 　 3 ア 　 大韓民国ではなく金日成率いる朝鮮民主主義人民共和国による大韓民国への侵攻から始まった。 　 ウ 　 戦後復興の遅れではなくきっかけとなった。エ 　 ソ連はサンフランシスコ講和条約に調印しなかった。日ソ国交が回復したのは，1956年の日ソ共同宣言によってである。 　 4 a 　 ソ連によるキューバでのミサイル基地建設から，1962年10月にキューバ危機が発生。 　 b 　 核戦争の危機から，1963年8月に米・英・ソが部分的核実験禁止条約に調印。 　 5 X 　 アイゼンハワーは1961年に大統領を退任している。 　 Y 　 フォードは辞任したニクソンの後を継いで1974年に大統領に昇格した。 　 6 b 　 鄧小平ではなく毛沢東がプロレタリア文化大革命を主導した。1966年8月に始まる紅衛兵の活動は，その後に暴走していく。 　 7 ア 　 ヨーロッパ共同体(EC)の創設にイギリスは関与していない。イギリスはヨーロッパ経済共同体(EEC)に対抗して，1960年5月にヨーロッパ自由貿易連合(EFTA)を発足。 　 イ 　 平和五原則ではなく平和十原則である。平和五原則は1954年6月のネルー・周恩来の間で合意されたもの。 　 エ 　 西ドイツではなくフランスである。西ドイツは核武装していない。 　 8 ゴルバチョフは言論の自由化やメディアによる報道の自由化を推進する反面，共産党による一党独裁を批判する言論を広めた。経済分野での自由化はペレストロイカと呼ばれる。 　 9 「プラハの春」は，1989年ではなく1968年である。連邦制導入や経済自由化を求める民主化が推進されたが，ワルシ

ャワ条約機構軍の介入によって改革運動は頓挫した。　10　ア　仏教
徒の多数勢力はタミル人ではなくシンハラ人，ヒンドゥー教徒の少数
勢力はシンハラ人ではなくタミル人である。　イ　ソマリアではなく
ルワンダである。ソマリア内戦は無政府状態による多数の武装勢力同
士の抗争である。　エ　シリアではなくクウェートである。1990年8
月のイラクによるクウェート侵攻に対して，国連決議にもとづく多国
籍軍が派遣され，1991年1月に湾岸戦争が勃発。

【3】1　A　氏姓　　B　大化の改新　　C　幕藩　　2　イ
3　(1)　エ　　(2)　ア　　4　(1)　エ　　(2)　ア　　5　イ　　6　エ
7　ア

〈解説〉1　A　氏姓制度下では，中央の政治は臣・連の姓をもつ大豪族
と造などの姓をもち部民を管理する伴造の氏とを中心に組織され，地
方の政治では，君や直などの姓をもつ国造が有力だった。　B　大化
の改新は飛鳥時代に行われた政治改革である。中大兄皇子が中臣鎌足
らの協力を得て蘇我蝦夷・入鹿父子を滅ぼした改新のクーデタ(乙巳の
変)を皮切りに，大王(天皇)を中心とする中央集権国家建設の改革が断
行された。　C　幕藩体制は，江戸幕府と諸藩を単位とする政治組織
を構成し，農民からの年貢収納によって維持された江戸時代の政治支
配体制である。武家諸法度などで大名を統制した。　2　b　百済では
なく新羅である。新羅征討軍派遣に対し，九州一帯の豪族などの支持
を得た筑紫国造磐井が新羅と通じて527年に起こした反乱を，磐井の
反乱という。　3　(1)　史料は，「徳政相論」についての記述である。
「徳政相論」とは，桓武天皇が藤原緒嗣と菅野真道に行わせた「徳の
ある政治とは」の議論である。桓武天皇は国司交代の不正を正すため
に令外官である勘解由使を新設している。　(2)　723年に三世一身法
が出されたが，収公の期限が近付くと農民が土地を手入れしなくなり
また荒れてしまうので，743年に墾田永年私財法を出して，墾田を行
った者にその土地の永久の私有権を認めた。延喜の荘園整理令は902
年，延久の荘園整理令は1069年である。　4　(1)　この資料は承久の

乱についての記述である。　Ｘ　北面の武士は，院政を始めた白河上皇の1095年に初めて設けられた院の警護に当たる武士。　Ｙ　京都所司代は1600年に設けられた江戸幕府の職名である。　(2)　承久の乱は鎌倉時代初期の出来事である。アは鎌倉時代の出来事であるが内容が正しくない。栄西が宋から伝えたのは，ひたすら坐禅を行う曹洞宗ではなく，「公案」(禅問答)をしながら坐禅を行う臨済宗である。なお，イは室町時代の出来事，ウは安土桃山時代の出来事，エは江戸時代の出来事である。　5　幕府は1615年に禁中並公家諸法度を出して朝廷を統制下に置き，公家の席次，僧侶の栄典授与等々について詳細な規定を行った。アは大名に対する統制法，ウは寺に対する統制法，エは神社に対する統制法である。　6　ア　復古神道を体系化したのは，荷田春満ではなく平田篤胤である。また，『源氏物語玉の小櫛』は本居宣長の著作である。　イ　賀茂真淵ではなく，荷田春満についての記述である。　ウ　本居宣長ではなく，賀茂真淵についての記述である。　7　紀伊藩主から将軍に迎えられたのは，8代将軍徳川吉宗である。足高の制は人材登用のための法令で，役職ごとに禄高を決め，少禄の者でも，在職中はその差額を足し高として支給する制度。イ〜エはすべて松平定信の寛政の改革の政策である。

【4】1　Ａ　愛国公党　　Ｂ　立憲政友会(政友会)　　2　ウ　　3　イ　　4　ウ　　5　ア　　6　エ　　7　ウ　　8　イ　　9　ウ
〈解説〉1　Ａ　愛国公党は，板垣退助・後藤象二郎らが組織した日本初の政党で，天賦人権説を立党の趣旨とした。　Ｂ　政党の重要性を認識した伊藤博文が，議会対策のために旧自由党の憲政党を中心に結成したのが立憲政友会であり，立憲民政党と並ぶ戦前の二大政党の一つである。　2　ア　自由党の主な支持層は旧士族・豪農・農民である。知識層・実業家・豪農に支持層が多かったのは立憲改進党である。　イ　超然主義は，政府が政党の影響を受けずに政治を行おうとする姿勢のこと。大日本帝国憲法発布の翌日に，当時の首相黒田清隆が行った「超然主義演説」に由来する。　エ　福島事件とは，県令三島通庸

の暴政に対し，自由党の重鎮である県会議長河野広中を中心とする自由党員や農民が抵抗した事件である。　3　憲政党は議会の過半数を制し，本格的ではないが，初の政党内閣である大隈首相兼外相，板垣内相による隈板内閣(第1次大隈内閣)を組織したが4カ月で分裂した。4　a　この運動の中心人物は，西郷隆盛と大久保利通ではなく，犬養毅と尾崎行雄である。　b　陸軍の抵抗により第2次西園寺内閣が総辞職に追い込まれると，勅語によって桂太郎が首相に選出された。その動きに対する「憲政擁護・閥族打破」の運動が第一次護憲運動である。5　立憲帝政党は，国会開設の勅諭が出され，板垣が自由党，大隈が立憲改進党を結成したのと同時期に，福地源一郎らが自由党・立憲改進党に対抗してつくった政府系政党である。主権在君説を掲げていたが1年で解党した。　6　ア〜ウは，4年後の1936年に，統制派に対する巻き返しを図る皇道派青年将校らが，約1400名の将兵を率いて起こした二・二六事件についての記述である。　7　ア　占領政策は間接統治の方式で行われた。　イ　国定教科書となったのは，国家主義教育体制が確立された明治時代後半の1903年である。占領政策では教育の民主化が行われ，民主主義の教育理念を示す教育基本法が制定された。　エ　公害が深刻化したのは高度経済成長期である。現・環境省の環境庁が発足したのは1971年である。　8　55年体制の始まりはその名の通り1955年である。　Ⅰ　湯川秀樹のノーベル物理学賞受賞は1949年である。　Ⅱ　1971年のドル＝ショックの影響で1973年に変動相場制が採用された。　Ⅲ　消費税導入は1989年。　9　1992年，細川護熙らにより日本新党が結成された。翌1993年に自民党が分裂して新生党，新党さきがけなどが生まれ，同年の総選挙の結果，日本新党・新生党・社会党・公明党・民社党・新党さきがけなど反自民8党派連立による細川内閣が成立し，自民党の長期単独政権が終わり，55年体制が崩壊した。

【5】1　A　マニュファクチュア　　B　産業革命　　2　(1)　ウ
(2)　イ　　3　(1)　ア　　(2)　エ　　4　(1)　エ　　(2)　ウ

(3)　ジェントリフィケーション　　5　(1)　ウ　　(2)　B　日本
D　アメリカ合衆国　　6　第3のイタリア(サードイタリー)

〈解説〉1　工業の発展は，家内制手工業から問屋によって製品を集めて
販売する問屋制家内工業，そして資本家が労働者を工場に集めて生産
する工業制手工業，すなわちマニュファクチュアへと変遷した。蒸気
機関の発明によって，イギリスで起こった産業革命は，大量生産を可
能とした工業制機械工業へと発展した。　2　(1)　図1　ミャンマーが
第2位に入る資源は珍しいので，すず鉱と覚えておきたい。　図2　ア
ンデス山脈の通るチリ，ペルーで多いのは銅鉱。アフリカのコンゴ民
主共和国とザンビアにかけて，カッパーベルト(copper＝銅)とよばれる
産出地帯がある。　図4　オーストラリア西部のピルバオ地区やブラ
ジルのカラジャスとイタビラは鉄鉱石の産地が多い。　(2)　鉱産資源
は種類が多く，確実に用途をおさえておきたい。すず鉱は，はんだの
原料として知られる。はんだとは，金属を接合したり固定したりする
もの。　ア　金鉱はコインやアクセサリーの利用を思い浮かべるが，
腐食に強く，電子部品の利用が特徴。　ウ　銅鉱も硬貨に利用される
が，電線や配管がポイント。　エ　生産量・流通量ともに多いのは，
鉄鉱石。　3　(1)　ウェーバーの工業立地論は，工業生産によって利
益を最大にするには輸送費，人件費，地代を考慮し，中でも原料や製
品を輸送する際の輸送費が最小となることが重要であるというもの。
(2)　a　繊維工業は，最近では機械化が進んでいるものの労働力を要
する場合が多い。なお，aの説明文は綿花や羊毛から生産する場合を
指しているが，繊維工業の中でも縫製業は特に労働力指向で，また，
ファッション性を追求する場合は消費地指向となるので注意が必要。
b　ビールは消費する人が多い大都市近郊で生産することが多いが，
ホップや大麦などの原料がある地域での地ビール生産はまた別であ
る。　c　石灰石は日本でも自給される資源であるが，生産されるセ
メントは石灰石と比較して軽量で運搬しやすいため原料産地に立地す
る。　4　(1)　イギリス北部のアバディーン，ノルウェーのベルゲン
は，宗教都市ではなく，北海油田の基地の1つである。宗教都市とし

て知られるのは，バチカン，エルサレム，メッカなど。　ア　地中海に面するフランスのニースやカンヌは，イギリスやドイツのほか世界中から温暖な気候を求めてバカンス客が大勢集まる。　イ　ブラジルの首都ブラジリアやオーストラリアの首都キャンベラは，首都として建設された計画都市。　ウ　チュキカマタはチリの銅山，イタビラはブラジルの鉄山。　(2)　ア　インナーシティ問題の説明文である。イ　スプロール現象の説明文である。ドーナツ化現象は，都心部の地価や物価の高騰によって人口が減り，同心円状に居住地が郊外に広がることをいう。　エ　ストリートチルドレンは，富裕層の子どもたちではなく，発展途上国の都市周辺で，充分な住居や食料がないため，やむなく路上で物乞いをしたり，日雇い労働をしたりする貧困層の子どもたちのことである。　(3)　インナーシティ問題がみられる都市では，住環境が悪化し，結果的に地価が下がるため，再開発がしやすくなる。そうすると，政治機能や商業の中心地としての存在感が高まり，高層ビルが建築されるなどして富裕層や新興企業が回帰することとなる。この現象をジェントリフィケーションという。東京の新宿副都心，臨海部副都心や横浜のみなとみらい地区やロンドンのドックランズ，パリのラ＝デファンス地区，ニューヨークのソーホーなども再開発された例。　5　(1)・(2)　全部1位を占めているのは，中国でA。ドイツが5位に入っているウが，自動車生産台数とわかる。アメリカ合衆国が2位でD，日本が3位でB。残るCが韓国。造船では，中国，韓国，日本が上位を占めることから，アが船舶竣工量と判明。韓国が3位に入るイは携帯電話生産台数。アメリカ合衆国ではもう携帯電話の生産はほとんどされていない。中国とインドが牽引しているエが化学繊維生産量。　6　ヨーロッパの工業は，当初は原料立地によってドイツ北西部からフランス北部に重工業三角地帯と呼ばれる工業地帯が形成されたが，原料の枯渇と輸入原料の増加，エネルギーの石炭から石油への転換もあって，工業地帯は臨海部に移動した。また，EU結成により，青いバナナ(ブルーバナナ)と呼ばれる商工業発展地帯が広がった。イタリアでは，南部の発展が遅れ，バノーニプランなどによる振興策が

とられてきたが，従来からの北部の工業化と共に伝統産業を守ろうとする動きからヴェネツィアなどを中心とした「第3のイタリア」または「サードイタリー」において高付加価値の伝統工芸品が維持されている。

【6】1　エ　　2　ア　　3　(1)　サルトル　　(2)　エ　　4　人間の安全保障　　5　エ　　6　イ　　7　エ

〈解説〉1　デカルトは，あらゆるものを疑っても自分の思惟だけは疑いようのない絶対確実な真理であり，「我思う，ゆえに我有り」を哲学の第一原理であるとした。なお，aはミル，cはニュートンの著。

2　アはジョン＝ロックではなくルソーの思想に関する記述である。ルソーは私有財産制など，文明の発展に伴って人間は自由を喪失し，不平等になったとし，自由と平等を回復するには新たに社会契約を結ぶ必要があるとした。説明文中の「一般意志」とは公共善を願う全人民の意志のこと。　3　(1)　サルトルは，実存主義を唱えた思想家の一人。人間の「実存は本質に先立つ」とし，人間はアンガージュマン(社会参加)によって自己の「本質」を自由に選択できるが，その反面，人間は「自由の刑」に処せられており，自己の選択の全責任を負うとした。　(2)　a　選挙権年齢は2016年に引き下げられたが，成年年齢の18歳への引き下げは，2022年4月からである。　b　期日前投票制度が導入されたのは正しいが，不在者投票制度は，制度の趣旨は変わったものの，現在もある。　4　安全保障とは，通常，国家を侵略の脅威から守ることをいうが，「人間の安全保障」は個々の人間を生存の脅威から守る取組をいう。よって，武力紛争の抑止だけでなく，人権保障や環境保全の取組などもその課題とされる。　5　a　パターナリズムではなく，インフォームドコンセント。　b　法改正により，遺言ができない15歳未満の者であっても臓器提供が認められるようになった。　c　「生命の尊厳(SOL)」ではなく，「生命の質(QOL)」。

d　クローン技術規制法により，クローン人間の作製は禁止されている。　e　国際プロジェクトとしてヒトゲノム計画が行われた。

f　ユニバーサルデザインではなく，ノーマライゼーション。

6　a　「清き明き心」は清明心ともいう。「正直」は石田梅岩の商人道徳論である石門心学で，「誠」は伊藤仁斎の古義学で説かれた。

b　荀子は儒学の思想家であり，法ではなく，礼を重視した。

7　ウィットゲンシュタインの哲学は前期・後期に分類される。生前の唯一の著書である『論理哲学論考』には，ウィットゲンシュタインの前期哲学がまとめられている。後期哲学では一転して，言語ゲーム論を展開した。　ア　近代言語学の父で，構造主義に影響を与えた。イ　構造主義を唱えた社会人類学者。　ウ　対話的理性を唱え，システム合理性による生活世界の植民地化を批判した。

【7】1　A　多角　　B　IMF(国際通貨基金)　　C　資源　　2　ア
　　3　イ　　4　エ　　5　モノカルチャー経済　　6　南南問題
　　7　ウ　　8　フェアトレード　　9　エ

〈解説〉1　A　多角的貿易交渉(ラウンド)による自由貿易体制の推進が目指された。　　B　IMFは国連の専門機関の一つで，為替相場の安定化のために設立された。　　C　資源ナショナリズムとは，自国の資源の管理は自国が行うべきとする考え方。石油も，OPECが設立されるまでは石油メジャー(国際石油資本)によって支配されていた。　2　イギリスでは，野党は「影の内閣(シャドウ・キャビネット)」を組織し，政権獲得に備えている。　イ　イギリス議会は，上院(貴族院)と下院(庶民院)の二院制であり，上院(貴族院)は任命制である　ウ　イギリスは議会主権であり，成文憲法がない。　エ　大統領制ではなく，立憲君主制で議院内閣制の国である。　3　a　ウルグアイ・ラウンドは1980年代から1990年代にかけて行われた多角的貿易交渉。農作物の市場開放などが討議された。　b　ドーハ・ラウンド(ドーハ開発アジェンダ)は，2000年代にWTOのもとで行われた多角的貿易交渉だが，先進国と途上国の対立が激化し，交渉は頓挫した。　4　Y国の労働量は全部で120だが，これをすべて小麦生産に投入すると，120÷40で，小麦を3単位生産できる。X，Y国がそれぞれ自給した場合の小麦の生産

量は2単位であり，Y国が小麦生産に特化することで，小麦の生産量は1.5倍に増えることになる。　5　モノカルチャー経済は，単一の一次産品の生産に依存した経済のあり方のこと。かつて植民地だった国で多くみられる。天候や産品の国際価格の動向によって国内経済が大きく左右されるため，発展途上国の貧困の理由の一つとされている。

6　先進国と発展途上国の間の経済格差を南北問題というのに対し，発展途上国どうしに生じた経済格差の問題を，南南問題という。先進国の多くが北半球に位置するのに対し，南半球の国々の多くは発展途上国だからである。　7　ア　国際司法裁判所は国家間の紛争を裁く裁判所だが，強制的管轄権を持たない。よって，紛争の当事国双方からの付託または訴えに対する被告の国の同意が必要となる。　イ　決議の要件は15理事国中9理事国以上の賛成であり，実質事項の決議には常任理事国に拒否権が認められている。　エ　米中などが批准せず，発効要件を満たしていない状態にある。　8　フェアトレードは，公正貿易などと訳されているが，発展途上国で生産される農作物などを，先進国の人々が適正な価格で買おうという運動のこと。例えば，チョコレートの原料であるカカオなどは，発展途上国で過酷な労働条件のもとで生産されていることが多い。　9　平成30年改訂の学習指導要領から，従来の「現代社会」が廃止され，新しい科目として「公共」が設けられた。高等学校学習指導要領解説公民編(平成30年7月)では，「『公共』は，小・中学校社会科や地理歴史科などで育んだ資質・能力を用いるとともに，現実社会の諸課題の解決に向け，自己と社会との関わりを踏まえ，社会に参画する主体として自立することや，他者と協働してよりよい社会を形成することなどについて考察する必履修科目として」設定されたことが述べられている。出題箇所はその目標(3)に該当する部分である。　A　現代の諸課題を自ら主体的に追究，解決する態度を養うという意味で，「主体的」があてはまる。　B　公民として担うものなので，「国民主権」が適切。　C　国際社会の中で各国が相互に尊重するものなので，「主権」が適切。

2021年度　実施問題

共　通　問　題

【1】次の文章を読み，あとの問いに答えなさい。

　①青年期は，子どもとおとなの中間の時期であり，その両面の心理的特性をもつことから，ドイツの心理学者レヴィンは，子どもとおとなのどちらにも属さない人たちのことを（　Ａ　）と名づけた。また，アメリカの心理学者（　Ｂ　）は，青年期を心理・社会的な②モラトリアムの期間としてとらえている。

　この時期には第二次性徴のような身体的発達とともに，心理的発達や社会的発達もまた，めざましい。一般的に身体的発達は青年期初期に始まり，やや遅れて心理的発達，社会的発達がともなうものとされる。社会的発達としては，同性・異性の友人関係を広げたり，深めたりするほか，さまざまな人間関係をつくっていくようになる。このことは，ひいては③就労や経済的独立，結婚などにもつながっていく。伝統的な社会では，この時期に成人式という④通過儀礼が行われるなどして，社会的にも「子どもからおとなへ」の移行がほぼ完了した。青年期にはさまざまな欲求をもつが，がまんせざるを得ない状況だったり，相反する⑤欲求のために身動きがとれなかったりして，しばしば欲求不満の状態におちいることもある。また，やりたいこと，またはやりたくないことがいくつかあるのに，そのどれかを選ばなければならないこともある。これには，「接近・接近」，「接近・回避」，「回避・回避」の三つの型があり，相反する二つの欲求が同時に生じたときに起こる精神的な緊張のことで，どちらにも決定しかねて迷うことを（　Ｃ　）とよぶ。このような場合，工夫や努力によって，⑥合理的で社会的に受け入れられる方法で問題を乗りこえる適応行動をとることが望ましいとされている。

188

1 文中の(A)～(C)にあてはまる適切な語句を書きなさい。

2 下線部①について，二度目は生活するために生まれるとして青年期を「第二の誕生」とよんだフランスの思想家は誰か，書きなさい。

3 下線部②について，モラトリアムに関して述べた文として適切なものを，次のア～エから1つ選んで，その符号を書きなさい。

　ア　ハヴィガーストは，おとなになろうとしない青年を「モラトリアム人間」とよんだ。

　イ　青年期におとなの果たすべき社会的な義務や責任を猶予されることをいう。

　ウ　もとは手形の決済や預金の払い戻しなどの制限を意味することから，青年期の行動が制限されることをいう。

　エ　青年が既存の権威や制度などに反抗することをいう。

4 下線部③について，変形労働時間制の1つとして，一定期間の総労働時間が法定労働時間内であれば，労働者が比較的自由に始業時間と終業時間を決定できる制度を何というか，書きなさい。

5 下線部④について，生まれ年の干支に戻るとして赤いちゃんちゃんこなどを身に着けて祝う通過儀礼として適切なものを，次のア～エから1つ選んで，その符号を書きなさい。

　ア　米寿　　イ　古希　　ウ　還暦　　エ　喜寿

6 下線部⑤について，欲求に関して述べた文として適切でないものを，次のア～エから1つ選んで，その符号を書きなさい。

　ア　欲求が満たされない時に，フラストレーション反応により目標から物理的あるいは心理的に遠ざかることがある。

　イ　フロイトは防衛機制により，欲求不満を無意識のうちに回避しようとする心のしくみがあると説いている。

　ウ　欲求には，食欲や睡眠欲などの生理的欲求である一次的欲求と名誉欲や金銭欲などの社会的欲求である二次的欲求がある。

　エ　マズローは，欲求は5つの階層をなしているという欲求階層説により，欲求の最上位に安全の欲求があるとしている。

7 下線部⑥について，近代科学を合理主義的に考え，すべての人間

に公平に配分されている理性を用い，演繹法によって組み立てられた合理論の哲学を確立したフランスの思想家は誰か，書きなさい。

(☆☆☆○○○)

中 学 社 会

【1】次の図は富山県のある地域の地図である。図をみて，下の問いに答えなさい。

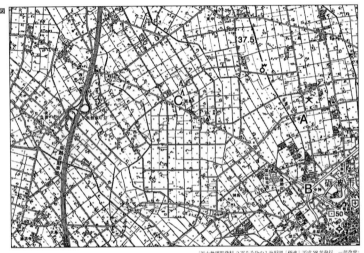

〔国土地理院発行 2万5千分の1地形図「砺波」平成28年発行　一部改変〕

1　国土地理院が作成している地図の説明の組み合わせとして適切なものを，次のア～エから1つ選んで，その符号を書きなさい。

　ア　縮尺1万分の1の地図は地勢図と呼ばれている。

　　　－　縮尺5万分の1の地図は250mが1cmで表現されている。

　イ　縮尺5万分の1の地図は地形図と呼ばれている。

　　　－　縮尺2万5千分の1の地図は500mが1cmで表現されている。

　ウ　縮尺1万分の1の地図は日本全国を網羅している。

　　　－　縮尺5万分の1の地図は500mが1cmで表現されている。

エ　縮尺5万分の1の地図は日本全国を網羅している。

－　縮尺2万5千分の1の地図は250mが1cmで表現されている。

2　図から読み取れることについて述べた文として適切なものを，次のア～エから1つ選んで，その符号を書きなさい。

ア　Aの北西側には電波塔がある。

イ　Aの北側には高等学校がある。

ウ　Bの南東側には裁判所がある。

エ　Bの東側には保健所がある。

3　図から，地形や土地利用に関して読み取れることについて述べた文として適切なものを，次のア～エから1つ選んで，その符号を書きなさい。

ア　AからBにかけて建物が密集した集落が見られる。

イ　Aの西側の岸渡川は北西から南東に向かって流れている。

ウ　Bの北側には畑として利用されているところがある。

エ　Cの北側には広葉樹が点在している。

4　図の地域付近について述べた次の文の（　X　）～（　Z　）にあてはまる適切な語句を書きなさい。

　　砺波平野では，水田地帯に家屋が不規則に点在する（　X　）と呼ばれる集落形態がみられ，家屋は（　Y　）と呼ばれる防風林に囲まれているものが多い。これは，春先に吹く高温で乾燥した風である（　Z　）や冬の季節風から家屋を守るためである。

5　計画的に土地分割を行うタウンシップ制により，図と同じような集落が点在する集落形態がみられる国として適切なものを，次のア～エから1つ選んで，その符号を書きなさい。

ア　インド　　イ　ニュージーランド　　ウ　アメリカ合衆国

エ　イギリス

6　次の表は富山県，島根県，岩手県，静岡県，兵庫県のそれぞれの面積(km²)，在留外国人数(百人)，林野面積(千ha)，鉄鋼業製品出荷

額(十億円)を示している。表をみて下の問いに答えなさい。

表

	面積	在留外国人数	X	Y
島根県	6,708	93	163	525
ア	15,275	72	85	1,156
イ	7,777	925	209	496
ウ	8,401	1,100	1,738	562
エ	4,248	186	156	240

(『データブック オブ ザ ワールド 2020』より作成)

(1) 表のア～エから兵庫県にあてはまるものを1つ選んで，その符号を書きなさい。

(2) 表のX，Yのうち林野面積にあてはまる符号を書きなさい。

7　ハザードマップについて述べたものとして適切でないものを，次のア～エから1つ選んで，その符号を書きなさい。

ア　ハザードマップは誰でも見ることができるようにするためにウェブサイトで公開されている。

イ　ハザードマップは政府が作成し，各自治体はその地域の想定される被害範囲などによりそれを活用している。

ウ　ハザードマップは1995年の阪神・淡路大震災の際に被災状況の把握が遅れたことなどの反省から整備が本格化した。

エ　ハザードマップは地盤被害マップ，火災被害マップ，建物被害マップなど想定される項目ごとに分類されている。

(☆☆☆◎◎◎)

【2】次の文章を読み，あとの問いに答えなさい。

世界では①農産物の輸出入が増加し，農業のグローバル化が進展している。その背景には，自国の農産物だけでは，増加する人口をまかないきれない国々や，産業構造の高度化により，農業人口の割合が低下した国々が，農産物を②外国に依存する傾向が強くなったことがある。また，③アメリカ合衆国やオーストラリア，④EUなどの農業先進国等が，生産性の向上や政策のあと押しにより生産をのばし，過剰となった農産物の輸出を拡大したことも要因である。外国からの農産物

の大量輸入や⑤巨大企業の農業経営への参画は，そこに住む人々の生活や農業形態にも大きな変化を与えている。また，米を主食とする日本や中国のようなアジア地域でパン食が広がったり，自給的な農業を営んでいた人々が⑥プランテーションと呼ばれる農園の労働者として雇われたりする場合もある。とくに食料不足が深刻な⑦アフリカでは，農民が換金用の商品作物の栽培を増やす一方で，主食のとうもろこしや米は輸入しなければならないといった食料問題も発生している。一方，アジアの発展途上国では，第二次世界大戦後の「（　　）」と呼ばれる技術革新を通じて米の増産に成功し，米が重要な輸出商品となっている国もある。

1　文中の空欄にあてはまる適切な語句を書きなさい。

2　下線部①について，表1〜表4は，2016年の米，小麦，トウモロコシ，大豆の輸出量・輸入量の上位5か国を示している。A〜Dは，アメリカ合衆国，インドネシア，中国，ベトナムのいずれかを示している。AとCにあてはまる国名を書きなさい。

表1　米

	国名	万トン
輸出	タイ	987
	インド	987
	A	521
	パキスタン	395
	B	332
輸入	C	352
	ベナン	146
	コートジボワール	128
	D	128
	サウジアラビア	124

表2　小麦

	国名	万トン
輸出	ロシア	2,533
	B	2,404
	カナダ	1,970
	フランス	1,834
	オーストラリア	1,615
輸入	D	1,053
	エジプト	873
	アルジェリア	823
	イタリア	765
	スペイン	703

表3　トウモロコシ

	国名	万トン
輸出	B	5,599
	アルゼンチン	2,450
	ブラジル	2,187
	ウクライナ	1,101
	フランス	544
輸入	日本	1,534
	メキシコ	1,411
	韓国	979
	A	809
	スペイン	602

表4　大豆

	国名	万トン
輸出	B	5,777
	ブラジル	5,158
	アルゼンチン	895
	パラグアイ	540
	カナダ	442
輸入	C	8,391
	オランダ	437
	メキシコ	404
	スペイン	323
	ドイツ	314

（『データブック オブ ザ ワールド 2020』より作成）

3　下線部②について，表5は日本の豆類，果実類，野菜類，米，小麦の食料自給率(%)の推移を示している。AとDにあてはまる農産物名を，あとのア〜エから1つ選んで，その符号を書きなさい。

表5

年	豆類	A	B	C	D
1960	44	39	102	100	100
1970	13	9	106	99	84
1980	7	10	100	97	81
1990	8	15	100	91	63
2000	7	11	95	81	44
2010	8	9	97	81	38
2017	8	14	96	79	39

（『データブック オブ ザ ワールド 2020』より作成）

　ア　果実類　　イ　野菜類　　ウ　米　　エ　小麦
4　下線部③について，次の文章を読み，下の問いに答えなさい。

> 　アメリカ合衆国では，年降水量（　A　）mmの等降水量線に
> ほぼ重なる西経100度線上に，比較的乾燥に強い小麦が大規模
> に生産されている。プレーリーから（　B　）にかけての地域は，
> 世界有数の穀倉地帯である。また，西経100度線の東側には，
> 五大湖周辺に（　C　）地帯，その南に面して（　D　）地帯が広が
> っている。

(1)　文中の（　A　）にあてはまる適切な数値を，次のア〜エから1つ
　　選んで，その符号を答えなさい。
　　ア　250　　イ　500　　ウ　750　　エ　1000

(2)　文中の（　B　）にあてはまる適切な語句を，次のア〜エから1つ
　　選んで，その符号を書きなさい。
　　ア　セルバ　　イ　パンパ　　ウ　グレートプレーンズ
　　エ　カンポ

(3)　文中の（　C　），（　D　）にあてはまる語句の組み合わせとして
　　適切なものを，次のア〜エから1つ選んで，その符号を書きなさ
　　い。
　　ア　C　酪農　　D　トウモロコシ
　　イ　C　放牧　　D　トウモロコシ
　　ウ　C　酪農　　D　綿花
　　エ　C　放牧　　D　綿花

(4)　文中の下線部について述べた文として適切なものを，次のア〜
　　エから1つ選んで，その符号を書きなさい。
　　ア　冬小麦は秋から冬にかけて種をまいて翌年の春から初夏に収
　　　穫する。
　　イ　アメリカ合衆国の小麦の年間生産量は世界第1位である。
　　ウ　春小麦はアメリカ合衆国からメキシコにかけての平原地帯で
　　　主に栽培されている。

エ　冬小麦はインドのアッサム地方，ウクライナの黒土地帯で主に栽培されている。

5　下線部④について，ヨーロッパの農業に関して述べた文として適切なものを，次のア～エから1つ選んで，その符号を書きなさい。

ア　スペインやオランダなどは，冷涼な気候とやせた土壌のため，穀物栽培にあまり適していない地域では酪農が発達した。

イ　内陸部では混合農業が発達し，寒冷な北部から東北部にかけてはライ麦やジャガイモの栽培と羊の飼育の組み合わせが多い。

ウ　ピレネー山脈やアルプス山脈の南側では地中海式農業が行われている。

エ　EUの中ではギリシャやフランスは農業人口が少ないものの，大規模化や機械化が進み，単位面積当たりの収穫量は多い。

6　下線部⑤について，世界の穀物流通に大きな影響をもつ巨大穀物商社を総称して何というか，書きなさい。

7　下線部⑥について述べた文として適切なものを，次のア～エから1つ選んで，その符号を書きなさい。

ア　マレーシアでは，農園経営はマレーシア系の企業に移行し，1970年代以降，サトウキビから油ヤシへの転換が進んでいる。

イ　ベトナムでは，1990年代以降の市場開放政策で南部の高地を中心に茶園が急速に拡大し，茶の輸出が世界第2位となっている。

ウ　タイでは，1980年代以降，油ヤシ農園の急速な拡大で油ヤシからとれるパーム油生産が世界生産の過半を占めるようになった。

エ　フィリピンでは，1960年代にアメリカ合衆国や日本の資本によるバナナ農園が拡大した。

8　下線部⑦について述べた文として適切でないものを，次のア～エから1つ選んで，その符号を書きなさい。

ア　サハラ以南の地域では，金，銅，ダイヤモンドやレアメタルなどの鉱産資源の埋蔵量が豊富である。

イ　工業化のための資金を確保するため，対外債務の額が増加し，債務不履行に陥る国もある。

　ウ　多くの国では，植民地統治の過程で決定した境界が独立後も国
　　　境となっているため，民族紛争の一因になっている。
　エ　赤道付近では，外来河川の沿岸やオアシスで灌漑農業がおこな
　　　われてきた。

(☆☆☆◎◎◎)

【3】次の文章を読み，下の問いに答えなさい。
　　中国は協商国側に立って第一次世界大戦に参戦した。戦後の①パリ
講和会議で，日本は②ドイツ利権を引きつぐことをめざしたが，同じ
く戦勝国となった中国世論は日本の要求に反発した。1919年，北京で
は学生を中心に日本に抗議する運動が起こった。この反日運動は全国
に広がり，労働者のストライキも発生した。これを受け，中国政府は
ドイツの利権問題を不服として，③ヴェルサイユ条約の調印を拒否し
た。
　　反日運動の高揚を受けて，1919年に中国国民党が成立した。ロシア
革命が起きると，コミンテルンはたびたび密使を中国に派遣して共産
党の結成を促し，1921年に中国共産党が正式に発足した。中国国民党
はソ連に接近し，1924年，共産党員が個人の資格で中国国民党に入党
することも認めた。1925年，上海での労働争議をきっかけに（　A　）運
動が起こり，中国国民党は④広州に国民政府を成立させ，蔣介石率い
る国民革命軍が中国統一をめざす北伐を進めた。1928年，蔣介石は北
京から張作霖を追放し，その後張学良の支持を得て北伐を完成させた。
　　⑤世界恐慌の影響を受け，日本は経済的苦境に立たされた。1931年，
日本の関東軍は，中国東北地方の支配をねらって謀略を進め，（　B　）
で鉄道を爆破し，これを口実に満州を支配した。中国政府が⑥国際連
盟に提訴したのに対し，関東軍は既成事実をつくるため，1932年に
⑦満州国を建国した。
　1　文中の（　A　），（　B　）にあてはまる語句の組合せとして適切なも
　　のを，次のア～エから1つ選んで，その符号を書きなさい。
　　　ア　A　五・四　　B　盧溝橋　　イ　A　五・三〇　　B　盧溝橋

196

　　ウ　A　五・四　　B　柳条湖　　エ　A　五・三〇　　B　柳条湖

2　下線部①について，アメリカ大統領ウィルソンが提唱した十四カ
　条の平和原則として適切でないものを，次のア〜エから1つ選んで，
　その符号を書きなさい。

　　ア　秘密外交の廃止　　イ　保護貿易　　ウ　民族自決

　　エ　軍備縮小

3　下線部②について，ドイツが利権をもつ地域として適切なものを，
　次の図中のア〜エから1つ選んで，その符号を書きなさい。

図

4　下線部③について，ヴェルサイユ条約の内容として適切なものを，
　次のア〜エから1つ選んで，その符号を書きなさい。

　　ア　ドイツとオーストリアの合併を禁止した。

　　イ　ベルリンを国際連盟管理地域とした。

　　ウ　ポーランド回廊を非武装地域とした。

　　エ　アルザス・ロレーヌをイタリアに返還した。

5　下線部④について，清代の広州において貿易業務の独占を認めら
　れた特許商人の団体として適切なものを，次のア〜エから1つ選ん
　で，その符号を書きなさい。

　　ア　市舶司　　イ　会館　　ウ　蕃坊　　エ　公行

6　下線部⑤について，世界恐慌期の欧米諸国に関して述べた文として
　適切なものを，次のア〜エから1つ選んで，その符号を書きなさい。

　　ア　アメリカでは，ハーディング大統領がニューディールとよばれ
　　　る経済復興政策を実施した。
　　イ　イタリアは植民地や友好国とフラン＝ブロックを築いて，経済
　　　の安定をめざした。
　　ウ　ドイツではナチスが軍需工業を拡張し，大規模な土木工事をお
　　　こして失業者を急速に減らした。
　　エ　資本主義世界との交流が少なかったフランスは，世界恐慌の影
　　　響をほとんど受けなかった。
　7　下線部⑥について，国際連盟成立時の加盟国として適切なものを，
　　次のア～エから1つ選んで，その符号を書きなさい。
　　　ア　イタリア　　イ　ソ連　　ウ　アメリカ　　エ　ドイツ
　8　下線部⑦について，満州国の建国に際し執政に担がれた清朝最後
　　の皇帝として適切なものを，次のア～エから1つ選んで，その符号
　　を書きなさい。
　　　ア　同治帝　　イ　光緒帝　　ウ　咸豊帝　　エ　宣統帝
　　　　　　　　　　　　　　　　　　　　　　　（☆☆☆◎◎◎）

【4】次の文章を読み，あとの問いに答えなさい。
　　589年に中国で南北朝を統一した隋が周辺地域に進出し始めると，
　東アジアは激動の時代を迎えた。国内では女性の（　Ａ　）天皇の甥の聖
　徳太子(厩戸王)や蘇我馬子らが協力して国家組織の形成を進めた。中
　国との外交も①遣隋使の派遣により再開された。隋に代わって中国を
　統一した唐とも通交はもたれ，8世紀にはほぼ20年に1度の割合で遣唐
　使が派遣された。しかし，894年に遣唐大使に任じられた②菅原道真は，
　唐はすでに衰退しているとして派遣の中止を提案し，この時の派遣は
　行われずに終わった。
　　鎌倉幕府のもとでは日宋間の正式な国交は開かれなかったが，私的
　な貿易などは盛んに行われ，日本列島は東アジア通商圏の中に組み入
　れられていった。13世紀には，フビライ＝ハンは日本にたびたび朝貢
　を強要してきた。執権（　Ｂ　）がこれを拒否すると③文永の役が起こっ

た。元は1274年に博多湾に上陸し，いったんは退いたものの，7年後にも再び襲来した。

　朝鮮半島で1392年に朝鮮が建てられると，④日朝貿易は16世紀まで活発に行われた。⑤江戸時代に入ると，1609年に対馬藩主と朝鮮とのあいだに己酉約条が結ばれ，近世日本と朝鮮との関係の基本となった。朝鮮からは前後12回の使節が来日したが，⑥朱子学を学び，徳川家宣の藩主時代に侍講を務めた新井白石はこれまでの使節待遇が丁重すぎたとして簡素にした。

　明治時代になると1894年，日本は清に宣戦布告し，日清戦争が始まった。戦いは日本の勝利に終わり，1895年に日本の⑦都市で講和条約が結ばれた。1911年，清で辛亥革命がおこり，三民主義を唱える（　C　）を臨時大総統とする中華民国が1912年に成立すると，⑧日本の陸軍などは中国に軍事干渉するように主張したが，政府は列国の意向と国内の財政事情を考慮して不干渉の立場をとった。

1　文中の（　A　）～（　C　）にあてはまる適切な語句を書きなさい。

2　下線部①について，遣隋使に関して述べた文として適切なものを，次のア～エから1つ選んで，その符号を書きなさい。

　　ア　鑑真が隋の答礼使として派遣され，戒律を伝えた。

　　イ　四隻の船で船団が組まれ，「よつのふね」と称された。

　　ウ　中国皇帝に属しない形式をとり，光武帝から無礼とされた。

　　エ　高向玄理・南淵請安・旻らが留学生・学問僧として中国に渡った。

3　下線部②について，菅原道真に関して述べた次の文中の（　X　），（　Y　）にあてはまる語句の組み合わせとして適切なものを，下のア～エから1つ選んで，その符号を書きなさい。

> 　宇多天皇に重用された菅原道真は，醍醐天皇の時に左大臣（　X　）の策謀により政界を追放され（　Y　）に左遷された。

ア　X　藤原時平　　Y　大宰府　　　イ　X　藤原時平　　Y　平泉
ウ　X　藤原道長　　Y　大宰府　　　エ　X　藤原道長　　Y　平泉

4　下線部③について，文永の役を含めた蒙古襲来に関して述べた文aとbの正誤の組み合わせとして適切なものを，下のア～エから1つ選んで，その符号を書きなさい。

a　日本軍は「てつはう」とよばれる火薬を利用した武器を使用して元軍を悩ませた。

b　文永の役の後，幕府は再度の襲来に備えて博多湾沿いに石造の防塁を構築させた。

ア　a－正　　b－正　　イ　a－正　　b－誤
ウ　a－誤　　b－正　　エ　a－誤　　b－誤

5　下線部④について，日朝貿易に関して述べた文として適切でないものを，次のア～エから1つ選んで，その符号を書きなさい。

ア　朝鮮からのおもな輸入品は，織物類でとくに木綿は大量に輸入された。

イ　日本からの輸出品は，銅・硫黄などの鉱産物や工芸品などであった。

ウ　朝鮮は寧波を開港し，日本使節の接待と貿易のために倭館をおいた。

エ　朝鮮が倭寇の本拠地と考えていた対馬を襲撃したことで一時中断した。

6　下線部⑤について，江戸時代に関して述べた文として適切なものを，次のア～エから1つ選んで，その符号を書きなさい。

ア　幕府は京都守護を設置して，朝廷の統制や西国大名の監視などをおこなった。

イ　大阪(大坂)は「天下の台所」といわれ，全国の物資の集散地として諸藩の蔵屋敷がおかれた。

ウ　徳川綱吉は，評定所に目安箱を設置し，庶民の意見を聞いた。

エ　田沼意次は，物価騰貴の原因は株仲間にあるとして，株仲間を解散させた。

7　下線部⑥について，朱子学に関して述べた次の文中の(Ｘ)，(Ｙ)にあてはまる語句の組み合わせとして適切なものを，あと

のア～エから1つ選んで，その符号を書きなさい。

> 松平定信は(X)の改革において，朱子学を正学とし，徳川綱吉が建てた(Y)の学問所で，朱子学以外の講義や研究を禁止した。

ア X 寛政 Y 閑谷学校 イ X 寛政 Y 湯島聖堂
ウ X 天保 Y 閑谷学校 エ X 天保 Y 湯島聖堂

8 下線部⑦について，この都市名を書きなさい。

9 下線部⑧について述べた次のa～cの文に関して，古いものから年代順に正しく並べたものを，下のア～カから1つ選んで，その符号を書きなさい。

a 2個師団増設を内閣に強く迫った上原勇作陸軍大臣は，西園寺公望首相が要求を拒絶すると単独で辞表を天皇に提出した。

b 陸軍皇道派の一部青年将校たちが首相官邸などを襲い，国会を含む国政の中枢を占拠する二・二六事件が起こった。

c 日米交渉の妥結を希望する近衛内閣が総辞職すると，東条英機陸軍大臣が後継首相に推挙され，東条内閣が成立した。

ア a － b － c イ a － c － b
ウ b － a － c エ b － c － a
オ c － a － b カ c － b － a

(☆☆☆◎◎◎◎)

【5】次の文章を読み，あとの問いに答えなさい。

日本国憲法は，司法権を①最高裁判所と4つの下級裁判所である高等裁判所，地方裁判所，家庭裁判所，(A)裁判所に属すると定めている。この条文は，裁判が公正に行われるために，②裁判所は独立した機関であることを示している。また，裁判官についても，いかなる国家機関からも干渉を受けることなく裁判が行えるように，日本国憲法第76条第3項において「すべて裁判官は，その(B)に従ひ独立してその職権を行ひ，この憲法及び法律にのみ拘束される」と規定し，裁

判官の職権の独立を保障するとともに，別の条文では③裁判官の身分保障についても定めている。

　裁判所が行う裁判は，罪を犯したと思われる者を検察官が起訴することによって開始される（　C　）裁判と，金銭の貸借や遺産相続，国や地方公共団体と個人などが争う行政事件の裁判も含め，一方が他方を訴えたとき開始される（　D　）裁判に大きく分類される。また，裁判所には違憲法令審査権が認められ，最高裁判所を，一切の④法律，命令などが憲法に適合するか否かを決定する（　E　）裁判所とした。このため最高裁判所は「憲法の番人」といわれる。しかし実際の裁判では，最高裁判所は，この権限の行使に慎重な態度をとってきた。特に，高度に政治的な判断が必要とされる行為に対しては，違憲審査の対象とならないとする（　F　）論の考えもある。2009年，国民にとって身近な裁判制度を実現するため，⑤裁判員制度を導入するなど司法制度改革が進められた。

1　文中の（　A　）〜（　F　）にあてはまる適切な語句を書きなさい。

2　下線部①について，最高裁判所の長官を指名するのはどこか，次のア〜エから1つ選んで，その符号を書きなさい。

　　ア　衆議院　　イ　参議院　　ウ　天皇　　エ　内閣

3　下線部②について，1891年，ロシア皇太子が警備中の巡査に襲われ負傷した際，大審院長の児島惟謙が政府の圧力に抗し，司法権の独立を守ったとされる事件として適切なものを，次のア〜エから1つ選んで，その符号を書きなさい。

　　ア　大津事件　　イ　大逆事件　　ウ　大阪事件

　　エ　江華島事件

4　下線部③について，日本国憲法第78条において裁判官の身分保障が規定されている。次の文の空欄に適切な語句を書きなさい。

　　「裁判官は，裁判により，心身の故障のために職務を執ることができないと決定された場合を除いては，公の（　　　）によらなければ罷免されない。裁判官の懲戒処分は，行政機関がこれを行ふことはできない。」

5 下線部④について，法律の特徴について述べた文として適切なものを，次のア〜エから1つ選んで，その符号を書きなさい。

ア 情報公開法は，国や地方公共団体が所有する個人情報について原則公開とし，適切な取り扱いを定めている。

イ 労働関係調整法は，強制労働の禁止や性別による賃金差別の禁止など，労働条件に関する最低基準を定めている。

ウ 製造物責任(PL)法は，製品の欠陥が原因であれば，製造過程で過失がなくても製造業者が責任を負うことを定めている。

エ 公害対策基本法は，環境基本法を引きつぎ，都市・生活型公害や地球環境問題の対応について定めている。

6 下線部⑤について，裁判員制度に関して述べた文として適切なものを，次のア〜エから1つ選んで，その符号を書きなさい。

ア 裁判員制度導入の目的の1つには，十分に時間をかけ，審理を行うことがあげられる。

イ 裁判員裁判が対象とする事件は，殺人や強盗致死など重い刑罰が定められている犯罪である。

ウ 裁判員裁判は，第一審と控訴審で実施され，上告審は裁判官のみで行われる。

エ 裁判員は，裁判官と合議体を形成して有罪・無罪を下し，その後裁判官が，独立して量刑を決定する。

(☆☆☆◎◎◎)

地理歴史・公民

【1】次の文章を読み，下の問いに答えなさい。

　　ローマ帝国は地中海世界を統合したが，テオドシウス帝の死後東西に分割され，476年には西ローマ帝国がゲルマン人傭兵隊長の（　Ａ　）によって滅ぼされた。東方では古代の遺制をひきずりながら，なおビザンツ帝国のもとで新たな発展が続き，聖俗の権力を統合する社会に移行していった。西方では，ゲルマン人や①ケルト人の影響が加わり，いくつかのゲルマン人の王国が成立したが，その多くは短命に終わった。

　　不安定な乱立が続く中で，8世紀になると②フランク王国が強大化し，西ヨーロッパ世界に新たな秩序が形成されることとなった。しかし，その強大な覇権は長くは続かず，9世紀半ばには分裂した。そのころ，すでに定住していたスラヴ人に加えて，9世紀ころから，のちにハンガリー王国を建てた（　Ｂ　）人や③ノルマン人などの民族移動が活発となり，ヨーロッパは激動の時期を迎えた。この混乱の中，東ヨーロッパではビザンツ帝国の影響下にスラヴ人の国家が並び立った。しかし，ビザンツ帝国は皇帝支配の弱体化が進み，東方では遊牧民の侵入に悩まされ，④15世紀ついにオスマン帝国に滅ぼされた。

　　西ヨーロッパでは，10世紀を中心とする民族移住の激動の中から内陸部の農業を基盤とする⑤封建社会が形成された。さらに，農業の発展や人口増加を背景に，西ヨーロッパは次第に外部への膨張に転じた。これらの活動の中で，⑥教皇の提唱で十字軍の遠征が企てられたが，それはほとんど所期の目的を達成することはなかった。この失敗で封建社会の基盤は崩れ，⑦王権と都市の力が強まっていった。14世紀になると，疫病や飢饉，外部勢力の侵入や戦乱が相次いだが，その困難な時代の中では，新しい世界の秩序が胎動していた。それは同時に，新しく開花する近代文明の芽生えを含んでおり，やがて⑧ルネサンス運動に結実していった。

1　文中の（　Ａ　），（　Ｂ　）にあてはまる適切な語句を書きなさい。

2　下線部①について，ケルト人の伝説をもとにして12世紀に完成した文学作品として適切なものを，次のア～エから1つ選んで，その符号を書きなさい。

ア　アーサー王物語　　イ　ローランの歌　　ウ　ドン＝キホーテ
エ　ニーベルンゲンの歌

3　下線部②について，次の表はフランク王国における出来事を時代順に並べたものである。トゥール・ポワティエ間の戦いの時期として適切なものを，下のア～エから1つ選んで，その符号を書きなさい。

表

| I　クローヴィスの改宗 |
| II　ピピンの寄進 |
| III　カールの戴冠 |

ア　Iの前　　イ　IとIIの間　　ウ　IIとIIIの間　　エ　IIIの後

4　下線部③について，ノルマン人の活動に関して述べた文として適切なものを，次のア～エから1つ選んで，その符号を書きなさい。

ア　デーン人の王アルフレッドはイングランドを征服した。

イ　ノルウェー出身のロロの一派がノヴゴロド国とキエフ公国を建てた。

ウ　スウェーデン出身のリューリクが率いる一派は，ノルマンディー公国を建てた。

エ　ノルマンディー公国から分かれた一派は，両シチリア王国を建国した。

5　下線部④について，次の図中のA～Dの国の15世紀における出来事に関して述べた文として適切なものを，あとのア～エから1つ選んで，その符号を書きなさい。

図

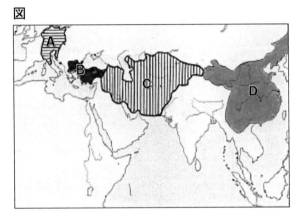

　ア　Aでは，カール4世が金印勅書を発布し，皇帝選挙の手続きを定
　　　めた。
　イ　Bは，プレヴェザの海戦でスペイン・ヴェネツィア連合艦隊を
　　　破った。
　ウ　Cを建国したティムールは，アンカラの戦いでオスマン朝軍を
　　　破った。
　エ　Dでは，各種の税や徭役を銀に一本化して納入する一条鞭法が
　　　実施された。
6　下線部⑤について，封建社会に関して述べた文aとbの正誤の組み
　合わせとして適切なものを，下のア～エから1つ選んで，その符号
　を書きなさい。
　a　荘園では，農民は保有地での生産の一部を領主におさめる貢納
　　　と，領主直営地で一定日数労働する賦役を義務付けられた。
　b　ゲルマン社会の恩貸地制とローマ帝政末期以来の従士制が結合
　　　し，封建的主従関係がうまれた。
　ア　a－正　b－正　　　イ　a－正　b－誤　　　ウ　a－誤　b－正
　エ　a－誤　b－誤
7　下線部⑥について，教皇による十字軍の提唱に関して述べた次の
　文の波線部ア～エのうち，適切でないものを1つ選んで，その符号

206

を書きなさい。

> キリスト教の聖地ィイェルサレムを支配下に置いたィセル
> ジューク朝がアナトリアに進出すると，ビザンツ皇帝は教皇
> ゥグレゴリウス7世に救援を求めた。これを受けた教皇は，
> ェクレルモン宗教会議で十字軍派遣を提唱した。

8　下線部⑦について，王権と都市の伸張に関して述べた文として適
　切なものを，次のア～エから1つ選んで，その符号を書きなさい。
　ア　フランス国ルイ9世は，南フランス諸侯の保護を受けたアリウ
　　ス派を征服して王権を拡大した。
　イ　カスティリャ王女とアラゴン王子の結婚により，両国が統合さ
　　れてポルトガル王国が成立した。
　ウ　ガンやブリュージュなどのフランドル地方の都市は，毛織物生
　　産で繁栄した。
　エ　リューベックを盟主とするロンバルディア同盟は，北ヨーロッ
　　パ商業圏を支配した。

9　下線部⑧について，ルネサンス期の人物に関して述べた文として
　適切なものを，次のア～エから1つ選んで，その符号を書きなさい。
　ア　マキァヴェリは『君主論』を著し，近代的な政治観を示した。
　イ　ボッカチオは『ユートピア』を著し，ペスト流行下の人間の偽
　　善を風刺した。
　ウ　エラスムスは『神学大全』を著し，堕落した聖俗の権威を風刺
　　した。
　エ　詩人のダンテは，日常使われていたラテン語で『神曲』を著した。

(☆☆☆◎◎◎)

【2】次の文章を読み，あとの問いに答えなさい。
　人の移住は古来行われてきたが，「世界の一体化の始まり」の時代
といわれる16世紀に，諸大陸間の交流が急速に活発化した。16世紀か
ら18世紀までの移民は，ヨーロッパ本国からそれぞれの植民地への移

住や，①アフリカの黒人の自らの意思によらない南北アメリカ大陸への強制的移住が中心であった。②中国では同じころ，人口増加と耕地不足を主な理由として，海外への移住が増加した。

　19世紀半ばから20世紀前半にかけて，造船分野での技術革新を背景に，世界は大量の人々が海を渡る「移民の時代」を迎えた。これには大きく二つの流れがあった。一つは，ヨーロッパやアジアから南北アメリカ大陸などをめざす流れだった。19世紀半ばには③アイルランドやドイツなど，北ヨーロッパ・西ヨーロッパからアメリカ合衆国に渡る移民が急増した。1880年代からは，イタリアなど南ヨーロッパや④ロシア・ポーランドなど東ヨーロッパからの移民が増加した。⑤中国や日本など⑥アジア系移民は，安価な労働力として奴隷制廃止後のアメリカ合衆国や南アメリカ大陸などに渡った。アメリカ合衆国はそもそも移民国家であったため，当初は制限なしに移民を受け入れたが，次第に⑦WASP以外，あるいは技術をもたない移民を制限する動きが強まった。⑧イギリスは，自国からの移民が支配する植民地については，帝国の結束を固めることを目的に自治権を与える方針を採用した。

　もう一つは，⑨インド系・中国系の移民が⑩東南アジアのヨーロッパ諸国の植民地をめざす流れだった。彼らは鉱山やプランテーションの労働力として移住し，移住先で同郷者の集団を中心としたネットワークを構築し東南アジア経済の発展に重要な役割を果たした。

1　下線部①について，次の図中の矢印で示された三角貿易に関して述べた文として適切なものを，あとのア〜エから1つ選んで，その符号を書きなさい。

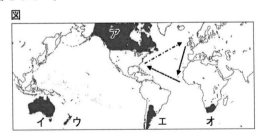

図

　　ア　カリブ海や北アメリカから西ヨーロッパへはサトウキビ・タバ
　　　　コ・小麦などが運ばれた。
　　イ　西ヨーロッパから西アフリカへは火器や絹織物などの手工業製
　　　　品が輸出された。
　　ウ　西アフリカから南北アメリカ大陸へ黒人を奴隷として送り込ん
　　　　だのは，イギリス・フランス・ドイツだった。
　　エ　イギリスのリヴァプールなどが奴隷貿易で栄え，産業革命の資
　　　　本蓄積をうながした。
2　下線部②について，明・清時代の海上貿易政策に関して述べた文
　として適切でないものを，次のア～エから1つ選んで，その符号を
　書きなさい。
　　ア　明の洪武帝は，倭寇を力で抑え込む方針をとり，沿海部の治安
　　　　維持のために民間の海上貿易を禁止した。
　　イ　明の永楽帝は，ムスリムの宦官鄭和に命じて南海諸国を訪問さ
　　　　せ，朝貢貿易を積極的に展開した。
　　ウ　清の康熙帝は，鄭氏台湾の財源を絶つために，軍機処を設置し
　　　　て厳重な海禁を実施した。
　　エ　清の乾隆帝は，ヨーロッパ船の来航を広州1港に限定し，公行
　　　　という特定の商人組合に貿易を管理させた。
3　下線部③について，アイルランドからの移民に関して述べた文と
　して適切なものを，次のア～エから1つ選んで，その符号を書きな
　さい。
　　ア　移民が増加した背景には，当時のアイルランドで主食のジャガ
　　　　イモが病害のためにほぼ全滅し大飢饉が発生したことがある。
　　イ　移民が増加した背景には，イギリスからの独立を求めるシン＝
　　　　フェイン党中心の急進的な民族運動が行われていたことがある。
　　ウ　アイルランドからの移民は英語が理解できたこともあり，アメ
　　　　リカ合衆国で差別や迫害を受けることはなかった。
　　エ　アイルランドからの移民は高い技術力を持つ熟練工として，発
　　　　展途上にあったアメリカ合衆国の産業を支えた。

4 下線部④について，ロシアからの移民に関して述べた文aとbの正誤の組み合わせとして適切なものを，下のア〜エから1つ選んで，その符号を書きなさい。

a ニコライ1世が農奴解放令を発布したことにより創出された多数の自由な労働力が，アメリカ合衆国に渡っていった。

b アレクサンドル2世がテロリストに暗殺されたあとの社会不安の高まりのなかで，ユダヤ人に対する大規模な襲撃事件がおきたため，迫害を逃れようとユダヤ人が大挙してアメリカ合衆国に渡った。

　ア　a−正　　b−正　　イ　a−正　　b−誤
　ウ　a−誤　　b−正　　エ　a−誤　　b−誤

5 下線部⑤について，中国からの移民が増加した背景に関して述べた次の文中の(X)，(Y)にあてはまる語句の組み合わせとして適切なものを，下のア〜エから1つ選んで，その符号を書きなさい。

> 　(X)号事件を口実として，イギリスとフランスが共同出兵した(X)戦争終結のための講和条約として1860年に結ばれた(Y)条約で，清朝による自国民の海外移住禁止政策が撤廃され，移民が公認された。

　ア　X　アロー　　Y　南京　　イ　X　アロー　　Y　北京
　ウ　X　アヘン　　Y　南京　　エ　X　アヘン　　Y　北京

6 下線部⑥について，安価な労働力としての中国人・日本人移民に関して述べた文aとbの正誤の組み合わせとして適切なものを，あとのア〜エから1つ選んで，その符号を書きなさい。

a 苦力とよばれた中国人移民は，大陸横断鉄道建設の重要な労働力として使役され，アメリカ合衆国の産業革命を支えた。

b 日本からの移民は，ハワイとカリフォルニアへの出稼ぎ目的の農業移民が中心だったが，移民排斥の動きが強まると，移民先はブラジルなどに変わっていった。

    ア　a－正　　b－正　　イ　a－正　　b－誤
    ウ　a－誤　　b－正　　エ　a－誤　　b－誤

7　下線部⑦について，アメリカ合衆国の支配的階層であるWASPのP
　は何をあらわしているか，書きなさい。

8　下線部⑧について，イギリスの自治領にならなかった地域を，上
　の図中のア～オから1つ選んで，その符号を書きなさい。

9　下線部⑨について，19世紀後半のインドでの出来事a～cを年代順に
　正しく並べたものを，下のア～カから1つ選んで，その符号を書き
　なさい。
　a　インド帝国の成立　　　b　インド国民会議の設立
　c　インド大反乱の発生
　ア　a－b－c　　イ　a－c－b　　ウ　b－a－c　　エ　b－c－a
　オ　c－a－b　　カ　c－b－a

10　下線部⑩について，19世紀の東南アジアに関して述べた文として
　適切なものを，次のア～エから1つ選んで，その符号を書きなさい。
　ア　タイは，イギリス・フランスの緩衝地帯として唯一独立を維持
　　し，近代化に背を向けて閉鎖的な対外政策をとりつづけた。
　イ　マレー半島のペナン・マラッカ・シンガポールは，フランス領
　　海峡植民地となり，自由港とされた。
　ウ　ベトナムとカンボジアをあわせた地域は，イギリス領インドシ
　　ナ連邦となり，のちにラオスも編入された。
　エ　オランダ領東インドのジャワ島では，耕作地の一定割合をコー
　　ヒーなどの換金作物生産にあてる強制栽培制度が導入された。

（☆☆☆☆◎◎◎◎）

【3】次の文章を読み，あとの問いに答えなさい。
　　589年に中国で南北朝を統一した隋が周辺地域に進出し始めると，
　東アジアは激動の時代を迎えた。国内では女性の（　A　）天皇の甥の聖
　徳太子(厩戸王)や蘇我馬子らが協力して国家組織の形成を進めた。中
　国との外交も①遣隋使の派遣により再開された。隋に代わって中国を

統一した唐とも通交はもたれ，8世紀にはほぼ20年に1度の割合で遣唐使が派遣された。②平安遷都から9世紀末ごろにかけて，平安京において貴族を中心とした文化が発展した。しかし，894年に遣唐大使に任じられた③菅原道真は，唐はすでに衰退しているとして派遣の中止を提案し，この時の派遣は行われずに終わった。

鎌倉幕府のもとでは日宋間の正式な国交は開かれなかったが，私的な貿易などは盛んに行われ，日本列島は東アジア通商圏の中に組み入れられていった。13世紀には，フビライ＝ハンは日本にたびたび朝貢を強要してきた。執権（　B　）がこれを拒否すると④文永の役が起こった。元は1274年に対馬・壱岐を攻め博多湾に上陸し，いったんは退いたものの，7年後にも再び襲来した。蝦夷ヶ島では，古代には「続縄文文化」を経て，擦文文化やオホーツク文化が広がっていたが，それを経て13世紀にはアイヌの文化が生まれるようになり，津軽の（　C　）を根拠地として得宗の支配下にあった安藤氏との交易をおこなっていた。

朝鮮半島では1392年に⑤武将が高麗を倒し，朝鮮を建てた。朝鮮は通交と倭寇の禁止を日本に求め，将軍もこれに応じたので，両国の間に国交が開かれ，⑥日朝貿易は16世紀まで活発に行われた。⑦江戸幕府が開かれたのち，1609年に対馬藩主と朝鮮とのあいだに己酉約条が結ばれ，近世日本と朝鮮との関係の基本となった。朝鮮からは前後12回の使節が来日したが，⑧朱子学を学び，徳川家宣の藩主時代に侍講を務めた新井白石は，これまでの使節待遇が丁重すぎたとして簡素にした。

1　文中の（　A　）～（　C　）にあてはまる適切な語句を書きなさい。

2　下線部①について，遣隋使に関して述べた文として適切なものを，次のア～エから1つ選んで，その符号を書きなさい。

ア　鑑真が隋の答礼使として派遣され，戒律を伝えた。

イ　四隻の船で船団が組まれ，「よつのふね」と称された。

ウ　中国皇帝に属しない形式をとり，光武帝から無礼とされた。

エ　高向玄理・南淵請安・旻らが留学生・学問僧として中国に渡った。

3 下線部②について，この時代の唐風文化に関して述べた文aとbの正誤の組み合わせとして適切なものを，下のア～エから1つ選んで，その符号を書きなさい。

a 宮廷につかえる女性によって日記文学が多く書かれた。

b 書道では，嵯峨天皇・空海・橘逸勢らが出て，のちに三筆と称された。

ア a－正　　b－正　　イ a－正　　b－誤

ウ a－誤　　b－正　　エ a－誤　　b－誤

4 下線部③について，宇多天皇に重用された菅原道真を，醍醐天皇の時に策謀を用いて政界から追放した人物として適切なものを，次のア～エから1つ選んで，その符号を書きなさい。

ア 藤原種継　　イ 藤原時平　　ウ 藤原道長　　エ 藤原良房

5 下線部④について，文永の役を含めた蒙古襲来後の出来事に関して述べた文aとbの正誤の組み合わせとして適切なものを，下のア～エから1つ選んで，その符号を書きなさい。

a 窮乏する御家人を救うために幕府が発布した永仁の徳政令は，効果が一時的であった。

b 幕府の支配権が全国的に強化されていく中で，北条氏の得宗の勢力が強大となった。

ア a－正　　b－正　　イ a－正　　b－誤

ウ a－誤　　b－正　　エ a－誤　　b－誤

6 下線部⑤について，朝鮮を建てた武将として適切なものを，次のア～エから1つ選んで，その符号を書きなさい。

ア 李鴻章　　イ 李舜臣　　ウ 李承晩　　エ 李成桂

7 下線部⑥について，日朝貿易に関して述べた文として適切でないものを，次のア～エから1つ選んで，その符号を書きなさい。

ア 河内や三河で生産された木綿が大量に輸出された。

イ 朝鮮は富山浦，乃而浦，塩浦の3港を開き，倭館をおいた。

ウ 幕府だけではなく初めから守護・国人・商人なども参加した。

エ 朝鮮が倭寇の本拠地と考えていた対馬を襲撃したことで一時中

断した。

8　下線部⑦について，江戸幕府に関して述べた文として適切なもの
を，次のア～エから1つ選んで，その符号を書きなさい。

ア　幕政の中枢にあった大老が政務を統括し，臨時の最高職である
老中は重要事項の決定のみ合議に加わった。

イ　江戸を起点とする幹線道路としての五街道は，幕府の直轄下に
おかれ，遠国奉行が管理にあたった。

ウ　ポルトガル商人が生糸を長崎に運び巨利を得ているのに対し
て，糸割符制度を設け特定の商人らに生糸を一括購入させた。

エ　開幕当初よりキリスト教を禁止していた幕府は，島原の乱後，
それ以前から実施されていた絵踏を強化した。

9　下線部⑧について，朱子学に関して述べた次の文中の（　X　），
（　Y　）にあてはまる語句の組み合わせとして適切なものを，下の
ア～エから1つ選んで，その符号を書きなさい。

> 松平定信は（　X　）の改革において，朱子学を正学とし，徳
> 川綱吉が建てた（　Y　）の学問所で，朱子学以外の講義や研究
> を禁止した。

ア　X　寛政　Y　閑谷学校　　イ　X　寛政　Y　湯島聖堂
ウ　X　天保　Y　閑谷学校　　エ　X　天保　Y　湯島聖堂

（☆☆☆◎◎◎）

【4】次の文章を読み，あとの問いに答えなさい。

　明治初期，日本は欧米の政治や産業にならい，富国強兵をめざして
①殖産興業に力を注いだ。対外戦争を目標に軍事力を充実させ，朝鮮
に対する影響力の拡大をめざす中，朝鮮に出兵した清国と交戦状態に
なり，日清戦争が始まった。この戦いに日本は勝利を収め，下関条約
を締結した。しかし，ロシアを中心に遼東半島の返還を迫られ，これ
に応じた。これを（　A　）という。日本国内では，ロシアに対して②非
戦論・反戦論を唱える声が大きかったが，次第に開戦論に傾き，日露

戦争が始まり，日本は勝利を収めた。

　1914年に起こったサライェヴォ事件は，第一次世界大戦に発展した。日本はこれに参戦し，大陸進出をすすめ，_③シベリアや北満州への派兵を決定した。1919年に講和条約が結ばれたが，その後，ドイツの賠償金問題や日本の大陸進出などが問題になり，ワシントン会議が開催され，国際協定が締結された。日本はこれを積極的に受け入れ，協調外交政策がしばらく続いた。その後，田中義一内閣が成立すると，満州における日本権益を実力で守るため，山東出兵を実施した。田中内閣が総辞職し，代わって成立した内閣は協調外交の方針を復活させたが，_④首相は右翼青年に狙撃され，重傷を負い，翌年死亡した。

　1931年，_⑤関東軍が奉天郊外で南満州鉄道の線路を爆破したことを契機に_⑥満州事変が始まった。やがて，北京郊外で日中両国軍が衝突し，全面戦争に発展した。さらに，1941年，日本海軍がハワイ真珠湾を攻撃したことにより，太平洋戦争が始まった。この結果，最終的に日本はポツダム宣言を受諾し，戦争は終結した。日本は_⑦民主化政策を展開したが，朝鮮戦争が始まると日本の戦略的価値を再認識したアメリカ合衆国は，占領を終わらせて日本を西側陣営に早期に編入する動きを見せ，1951年，日本と48カ国との間で(Ｂ)平和条約が調印され，占領は終結した。その5年後には，_⑧日ソ共同宣言が調印され，ソ連の支持のもと国際連合の加盟が実現した。

1　文中の(Ａ)，(Ｂ)にあてはまる適切な語句を書きなさい。
2　下線部①について，殖産興業に関して述べた文として適切なものを，次のア～エから1つ選んで，その符号を書きなさい。

　ア　福島県に官営模範工場として富岡製糸場を設け，工女の多くは各地から応募した士族の子女であった。

　イ　政府はアメリカ式の大農場制度・畜産技術の移植をはかり，クラークを招いて札幌農学校を開校した。

　ウ　岩崎弥太郎の建議により，飛脚にかわる官営の郵便制度が発足し，その後全国均一料金制をとった。

　エ　渋沢栄一を中心に国立銀行条例が定められ，金貨と兌換できる

兌換銀行券を発行できるようになった。

3　下線部②について，非戦論・反戦論に関して述べた文aとbの正誤
　の組み合わせとして適切なものを，下のア〜エから1つ選んで，そ
　の符号を書きなさい。

　　a　キリスト教徒の内村鑑三や『平民新聞』を創刊した社会主義者
　　　の幸徳秋水・堺利彦らが提唱した。

　　b　歌人の平塚らいてうは，「君死にたまふこと勿れ」とうたう反戦
　　　詩を『明星』に発表した。

　　ア　a－正　　　b－正　　　イ　a－正　　　b－誤
　　ウ　a－誤　　　b－正　　　エ　a－誤　　　b－誤

4　下線部③について，この影響で起きた出来事として適切なものを，
　次のア〜エから1つ選んで，その符号を書きなさい。

　　ア　小作争議　　イ　打ちこわし　　ウ　米騒動　　エ　村方騒動

5　下線部④について，この首相として適切なものを，次のア〜エか
　ら1つ選んで，その符号を書きなさい。

　　ア　浜口雄幸　　イ　大隈重信　　　ウ　犬養毅　　　エ　原敬

6　下線部⑤について，この事件名として適切なものを，次のア〜エ
　から1つ選んで，その符号を書きなさい。

　　ア　満州某重大事件　　　イ　柳条湖事件　　　ウ　盧溝橋事件
　　エ　西安事件

7　下線部⑥について，その前後の1920年代〜1930年代の日本の経済
　状況を述べた次のa〜cの文に関して，古いものから年代順に正しく
　並べたものを，あとのア〜カから1つ選んで，その符号を書きなさ
　い。

　　a　ニューヨークのウォール街で始まった株価暴落は日本にも影響
　　　し，深刻な恐慌状態に陥った。

　　b　政府は重要産業統制法を制定し，指定産業での不況カルテルを
　　　容認した。

　　c　関東大震災が起き，銀行は手持ちの手形が決済不能となり，不
　　　況が慢性化した。

　ア　a－b－c　　イ　a－c－b　　ウ　b－a－c　　エ　b－c－a

　オ　c－a－b　　カ　c－b－a

8　下線部⑦について，民主化政策に関して述べた次の文中の（　X　），

　（　Y　）にあてはまる人物の組み合わせとして適切なものを，下の

　ア～カから1つ選んで，その符号を書きなさい。

> 　GHQによる経済安定九原則の実施にあたり，（　X　）を招請
> し，赤字を許さない超均衡予算を進めた。また，（　Y　）を中
> 心に，直接税中心主義，累進所得税制等をまとめた税制報告
> 書を日本政府に提出した。

　ア　X　シャウプ　　　Y　ドッジ

　イ　X　シャウプ　　　Y　マーシャル

　ウ　X　ドッジ　　　　Y　シャウプ

　エ　X　ドッジ　　　　Y　マーシャル

　オ　X　マーシャル　　Y　ドッジ

　カ　X　マーシャル　　Y　シャウプ

9　下線部⑧について，これを調印した首相として適切なものを，次

　のア～エから1つ選んで，その符号を書きなさい。

　ア　鳩山一郎　　イ　吉田茂　　ウ　田中角栄　　エ　佐藤栄作

　　　　　　　　　　　　　　　　　　　　（☆☆☆◎◎◎）

【5】次の文章を読み，あとの問いに答えなさい。

　世界では①農産物の輸出入が増加し，農業のグローバル化が進展し
ている。その背景には，自国の農産物だけでは，増加する人口をまか
ないきれない国々や，産業構造の高度化により，農業人口の割合が低
下した国々が，農産物を②外国に依存する傾向が強くなったことがあ
る。また，③アメリカ合衆国やオーストラリア，④EUなどの農業先進
国等が，生産性の向上や政策のあと押しにより生産をのばし，過剰と
なった農産物の輸出を拡大したことも要因である。外国からの農産物
の大量輸入や⑤巨大企業の農業経営への参画は，そこに住む人々の生

活や農業形態にも大きな変化を与えている。また，米を主食とする日本や中国のようなアジア地域でパン食が広がったり，自給的な農業を営んでいた人々が⑥プランテーションと呼ばれる農園の労働者として雇われたりする場合もある。とくに食料不足が深刻なアフリカでは，農民が⑦換金用の商品作物の栽培を増やす一方で，主食のとうもろこしや米は輸入しなければならないといった食料問題も発生している。一方，アジアの発展途上国では，第二次世界大戦後の「（　　　）」と呼ばれる技術革新を通じて米の増産に成功し，米が重要な輸出商品となっている国もある。

1　文中の空欄にあてはまる適切な語句を書きなさい。

2　下線部①について，表1〜表4は，2016年の米，小麦，トウモロコシ，大豆の輸出量・輸入量の上位5か国を示している。A〜Dは，アメリカ合衆国，インドネシア，中国，ベトナムのいずれかを示している。AとCにあてはまる国名を書きなさい。

表1　米

	国　名	万トン
輸出	タイ	987
	インド	987
	A	521
	パキスタン	395
	B	332
輸入	C	352
	ベナン	146
	コートジボワール	128
	D	128
	サウジアラビア	124

表2　小麦

	国　名	万トン
輸出	ロシア	2,533
	B	2,404
	カナダ	1,970
	フランス	1,834
	オーストラリア	1,615
輸入	エジプト	873
	アルジェリア	823
	イタリア	765
	スペイン	703

表3　トウモロコシ

	国　名	万トン
輸出	B	5,599
	アルゼンチン	2,450
	ブラジル	2,187
	ウクライナ	1,101
	フランス	544
輸入	日本	1,534
	メキシコ	1,411
	韓国	979
	A	809
	スペイン	602

表4　大豆

	国　名	万トン
輸出	B	5,777
	ブラジル	5,158
	アルゼンチン	895
	パラグアイ	540
	カナダ	442
輸入	C	8,391
	オランダ	437
	メキシコ	404
	スペイン	323
	ドイツ	314

（『データブック オブ ザ ワールド 2020』より作成）

3　下線部②について，表5は日本の豆類，果実類，野菜類，米，小麦の食料自給率(%)の推移を示している。AとDにあてはまる農産物名を，次のア〜エから1つ選んで，その符号を書きなさい。

ア　果実類　　イ　野菜類　　ウ　米　　エ　小麦

表5

年	豆類	A	B	C	D
1960	44	39	102	100	100
1970	13	9	106	99	84
1980	7	10	100	97	81
1990	8	15	100	91	63
2000	7	11	95	81	44
2010	8	9	97	81	38
2017	8	14	96	79	39

（『データブック オブ ザ ワールド 2020』より作成）

4　下線部③について，次の文章を読み，下の問いに答えなさい。

> アメリカ合衆国では，年降水量(　A　)mmの等降水量線に
> ほぼ重なる西経100度線上に，比較的乾燥に強い小麦が大規模
> に生産されている。プレーリーから(　B　)にかけての地域は，
> 世界有数の穀倉地帯である。また，西経100度線の東側には，
> 五大湖周辺に(　C　)地帯，その南に面して(　D　)地帯が広が
> っている。

(1)　文中の(　A　)にあてはまる適切な数値を，次のア～エから1つ
選んで，その符号を答えなさい。

　ア　250　　イ　500　　ウ　750　　エ　1000

(2)　文中の(　B　)にあてはまる適切な語句を，次のア～エから1つ
選んで，その符号を書きなさい。

　ア　セルバ　　イ　パンパ　　ウ　グレートプレーンズ
　エ　カンポ

(3)　文中の(　C　)，(　D　)にあてはまる語句の組み合わせとして
適切なものを，次のア～エから1つ選んで，その符号を書きなさ
い。

　ア　C　酪農　　D　トウモロコシ
　イ　C　放牧　　D　トウモロコシ
　ウ　C　酪農　　D　綿花
　エ　C　放牧　　D　綿花

(4)　文中の下線部について述べた文として適切なものを，次のア～エ
から1つ選んで，その符号を書きなさい。

　ア　冬小麦は秋から冬にかけて種をまいて翌年の春から初夏に収穫
する。

　イ　アメリカ合衆国の小麦の年間生産量は世界第1位である。

　ウ　春小麦はアメリカ合衆国からメキシコにかけての平原地帯で主
に栽培されている。

　エ　冬小麦はインドのアッサム地方，ウクライナの黒土地帯で主に

栽培されている。

5　下線部④について，ヨーロッパの農業に関して述べた文として適切なものを，次のア～エから1つ選んで，その符号を書きなさい。

ア　スペインやオランダなどは，冷涼な気候とやせた土壌のため，穀物栽培にあまり適していない地域では酪農が発達した。

イ　内陸部では混合農業が発達し，寒冷な北部から東北部にかけてはライ麦やジャガイモの栽培と羊の飼育の組み合わせが多い。

ウ　ピレネー山脈やアルプス山脈の南側では地中海式農業が行われている。

エ　EUの中ではギリシャやフランスは農業人口が少ないものの，大規模化や機械化が進み，単位面積当たりの収穫量は多い。

6　下線部⑤について，世界の穀物流通に大きな影響をもつ巨大穀物商社を総称して何というか，書きなさい。

7　下線部⑥について述べた文として適切なものを，次のア～エから1つ選んで，その符号を書きなさい。

ア　マレーシアでは，農園経営はマレーシア系の企業に移行し，1970年代以降，サトウキビから油ヤシへの転換が進んでいる。

イ　ベトナムでは，1990年代以降の市場開放政策で南部の高地を中心に茶園が急速に拡大し，茶の輸出が世界第2位となっている。

ウ　タイでは，1980年代以降，油ヤシ農園の急速な拡大で油ヤシからとれるパーム油生産が世界生産の過半を占めるようになった。

エ　フィリピンでは，1960年代にアメリカ合衆国や日本の資本によるバナナ農園が拡大した。

8　下線部⑦について，換金作物名と主要生産国の組み合わせとして適切でないものを，次のア～エから1つ選んで，その符号を書きなさい。

ア　茶　—　ケニア　　　イ　落花生　—　ナイジェリア
ウ　カカオ　—　ガーナ　　エ　綿花　—　エチオピア

（☆☆☆○○○）

【6】 次の図は富山県のある地域の地図である。図をみて，下の問いに答えなさい。

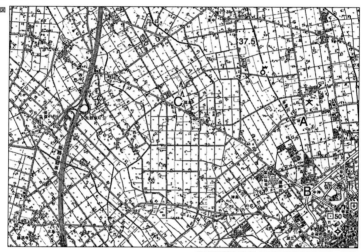

〔国土地理院発行 2万5千分の1地形図「礪波」平成28年発行 一部改変〕

1 　国土地理院が作成している地図の説明の組み合わせとして適切なものを，次のア～エから1つ選んで，その符号を書きなさい。

　　ア 　縮尺1万分の1の地図は地勢図と呼ばれている。
　　　　― 縮尺5万分の1の地図は250mが1cmで表現されている。

　　イ 　縮尺5万分の1の地図は地形図と呼ばれている。
　　　　― 縮尺2万5千分の1の地図は500mが1cmで表現されている。

　　ウ 　縮尺1万分の1の地図は日本全国を網羅している。
　　　　― 縮尺5万分の1の地図は500mが1cmで表現されている。

　　エ 　縮尺5万分の1の地図は日本全国を網羅している。
　　　　― 縮尺2万5千分の1の地図は250mが1cmで表現されている。

2 　図から読み取れることについて述べた文として適切なものを，次のア～エから1つ選んで，その符号を書きなさい。

　　ア 　Aの北西側には電波塔がある。

　　イ 　Aの北側には高等学校がある。

　　ウ 　Bの南東側には裁判所がある。

　　エ　Bの東側には保健所がある。

3　図から，地形や土地利用に関して読み取れることについて述べた
　文として適切なものを，次のア〜エから1つ選んで，その符号を書
　きなさい。

　　ア　AからBにかけて建物が密集した集落が見られる。

　　イ　Aの西側の岸渡川は北西から南東に向かって流れている。

　　ウ　Bの北側には畑として利用されているところがある。

　　エ　Cの北側には広葉樹が点在している。

4　図の地域付近について述べた次の文の（　X　）〜（　Z　）にあてはま
　る適切な語句を書きなさい。

> 　砺波平野では，水田地帯に家屋が不規則に点在する（　X　）
> と呼ばれる集落形態がみられ，家屋は（　Y　）と呼ばれる防風
> 林に囲まれているものが多い。これは，春先に吹く高温で乾燥
> した風である（　Z　）や冬の季節風から家屋を守るためである。

5　図と同じような集落形態がみられるアメリカ合衆国やカナダにお
　ける碁盤目状の計画的な土地分割方法を何というか，書きなさい。

6　次の表は富山県，島根県，岩手県，静岡県，兵庫県のそれぞれの
　面積(km²)，在留外国人数(百人)，林野面積(千ha)，鉄鋼業製品出荷
　額(十億円)を示している。表をみて下の問いに答えなさい。

表

	面積	在留外国人数	X	Y
島根県	6,708	93	163	525
ア	15,275	72	85	1,156
イ	7,777	925	209	496
ウ	8,401	1,100	1,738	562
エ	4,248	186	156	240

（『データブック オブ ザ ワールド 2020』より作成）

　(1)　表のア〜エから兵庫県にあてはまるものを1つ選んで，その符
　　号を書きなさい。

　(2)　表のX，Yのうち林野面積にあてはまる符号を書きなさい。

7　ハザードマップについて述べたものとして適切でないものを，次

のア～エから1つ選んで，その符号を書きなさい。

　ア　ハザードマップは誰でも見ることができるようにするためにウ
　　　ェブサイトで公開されている。

　イ　ハザードマップは政府が作成し，各自治体はその地域の想定さ
　　　れる被害範囲などによりそれを活用している。

　ウ　ハザードマップは1995年の阪神・淡路大震災の際に被災状況の
　　　把握が遅れたことなどの反省から整備が本格化した。

　エ　ハザードマップは地盤被害マップ，火災被害マップ，建物被害
　　　マップなど想定される項目ごとに分類されている。

(☆☆☆◎◎◎)

【7】次の文章を読み，あとの問いに答えなさい。

　日本国憲法は，司法権を①最高裁判所と4つの下級裁判所である高等
裁判所，地方裁判所，家庭裁判所，（　A　）裁判所に属すると定めてい
る。この条文は，裁判が公正に行われるために，②裁判所は独立した
機関であることを示している。また，裁判官についても，いかなる国
家機関からも干渉を受けることなく裁判が行えるように，日本国憲法
第76条3項において「すべて裁判官は，その（　B　）に従ひ独立してそ
の職権を行ひ，この憲法及び法律にのみ拘束される」と規定し，裁判
官の職権の独立を保障するとともに，別の条文では③裁判官の身分保
障についても定めている。

　裁判所が行う裁判は，罪を犯したと思われる者を検察官が起訴する
ことによって開始される刑事裁判と，金銭の貸借や遺産相続，国や地
方公共団体と個人などが争う行政事件の裁判も含め，一方が他方を訴
えたとき開始される（　C　）裁判に大きく分類される。また，裁判所に
は違憲法令審査権が認められ，最高裁判所を，一切の法律，命令など
が憲法に適合するか否かを決定する（　D　）裁判所とした。このため最
高裁判所は「憲法の番人」といわれる。しかし実際の裁判では，最高
裁判所は，この権限の行使に慎重な態度をとってきた。特に，高度に
政治的な判断が必要とされる行為に対しては，違憲審査の対象となら

ないとする（　E　）論の考えもある。2009年，国民にとって身近な裁判制度を実現するため，④裁判員制度を導入するなど司法制度改革が進められた。

1　文中の（　A　）〜（　E　）にあてはまる適切な語句を書きなさい。

2　下線部①について，最高裁判所の長官を指名するのはどこか，次のア〜エから1つ選んで，その符号を書きなさい。

　　ア　衆議院　　イ　参議院　　ウ　天皇　　エ　内閣

3　下線部②について，1891年，ロシア皇太子が警備中の巡査に襲われ負傷した際，大審院長の児島惟謙が政府の圧力に抗し，司法権の独立を守ったとされる事件として適切なものを，次のア〜エから1つ選んで，その符号を書きなさい。

　　ア　大津事件　　イ　大逆事件　　ウ　大阪事件

　　エ　江華島事件

4　下線部③について，日本国憲法第78条において裁判官の身分保障が規定されている。次の文の空欄に適切な語句を書きなさい。

　　「裁判官は，裁判により，心身の故障のために職務を執ることができないと決定された場合を除いては，公の（　　）によらなければ罷免されない。裁判官の懲戒処分は，行政機関がこれを行ふことはできない。」

5　下線部④について，裁判員制度に関して述べた文として適切なものを，次のア〜エから1つ選んで，その符号を書きなさい。

　　ア　裁判員制度導入の目的の1つには，十分に時間をかけ，審理を行うことがあげられる。

　　イ　裁判員裁判が対象とする事件は，殺人や強盗致死など重い刑罰が定められている犯罪である。

　　ウ　裁判員裁判は，第一審と控訴審で実施され，上告審は裁判官のみで行われる。

　　エ　裁判員は，裁判官と合議体を形成して有罪・無罪を下し，その後裁判官が，独立して量刑を決定する。

（☆☆☆◎◎◎）

解答・解説

共 通 問 題

【1】1　A　マージナルマン　　B　エリクソン　　C　コンフリクト
2　ルソー　3　イ　4　フレックスタイム制　5　ウ　6　エ
7　デカルト

〈解説〉1　A「周辺人」,「境界人」とも呼ばれる。　B　エリクソンは
ライフサイクル論を提唱した人物で，人生を8つの発達段階に分け，
それぞれの段階の発達課題を整理した。青年期の発達課題はアイデン
ティティの確立または達成，それに失敗した場合はアイデンティティ
拡散の状態に陥る。　C　コンフリクトはレヴィンが提唱した理論で
ある。　2「第二の誕生」はルソーの著書『エミール』にある用語。
ここで述べられた第一の誕生とは生物的な誕生，第二の誕生とは自我
に目覚める精神的な誕生を意味する。　3　ア「モラトリアム人間」
とよんだのはハヴィガーストではなく，精神科医の小此木啓吾である。
ウ　モラトリアムの意味は「制限」ではなく，「猶予」である。
エ　問題文は「第二反抗期」の説明である。　4　なお，労働時間を
労働者の裁量にまかす場合は裁量労働制という。この場合，労働時間
は実労働時間ではなく，みなし労働時間で計算される。　5　数え年
で61歳(満60歳)の祝いにあたる通過儀礼である。なお，アは88歳，イ
は70歳，エは77歳の祝いである。　6「安全の欲求」は2番目に低い階
層の欲求であり，最上位の階層にある欲求は自己実現の欲求である。
7　デカルトは「われ思う，ゆえにわれあり」のことばで知られる。

中 学 社 会

【1】1　エ　　2　ア　　3　ア　　4　X　散村　　Y　屋敷林
　Z　フェーン　　5　ウ　　6　(1)　ウ　　(2)　Y　　7　イ

〈解説〉1　地勢図は20万分の1で作られており，広い範囲を把握するのに
適している。5万分の1，2万5千分の1地形図は全国を網羅するように
作られているが，1万分の1地形図は主要都市など一定の地域に限られ
る。　　2　イは高等学校ではなく小・中学校，ウは裁判所ではなく税
務署，エは保健所ではなく病院が正しい。　　3　イ　岸渡川は，北の
ほうに37.5の数値が見られ，Bの近くに50mの水準点が見られることか
ら，南東から北西に向かって流れている。　　ウ　BとBの北に位置する
Aの間には集落が見られ，それ以外は水田に利用されている。
エ　Cの周囲も水田が多く，ところどころに針葉樹の記号がある。
4　Cの周囲は水田が多いが住宅は点在しており，これを散村という。
針葉樹の記号は，夏の日差しや強風から家屋を守ることを目的とした，
屋敷林またはカイニョ(カイナ)があることを意味する。冬はシベリア
気団からの北西の風，そして春先における南東から高温で乾いた風が
吹きつけ，フェーン現象に襲われる。　　5　アメリカ合衆国やカナダ
で見られる，碁盤目状の土地分割方法をタウンシップ制という。道路
が格子状で，入植した家々は散村をなす。アメリカでは公有地を分割
したため，耕作に従事する者が増えて開拓が促進された。　　6　最も
面積の広いアは岩手県である。また，内陸部には奥羽山地があり，林
野面積が広いため林野面積はYとわかる。富山県は4つの県の中で最も
狭いのでエである。残りは静岡県と兵庫県だが，面積は静岡県よりも
兵庫県のほうが広く，またXの鉄鋼業製品出荷額が多いのでウとわか
る。静岡県は，かつては南米を中心に在留外国人が多かったが，現在
は減少傾向にあることもおさえておきたい。　　7　ハザードマップは，
各自治体が作成しており，国土交通省のホームページから，各自治体
の作成するハザードマップへ移動できる。ハザードマップは地価や不
動産価値への影響から公開が進まなかったが，災害に対する備えの必

要性から，積極的な公開が求められている。

【2】1　緑の革命　　2　A　ベトナム　　C　中国　　3　A　エ
D　ア　　4　(1)　イ　　(2)　ウ　　(3)　ア　　(4)　ア　　5　ウ
6　穀物メジャー　　7　エ　　8　エ

〈解説〉1　稲作は成長期の高温と多雨が必要条件で，季節風が高温多湿
をもたらす東南アジアから南アジアにかけての栽培が多い。かつては
生産量が伸びなかった地域で緑の革命と呼ばれる多収量品種と灌漑設
備，化学肥料の導入によって，生産量が増加した。一方で，農家の貧
富の差が拡大したことも知っておくべきだろう。　　2　4品目すべての
輸出をしているBは，企業的農業の進むアメリカとわかる。Cは大豆の
輸入量が2位の約20倍もあることに注目。大豆は油の原料となるだけ
でなく，豚の飼料にも使われることから，豚肉生産量世界第1位の中
国が考えられる。AとD(インドとベトナム)について，どちらも世界有
数の米生産国だが，Dは米を輸入しており，また小麦も世界で最も多
く輸入していることから人口が多い国，すなわちインドと考えられる。
したがって，米を輸出，トウモロコシの輸入をしているAがベトナム
となる。　　3　Bは長年，自給率が高く安定しているので米，Cは米に
は劣るが比較的自給率が高いので野菜類とわかる。葉野菜は鮮度が大
切だが，タマネギやにんじん，カボチャなどは輸入量が多い。中国か
らはタマネギや長ネギ，にんじん，キャベツ，ゴボウも輸入しており，
カボチャはかつてトンガなど島しょ部からの輸入が多かったが，近年
ではニュージーランド，メキシコが多くなっている。　　4　(1)　アメ
リカの農業は，気温，降水量によって適地適作で広大な耕地が設けら
れている。東西に広い国土のほぼ中央を西経100度線が縦断するが，
そのラインは年間降水量500mmとほぼ一致する。年間降水量500mmは
決して多くないが，その半乾燥のステップ気候地帯は土地が肥沃で，
地下水を利用した灌漑農法で小麦生産を行なっている。　　(2)　南ア
メリカ大陸では，各地域の植生に独特の呼び名がついているのでまとめ
ておくとよい。セルバはアマゾン流域の熱帯雨林の名称，パンパはラ

プラタ川河口に広がる温帯草原のこと，カンポはブラジル高原の熱帯草原のことである。　(3)　酪農は気温が低く穀物栽培には不向きな地域において生乳などを作る農業形態で，アメリカでは五大湖付近に典型的に見られる。トウモロコシは，アフリカやメキシコでは主食とされるが，北米では主に飼料用で，五大湖の農場や乾燥地帯の肥育場などで利用される。アメリカ西部や山岳地帯の乾燥地域では放牧が行なわれ，高温乾燥する南部では伝統的に綿花が栽培されてきたが，土壌が劣化し，西へ広がっている。　(4)　イ　小麦の生産量1位は中国であり，ついでインド，ロシア，アメリカとなっている。　ウ　春小麦はアメリカ北部からカナダのアルバータ，サスカチュワン，マニトバ州で多い。　エ　ウクライナの黒土はチェルノーゼムといい，温暖で冬小麦地帯である。インドのアッサム地方は紅茶で知られる。

5　ア　温暖なスペインでは地中海式農業が，オランダは酪農と園芸農業が行なわれている。　イ　混合農業では一般的にライ麦，ジャガイモのほかに飼料用作物であるえん麦，トウモロコシが栽培され，家畜は豚や牛を飼育する。　エ　ヨーロッパの農業は基本的に小農で，新大陸で見られるような大規模で機械化の進んだ大農法は見られない。　6　穀物メジャーは，肥料や種子の開発・研究，生産された穀物の集荷，貯蔵，運搬，販売のほか，加工，農業機械の製造など広範囲で影響力を持つ巨大企業またはグループである。大規模な企業的農業を行なうアメリカを中心に，世界の農業生産と価格に関わっている。7　ア　マレーシアは人口の多くはマレー系だが，経済は中国系の子孫である華僑や華人が掌握している。　イ　文章は茶ではなくコーヒーと考えられる。　ウ　パーム油の生産が世界の過半を占めるのは，タイではなくてインドネシアである。　8　赤道付近は熱帯低圧帯に覆われ，上昇気流が生じるために降水量が多い。そのため，やせたラトソルが広がり，自給的な焼畑農業でヤムイモやタロイモの栽培が行なわれている。外来河川の沿岸やオアシスで灌漑農業を行なっているのは，砂漠気候での農業形態である。

【3】1　エ　　2　イ　　3　イ　　4　ア　　5　エ　　6　ウ　　7　ア
8　エ

〈解説〉1　五・四運動が起こったのは1919年，盧溝橋事件が起こったの
は1937年である。　　2　アメリカ大統領ウィルソンが提唱した十四カ
条の平和原則とは，具体的には，秘密外交の廃止，公海航行の自由，
経済障壁の撤廃，軍備の縮小，植民地問題の公正な解決，ロシアから
の撤兵とロシアの政治問題の自主的解決，ベルギーの領土回復，アル
ザス・ロレーヌのフランスへの返還，イタリア国境の再調整，オース
トリア・ハンガリー帝国内諸民族の自決，バルカン諸国の領土保全，
オスマン帝国内諸民族の自治，ポーランドの独立，国際組織の創設で
ある。　　3　日清戦争後，列強は次々と清朝政府に圧力をかけて租借
地を獲得した。ドイツは山東半島南側の膠州湾を租借した。また鉄道
敷設権や鉱山採掘権などの権益を認められ，山東省を勢力圏としてい
った。　　4　イ　国際連盟管理地域となったのは，ザール地方である。
ウ　非武装地域に指定されたのはラインラントである。　エ　アルザ
ス・ロレーヌはフランス領となった。　　5　公行とは，清代に広州で
外国貿易を独占した特許商人が結成した組合。この特許商人を行商と
いい，広東十三公行と呼ばれる。　　6　ア　ニューディール政策を実
施したのは，アメリカ合衆国大統領フランクリン・ルーズベルトであ
る。　イ　フラン＝ブロックを行ったのはフランスである。　エ　フ
ランスではなくソ連が正しい。　　7　国際連盟は，第一次世界大戦後
のヴェルサイユ講和条約の規定によって1920年に設立された，世界最
初の国際平和維持機構である。大国アメリカやドイツ，ソ連の不参加
(後者2国は途中で参加)などのため，充分な機能を発揮することができ
なかった。　　8　宣統帝は清朝最後(第12代)の皇帝(在1908〜12)で，名
は溥儀。辛亥革命で退位した。満州事変後の1934年，日本に擁立され
て満州国皇帝となり，康徳帝と称した。第二次大戦後ソビエトに抑留
され，東京裁判に証人として出廷した。

【4】1　A　推古　　B　北条時宗　　C　孫文　　2　エ　　3　ア
　　4　ウ　　5　ウ　　6　イ　　7　イ　　8　下関　　9　ア
〈解説〉1　A　推古天皇は敏達天皇の皇后となり，崇峻天皇が蘇我馬子
に殺されたのちに即位した。最初の女性天皇であり，聖徳太子を摂政
として国政を行った。　　B　北条時宗は，鎌倉幕府第8代執権である。
元寇に際して強硬策をとり，文永の役・弘安の役でこれを撃退した。
禅を信仰した時宗は，中国宋より無学祖元を招き，円覚寺を建立した。
C　孫文は清朝打倒のため，1894年に興中会を組織，1905年には東京
で中国同盟会を結成して，三民主義を主唱した。辛亥革命の際，臨時
大総統に就任したが，まもなく袁世凱に譲った。のちに中国国民党を
創設し，革命の完成をめざしたが，その中途にて病死した。
2　ア　鑑真は唐から来朝した。　　イ　これは遣唐使に関する記述で
ある。　　ウ　光武帝ではなく，煬帝が正しい。　　3　菅原道真は，平
安前期の公卿・学者・文人である。宇多天皇の信任が厚く，894年遣
唐使に任ぜられたが献言してこれを廃止した。901年，藤原時平によ
り大宰権帥に左遷され，配所で没した。学問・書・詩文に優れ，のち
に天満天神として祭られる。　　4　a「てつはう」を使用したのは元軍
である。　　5　倭館が置かれたのは三浦(富山浦・乃而浦・塩浦)である。
6　ア　京都守護ではなく，京都所司代が正しい。　　ウ　徳川綱吉で
はなく，徳川吉宗が正しい。　　エ　田沼意次ではなく，水野忠邦が正
しい。　　7　1790年に老中松平定信による寛政の改革の一環として，
江戸幕府が湯島の聖堂学問所に対し，朱子学以外を異学とし，その教
授を禁止した。当時，徂徠学派，仁斎学派，折衷学派などの異学が流
行しており，幕府の官学である林家の朱子学の振興を図るためである。
8　日清戦争の講和条約は下関条約である。これによって清は朝鮮の
独立を承認，遼東半島・台湾・澎湖諸島の割譲，賠償金2億テール(両)
の支払い，西欧列強と同等の片務的最恵国待遇の承認，沙市・重慶・
杭州・蘇州の開港，そこでの日本人の企業権の承認などを約した。
9　aは1912年，bは1936年，cは1941年のできごとである。

【5】1 A 簡易　B 良心　C 刑事　D 民事　E 終審
　F 統治行為　2 エ　3 ア　4 弾劾　5 ウ　6 イ

〈解説〉1　A 簡易裁判所は民事裁判であれば訴額140万円以下の請求に
かかる訴訟，刑事裁判であれば軽い刑にあたる事件の第一審を行う裁
判所である。　B 本規定は裁判所の独立とともに，司法権の独立を
具現化している。　C 刑事裁判は主に刑法に関わる裁判で，手続法
として刑事訴訟法が適用される。　D 民事裁判は主に民法や商法な
どの私法に関わる裁判で，手続法として民事訴訟法が適用される。
E 審級制において最終裁判を行う裁判所を指す。日本国憲法第81条
に規定されている。　F 統治行為論は砂川事件や苫米地事件の最高
裁判決などで採用されている。　2 最高裁判所長官の指名は内閣だ
が，任命は天皇が行う。日本国憲法第6条第2項を参照のこと。

3 ロシアの報復を恐れた明治政府は巡査の死刑を求めたが，最終的
に無期懲役の判決が下された。　4 裁判官等が不法行為など，職務
上の違反を行った場合には，衆参両議院から選ばれた議員で構成され
る裁判官弾劾裁判所で資格のはく奪等の裁判が行われる。

5 ア 個人情報ではなく，行政文書が正しい。　イ 労働関係調整
法ではなく，労働基準法が正しい。　エ 公害対策基本法を引き継ぎ，
1993年に制定されたのが環境基本法である。　6 ア それまでの裁
判は審理に長い時間を要していたことから，裁判の充実・迅速化を目
的のひとつとして導入された。　ウ 裁判員裁判が実施されるのは第
一審のみであり，控訴審と上告審は裁判官のみで行う。　エ 裁判員
は裁判官とともに量刑の決定にも関わる。

地理歴史・公民

【1】1　A　オドアケル　　B　マジャール　　2　ア　　3　イ
4　エ　　5　ウ　　6　イ　　7　ウ　　8　ウ　　9　ア

〈解説〉1　A　オドアケルは西ローマ帝国を滅ぼした後，オドアケルの
王国を建てたが，のちに東ゴートに敗れた。　B　マジャール人はウ
ラル語系の民族であり，5世紀頃から西進し始めた。　2　なお，イは
11世紀末にフランスで成立したカール大帝の対イスラーム戦を舞台と
した英雄叙事詩，ウは17世紀の作品でスペイン風刺文学の代表作，エ
は13世紀に完成したドイツの大英雄叙事詩であり，史実が素材となっ
ている。　3　トゥール・ポワティエ間の戦いは732年であり，クロー
ヴィスがアタナシウス派に改宗したのは496年，ピピンがラヴェンナ
地方を教皇領として寄進したのは756年，カールの戴冠は800年である。
4　ア　アルフレッドはイギリス王でありデーン人の侵入を撃退した。
イ　ロロが建国したのはノルマンディー公国である。　ウ　リューリ
クはノルマン人を率いて，ノルマン人の国ノヴゴロド国を建設した。
5　金印勅書が発布されたのは1356年，プレヴェザの海戦が起こった
のは1538年，一条鞭法の開始は16世紀である。　6　b　封建的主従関
係は，ローマの恩貸地制度とゲルマンの従士制が統合してうまれたも
のである。　7　ビザンツ皇帝アレクシオス1世が救援依頼をしたのは，
ローマ教皇ウルバヌス2世である。これを受けて1095年に開催された
クレルモン宗教会議で十字軍が提唱された。　8　ア　ルイ9世は異端
であったアルビジョワ派を征服して王権を拡大した。　イ　カスティ
リャ王女とアラゴン王子の結婚によりスペイン王国が成立した。
エ　リューベックを盟主としたのはハンザ同盟であり，ロンバルディ
ア同盟の盟主はミラノである。　9　イ　ボッカチオは風刺的短編小
説集である『デカメロン』を著した。『ユートピア』はトマス＝モア
の著書である。　ウ　エラスムスは『愚神礼賛』で聖職者や王侯を風
刺した。『神学大全』はトマス＝アクィナスの著書である。　エ　ダ
ンテの『神曲』はトスカナ語で書かれた。

【2】1 エ　2 ウ　3 ア　4 ウ　5 イ　6 ア　7 プロテスタント　8 エ　9 オ　10 エ

〈解説〉　1　三角貿易ではカリブ海や北アメリカから西ヨーロッパへはタバコ，綿花，砂糖，などが運ばれ，西ヨーロッパから西アフリカへは綿織物，武器などが運ばれた。奴隷貿易の中心となったのはイギリスやポルトガルやフランスだった。　2　軍機処は清の雍正帝の時代に設置され，最初はジュンガル部を征服する際の軍事機密保護のために設けられた。　3　移民が増加した背景としてジャガイモ飢饉の他にイギリスによる宗教的迫害がある。大半がカトリックであったアイルランド人は，プロテスタントの比率が高いアメリカ合衆国で差別を受けたため，危険な職業にしか就くことができなかった。　4　a　農奴解放令を発布したのはニコライ1世の息子であるアレクサンドル2世である。　5　1856年，イギリス船籍を主張する船の中国人乗組員が海賊容疑で逮捕されるアロー号事件が発生した。1858年に天津条約を結んだが，清が批准書交換を拒否したため英仏軍が北京を占領し，1860年に北京条約を結んだ。　6　苦力(クーリー)は中国人やインド人を中心とするアジア系移民に対する蔑称である。日露戦争で賠償金を得ることができなかった日本人に対し，それまで多くの日本人移民を受け入れていたアメリカが，人種差別的に排斥する動きが進んだこともおさえておきたい。　7　WASPはホワイト(W)，アングロ＝サクソン(AS)，プロテスタント(P)の略であり，北部都市の白人中産階級を指す。8　イギリスの自治領となったのはカナダ，南アフリカ，オーストラリア，ニュージーランド，インド等があげられる。　9　インド帝国の成立は1877年，インド国民会議の設立は1885年，インド大反乱の発生は1857〜59年である。　10　ア　タイは教育の西欧化や電信設備の整備など，近代化政策をとることで独立を維持した。　イ　ペナン・マラッカ・シンガポールはイギリス領であった。　ウ　ベトナムとカンボジアをあわせた地域はフランス領インドシナ連邦となった。

【3】1　A　推古　　B　北条時宗　　C　十三湊　　2　エ　　3　ウ
　　4　イ　5　ア　6　エ　7　ア　8　ウ　9　イ

〈解説〉1　A　推古天皇は敏達天皇の皇后となり，崇峻天皇が蘇我馬子
に殺されたのちに即位した。最初の女性天皇であり，聖徳太子を摂政
として国政を行った。　　B　北条時宗は，鎌倉幕府第8代執権である。
元寇に際して強硬策をとり，文永の役・弘安の役でこれを撃退した。
禅を信仰した時宗は，中国宋より無学祖元を招き，円覚寺を建立した。
C　十三湊は，津軽岩木川河口の十三湖に形成された中世の港である。
蝦夷地と日本海を結ぶ港として平安末期から整備され，鎌倉期の北条
氏の支配を経て，「十三湊日之本将軍」と称した安東(安藤)氏の本拠地
となった。　2　ア　鑑真は唐から来朝した。　イ　これは遣唐使に
関する記述である。　ウ　光武帝ではなく，煬帝が正しい。　3　aは
平安中期の国風文化に関する記述である。　4　藤原時平は平安前期
の公卿である。901年，左大臣のとき右大臣菅原道真を讒言により大
宰府に左遷して，朝廷の実権を握った。　5　北条時宗の死後，子の
北条貞時が執権につくと，北条得宗家に権力が集中していった。幕府
の支配権が全国的に強化されていくなかで，全国の守護の半分以上は
北条氏一門が占めるようになった。一方，幕府は窮乏化する御家人を
救済するために永仁の徳政令を発布するが，効果は一時的なものであ
った。　6　アは中国清末の政治家，イは李氏朝鮮の武将で，文禄・
慶長の役で日本軍を苦しめた。ウは韓国の政治家である。韓国併合後，
米国で朝鮮独立運動に従事し，1948年，大韓民国の成立とともに初代
大統領に就任した。　7　ア　木綿は朝鮮から日本に輸入された。日
朝貿易における輸出品は銅や硫黄，胡椒などがあげられる。

8　ア　幕府の中枢は老中，大老は臨時職であった。　イ　遠国奉行
ではなく，道中奉行が正しい。　エ　江戸幕府が開かれたのは1603年
だが，禁教令が出されたのは1612年である。　9　1790年に老中松平
定信による寛政の改革の一環として，江戸幕府が湯島の聖堂学問所に
対し，朱子学以外を異学とし，その教授を禁止した。これは，当時，
徂徠学派，仁斎学派，折衷学派などの異学が流行しており，幕府の官

学である林家の朱子学の振興を図るために発せられた。

【4】1 A 三国干渉 B サンフランシスコ 2 イまたはエ
3 イ 4 ウ 5 ア 6 イ 7 オ 8 ウ 9 ア
〈解説〉1 A 三国干渉とは，1895年日清戦争の講和条約(下関条約)締結後，ロシア・フランス・ドイツの3国が，条約で日本が得た遼東半島を清国に返還させた事件のことである。 B サンフランシスコ平和条約とは，1951年9月8日，日本と連合国との間で結ばれた第二次世界大戦の講和条約のことである。 2 ア 福島県ではなく，群馬県が正しい。 ウ 岩崎弥太郎ではなく，前島密が正しい。 3 b 平塚らいてうではなく，与謝野晶子が正しい。 4 1918年，富山県魚津の漁村に端を発し，全国に波及した騒動は，米騒動である。軍隊によって鎮圧されたが，時の寺内内閣は総辞職に追い込まれた。
5 浜口雄幸は，高知生まれの政治家で，蔵相・内相を歴任後，立憲民政党総裁として1929年首相に就任した。財政緊縮・金解禁を断行，協調外交を推進し，ロンドン軍縮会議で条約に調印した。
6 イ 柳条湖事件は，奉天(瀋陽)近郊の柳条湖で日本軍が南満州鉄道を爆破した事件のこと。日本軍はこれを張学良軍の行為として軍事行動を起こし，満州事変に拡大した。 7 aのウオール街の株価暴落は1929年，bの重要産業統制法は1931年，cの関東大震災は1923年のことである。 8 戦後の日本経済の安定・自立を目的とし，ドッジによりドッジ＝ラインが実行された。これを財政面から裏付けようとするものが，コロンビア大学教授シャウプを団長とする税制調査団によってなされたシャウプ勧告である。 9 日ソ共同宣言は，第2次大戦における日本・ソ連間の戦争状態を終了させた宣言である。首相鳩山一郎が，モスクワで調印した。

【5】1 緑の革命 2 A ベトナム C 中国 3 A エ
D ア 4 (1) イ (2) ウ (3) ア (4) ア 5 ウ
6 穀物メジャー 7 エ 8 エ

〈解説〉1　稲作は成長期の高温と多雨が必要条件で，季節風が高温多湿をもたらす東南アジアから南アジアにかけての栽培が多い。かつては生産量が伸びなかった地域で緑の革命と呼ばれる多収量品種と灌漑設備，化学肥料の導入によって，生産量が増加した。一方で，農家の貧富の差が拡大したことも知っておくべきだろう。　2　4品目すべての輸出をしているBは，企業的農業の進むアメリカとわかる。Cは大豆の輸入量が2位の約20倍もあることに注目。大豆は油の原料となるだけでなく，豚の飼料にも使われることから，豚肉生産量世界第1位の中国が考えられる。AとD(インドとベトナム)について，どちらも世界有数の米生産国だが，Dは米を輸入しており，また小麦も世界で最も多く輸入していることから人口が多い国，すなわちインドと考えられる。したがって，米を輸出，トウモロコシの輸入をしているAがベトナムとなる。　3　Bは長年，自給率が高く安定しているので米，Cは米には劣るが比較的自給率が高いので野菜類とわかる。葉野菜は鮮度が大切だが，タマネギやにんじん，カボチャなどは輸入量が多い。中国からはタマネギや長ネギ，にんじん，キャベツ，ゴボウも輸入しており，カボチャはかつてトンガなど島しょ部からの輸入が多かったが，近年ではニュージーランド，メキシコが多くなっている。　4　(1)　アメリカの農業は，気温，降水量によって適地適作で広大な耕地が設けられている。東西に広い国土のほぼ中央を西経100度線が縦断するが，そのラインは年間降水量500mmとほぼ一致する。年間降水量500 mmは決して多くないが，その半乾燥のステップ気候地帯は土地が肥沃で，地下水を利用した灌漑農法で小麦生産を行なっている。　(2)　南アメリカ大陸では，各地域の植生に独特の呼び名がついているのでまとめておくとよい。セルバはアマゾン流域の熱帯雨林の名称，パンパはラプラタ川河口に広がる温帯草原のこと，カンポはブラジル高原の熱帯草原のことである。　(3)　酪農は気温が低く穀物栽培には不向きな地域において生乳などを作る農業形態で，アメリカでは五大湖付近に典型的に見られる。トウモロコシは，アフリカやメキシコでは主食とされるが，北米では主に飼料用で，五大湖の農場や乾燥地帯の肥育場な

どで利用される。アメリカ西部や山岳地帯の乾燥地域では放牧が行なわれ，高温乾燥する南部では伝統的に綿花が栽培されてきたが，土壌が劣化し，西へ広がっている。　(4)　イ　小麦の生産量1位は中国であり，ついでインド，ロシア，アメリカとなっている。　ウ　春小麦はアメリカ北部からカナダのアルバータ，サスカチュワン，マニトバ州で多い。　エ　ウクライナの黒土はチェルノーゼムといい，温暖で冬小麦地帯である。インドのアッサム地方は紅茶で知られる。

5　ア　温暖なスペインでは地中海式農業が，オランダは酪農と園芸農業が行なわれている。　イ　混合農業では一般的にライ麦，ジャガイモのほかに飼料用作物であるえん麦，トウモロコシが栽培され，家畜は豚や牛を飼育する。　エ　ヨーロッパの農業は基本的に小農で，新大陸で見られるような大規模で機械化の進んだ大農法は見られない。　6　穀物メジャーは，肥料や種子の開発・研究，生産された穀物の集荷，貯蔵，運搬，販売のほか，加工，農業機械の製造など広範囲で影響力を持つ巨大企業またはグループである。大規模な企業的農業を行なうアメリカを中心に，世界の農業生産と価格に関わっている。

7　ア　マレーシアは人口の多くはマレー系だが，経済は中国系の子孫である華僑や華人が掌握している。　イ　文章は茶ではなくコーヒーと考えられる。　ウ　パーム油の生産が世界の過半を占めるのは，タイではなくてインドネシアである。　8　アの茶の生産は中国が1位だが，インド，ケニア，スリランカで栽培が多く，旧イギリス領で生産し，輸出していたことがわかる。イの落花生は中国，インド，ナイジェリアの順となっている(2018年)。ウのカカオ豆の生産量1位は西アフリカのコートジボワール，次いでガーナである。エの綿花の生産はインド，中国，アメリカの順で，エチオピアはそれほど多くない。

【6】1　エ　　2　ア　　3　ア　　4　X　散村　　Y　屋敷林
　Z　フェーン　　5　タウンシップ制　　6　(1)　ウ　　(2)　Y
　7　イ
〈解説〉1　地勢図は20万分の1で作られており，広い範囲を把握するのに

適している。5万分の1，2万5千分の1地形図は全国を網羅するように作られているが，1万分の1地形図は主要都市など一定の地域に限られる。　2　イは高等学校ではなく小・中学校，ウは裁判所ではなく税務署，エは保健所ではなく病院が正しい。　3　イ　岸渡川は，北のほうに37.5の数値が見られ，Bの近くに50mの水準点が見られることから，南東から北西に向かって流れている。　ウ　BとBの北に位置するAの間には集落が見られ，それ以外は水田に利用されている。

エ　Cの周囲も水田が多く，ところどころに針葉樹の記号がある。

4　Cの周囲は水田が多いが住宅は点在しており，これを散村という。針葉樹の記号は，夏の日差しや強風から家屋を守ることを目的とした，屋敷林またはカイニョ(カイナ)とを意味する。冬はシベリア気団からの北西の風，そして春先における南東から高温で乾いた風が吹きつけ，フェーン現象に襲われる。　5　アメリカ合衆国やカナダで見られる，碁盤目状の土地分割方法をタウンシップ制という。道路が格子状で，入植した家々は散村をなす。アメリカでは公有地を分割したため，耕作に従事する者が増えて開拓が促進された。　6　最も面積の広いアは岩手県である。また，内陸部には奥羽山地があり，林野面積が広いため林野面積はYとわかる。富山県は4つの県の中で最も狭いのでエである。残りは静岡県と兵庫県だが，面積は静岡県よりも兵庫県のほうが広く，またXの鉄鋼業製品出荷額が多いのでウとわかる。静岡県は，かつては南米を中心に在留外国人が多かったが，現在は減少傾向にあることもおさえておきたい。　7　ハザードマップは，各自治体が作成しており，国土交通省のホームページから，各自治体の作成するハザードマップへ移動できる。ハザードマップは地価や不動産価値への影響から公開が進まなかったが，災害に対する備えの必要性から，積極的な公開が求められている。

【7】1　A　簡易　　B　良心　　C　民事　　D　終審　　E　統治行為
　　2　エ　3　ア　4　弾劾　5　イ
〈解説〉1　A　簡易裁判所は民事裁判であれば訴額140万円以下の請求に

かかる訴訟，刑事裁判であれば軽い刑にあたる事件の第一審を行う裁判所である。　B　本規定は裁判所の独立とともに，司法権の独立を具現化している。　C　民事裁判は主に民法や商法などの私法に関わる裁判で，手続法として民事訴訟法が適用される。　D　審級制において最終裁判を行う裁判所を指す。日本国憲法第81条に規定されている。　E　統治行為論は砂川事件や苫米地事件の最高裁判決などで採用されている。　2　最高裁判所長官の指名は内閣だが，任命は天皇が行う。日本国憲法第6条第2項を参照のこと。　3　ロシアの報復を恐れた明治政府は巡査の死刑を求めたが，最終的に無期懲役の判決が下された。　4　裁判官等が不法行為など，職務上の違反を行った場合には，衆参両議院から選ばれた議員で構成される裁判官弾劾裁判所で資格のはく奪等の裁判が行われる。　5　ア　それまでの裁判は審理に長い時間を要していたことから，裁判の充実・迅速化を目的のひとつとして導入された。　ウ　裁判員裁判が実施されるのは第一審のみであり，控訴審と上告審は裁判官のみで行う。　エ　裁判員は裁判官とともに量刑の決定にも関わる。

2020年度　実施問題

共　通　問　題

【1】次の図をみて，下の問いに答えなさい。

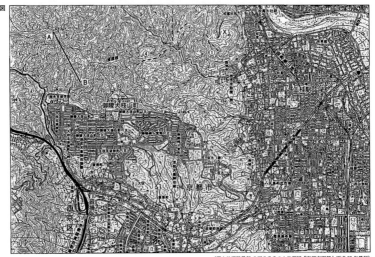

(国土地理院発行 2万5千分の1地形図「京都南西部」平成28年発行)

1　図の2万5千分の1地形図の説明の組み合わせとして適切なものを，次のア～エから1つ選んで，その符号を書きなさい。

　ア　編集図・主題図　　　イ　編集図・一般図
　ウ　実測図・主題図　　　エ　実測図・一般図

2　図のA－B間を定規で測ると3cmであった。A－B間のおおよその勾配(平均傾斜)として適切なものを，次のア～エから1つ選んで，その符号を書きなさい。

　ア　$\dfrac{1}{3}$　　イ　$\dfrac{10}{75}$　　ウ　$\dfrac{75}{10}$　　エ　$\dfrac{10}{3}$

3　図から読み取れることについて述べた文として適切なものを，次のア～エから1つ選んで，その符号を書きなさい。

ア　上桂駅の北西側には工場がある。

イ　上桂駅の西側には裁判所がある。

ウ　沓掛ICの西側には果樹園がある。

エ　沓掛ICの東側には図書館がある。

4　図の御陵大枝山町付近の集落が立地している場所は，かつてどのような地形であったと考えられるか適切なものを，次のア〜エから1つ選んで，その符号を書きなさい。

ア　低地　　イ　丘陵地　　ウ　高原　　エ　山頂

5　図のXと同じ地形の特徴をもつものとして適切なものを，次のア〜エから1つ選んで，その符号を書きなさい。

ア　破線①　　イ　破線②　　ウ　破線③　　エ　破線④

6　図の上桂駅の北西側にある西芳寺は世界遺産に登録されている。同じように世界遺産に登録されている寺社として適切なものを，次のア〜エから1つ選んで，その符号を書きなさい。

ア　建長寺　　イ　湊川神社　　ウ　法隆寺　　エ　住吉大社

7　次の表は政令指定都市のうち，札幌市，横浜市，大阪市，京都市，熊本市の2018年の面積，人口，世帯数を示している。表をみて下の問いに答えなさい。

表	都市名	面積（k㎡）	人口（千人）	世帯数（千）
	大阪市	225	2,570	1,365
	ア	1,121	1,940	1,038
	イ	438	3,646	1,702
	ウ	390	729	333
	エ	828	1,371	675

（『地理統計要覧2019年版』より作成）

(1)　表のア〜エから京都市にあてはまるものを選んで，その符号を書きなさい。

(2)　政令指定都市として適切でないものを，次のア〜エから1つ選んで，その符号を書きなさい。

ア　盛岡市　　イ　相模原市　　ウ　新潟市　　エ　岡山市

(☆☆☆◎◎◎)

【２】次の文章を読み，下の問いに答えなさい。

　　ヒトをチンパンジーやその他の動物から分かつものは，特に大脳の
　発達した大きな脳をもち，考えることができるというところにある。
　「人間は考える葦である」というフランスの哲学者（　Ａ　）の言葉は，
　自然の中で弱い存在である人間が，考えるという営みにおいてこそ自
　然に優越した偉大さを獲得しえたということを語っている。しかし，
　私たちが直面している①地球環境問題や②核問題，資源・エネルギー
　問題など深刻な現代的諸問題もまた，この人間にのみに与えられた
　「考える」という営みからもたらされたものである。

　　考えることの歴史をさかのぼると，③ギリシア思想ではソクラテス
　が人間にとって大切なことは，「ただ生きることではなく（　Ｂ　）こと
　である」といっている。ソクラテスは（　Ｂ　）ことは人間としてのすば
　らしさを発揮して生きることであると教えている。人間は神のように
　全能ではない。だから，④私たちは真理について無知であることを自
　覚することから始める知への愛が必要だと説いた。

　　弟子の（　Ｃ　）は，この移り変わる現実世界をこえて，理想で永遠な
　るもの，絶対的な真理を求め，それをイデアとよんだ。また，アリス
　トテレスは，師の（　Ｃ　）の思想を引きつぎつつ人間は「社会的動物」
　であると考え，正義と友愛の徳を重んじた。

　　人間は利害を調整したり対立や紛争を解決するために，話し合いを
　行っている。これらのはたらきが広い意味での⑤政治である。このよ
　うな意味での政治は，日常的にさまざまな身近な集団の中にもみられ
　るが，もっとも典型的にみられるのが⑥国家においてである。

１　文中の（　Ａ　）～（　Ｃ　）にあてはまる適切な語句を書きなさい。

２　下線部①について，地球環境問題に関して述べた文として適切な
　　ものを，次のア～エから１つ選んで，その符号を書きなさい。

　　ア　二酸化炭素などの温室効果ガスはオゾン層を破壊し，太陽から
　　　の紫外線の量が増加している。

　　イ　アメリカの海洋生物学者ボールディングは，著書の『沈黙の春』
　　　で農薬や殺虫剤など人間が作り出した化学物質の大量使用が生態

系を破壊する危険性を告発した。

ウ 「持続可能な開発」は，1997年に開催された地球温暖化防止京都会議ではじめて取り上げられた考え方である。

エ 環境に配慮した製品を優先して購入する考え方を「グリーンコンシューマー」とよぶ。

3 下線部②について，1996年にすべての核爆発実験を禁止する条約が国連総会で採択された。この条約を何というか，書きなさい。

4 下線部③について，この時代の思想や考え方として適切なものを，次のア～エから1つ選んで，その符号を書きなさい。

ア 善と美の調和　　イ 他者への慈しみ　　ウ 誠の徳

エ 神への愛

5 下線部④について，ソクラテスのこの考え方を何というか，書きなさい。

6 下線部⑤について，イギリスで発達した制度で，議会で選ばれた首相によって内閣が組織され，内閣が議会の信任にもとづいて存立する政治制度を何というか，書きなさい。

7 下線部⑥について，現代の行政国家の問題に対処するために見直されてきた内容に関して述べた文として適切でないものを，次のア～エから1つ選んで，その符号を書きなさい。

ア 公務員の天下り先となっていると批判が多い特殊法人や公益法人の改革や民営化が進んだ。

イ 1993年に行政手続法が制定され，官庁の許認可の条件や行政指導を明文化し，公正の確保と透明性の向上がはかられた。

ウ 縦割り行政の弊害の是正と官僚主導の政治を行うために公務員制度改革が行われた。

エ 行政機関から独立した観察機関を設けて行政の公正さを確保しようとするオンブズマン制度を設ける地方公共団体もある。

(☆☆☆◎◎◎)

中 学 社 会

【1】次の文章を読み，下の問いに答えなさい。

　　2019年は①ラグビーワールドカップが，2020年には東京オリンピック・パラリンピックが開催され，多くの外国人が日本を訪れると予想される。1980年代以降，②航空運賃の低価格化や外国の観光情報の普及により国際観光時代が到来し，2012年には国際観光客数が10億人に達した。ヨーロッパではバカンスの習慣があり，ドイツでは夏に③フランスやスペインの海岸リゾートに訪れるなど観光客の移動が激しくなる。しかし，日本を訪れる外国人旅行者数は，日本人海外旅行者数に比べ少ない。2004年から，日本政府は(A)・ジャパン・キャンペーンを展開し，外国人旅行者の入国管理の緩和，外国語の案内板や観光情報を出す拠点整備などを推進している。とくに経済発展のめざましい④アジア諸国からの旅行者数が大きく伸びている。

　　観光地の一つである温泉が多数ある日本列島は，⑤アルプス山脈や⑥アンデス山脈と同様に新期造山帯に属し，また4枚の⑦プレートの境界に位置していることから地震や火山噴火が多く，⑧降水量が多いため豪雨による災害も多い。自然災害による被害を最小限に抑えることを目的に，想定される被害範囲の程度や避難場所を示す(B)マップが作成されているが，災害時の外国人旅行者への対応のありかたなどを，地域の一員として主体的に追究，解決しようとする態度を養うことが求められる。

1　文中の(A)，(B)にあてはまる適切な語句を書きなさい。

2　下線部①について，ラグビーワールドカップ前回大会優勝国ニュージーランドのポリネシア系先住民を何というか，書きなさい。

3　下線部②について，アメリカのシカゴやドイツのフランクフルトにある空港のように，国際・国内航空路線が集中する拠点空港を自転車の車輪の一部に例えて何というか，書きなさい。

4　下線部③について，次の表1はアメリカ，中国，ドイツ，フランス，ブラジルの発電量の合計と内訳を示したものである。表1のア～エ

からブラジルにあてはまるものを1つ選んで，その符号を書きなさい。

表1

国名	発電量の合計（億kWh）	火力（%）	水力（%）	原子力（%）	新エネルギー（%）
ア	58,146	73.8	19.4	2.9	3.9
アメリカ	43,172	68.8	6.3	19.2	5.7
イ	6,469	63.7	3.8	14.2	18.3
ウ	5,812	31.8	61.9	2.5	3.7
エ	5,685	7.5	10.4	77.0	5.1

※新エネルギーは、風力、地熱、太陽光、潮力
（『地理統計要覧2019年版』より作成）

5　下線部④について，表2はインドネシア，カンボジア，シンガポール，タイ，フィリピンの国土面積，人口，1人あたりの国民総所得，おもな宗教に関するものである。表2のア～エからタイにあてはまるものを1つ選んで，その符号を書きなさい。

表2

国名	面積（千km²）	人口（千人）	1人あたりの国民総所得（ドル）	おもな宗教（%）
シンガポール	0.72	5,792	51,880	仏教33　キリスト教18　イスラム教15　道教11
ア	181	16,246	1,140	仏教97　イスラム教2
イ	300	106,512	3,580	キリスト教93　イスラム教5
ウ	1,911	266,795	3,400	イスラム教87　キリスト教10　ヒンドゥー教2　仏教1
エ	513	69,183	5,640	仏教83　イスラム教9　伝統信仰3

（『地理統計要覧2019年版』より作成）

6　下線部⑤について，アルプス山脈の農業に関して述べた文として適切なものを，次のア～エから1つ選んで，その符号を書きなさい。

ア　山地や山麓の斜面を階段状に開いた棚田で稲作が行われている。

イ　季節的に低地と高地の間で家畜を移動させる移牧が行われている。

ウ　夏季の乾燥に耐えられるオリーブ・ぶどう・コルクがしが栽培されている。

エ　高温で降水に恵まれた地域では，二期作が行われている。

7　下線部⑥について，次の文はアンデス山脈に関して述べた文である。あとの問いに答えなさい。

> アンデス山脈を源流に持つアマゾン川流域には（　X　）と呼ばれる熱帯雨林が広がる。アンデス山脈の西側には，（　Y　）が沿岸を流れていることが影響してできた海岸砂漠であるアタカマ砂漠がみられる。

(1)　文中の（　X　）にあてはまる適切な語句を，次のア～エから1つ選んで，その符号を書きなさい。

　　　ア　タイガ　　イ　セルバ　　ウ　パンパ　　エ　プレーリー

(2)　文中の（　Y　）にあてはまる適切な語句を，次のア～エから1つ選んで，その符号を書きなさい。

　　　ア　暖流のペルー海流　　　イ　暖流のベンゲラ海流
　　　ウ　寒流のペルー海流　　　エ　寒流のベンゲラ海流

8　下線部⑦について，日本列島周辺のプレートの境界に関して述べた文aとbの正誤の組み合わせとして適切なものを，下のア～エから1つ選んで，その符号を書きなさい。

a　太平洋プレートが北アメリカプレートの下に沈み込む，せばまる境界。

b　ユーラシアプレートとフィリピン海プレートが離れる，広がる境界。

　　ア　a－正　b－正　　　イ　a－正　b－誤
　　ウ　a－誤　b－正　　　エ　a－誤　b－誤

9　下線部⑧について，降水量と気温を表した次の図から読み取れる内容として適切なものを，あとのア～エから1つ選んで，その符号を書きなさい。

図

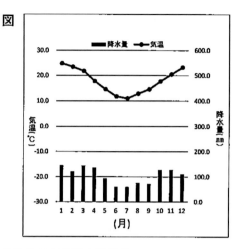

ア　夏よりも冬の方が降水量が多い。

イ　最暖月と最寒月の月別平均気温の差は20℃以上である。

ウ　月別の降水量が200mmを超えることはない。

エ　最暖月でも月別平均気温が20℃を超えない。

10　日本の地場産業は，産地ブランドをかかげて，外国人旅行者を含めた海外の富裕層をとりこみ，生き残りをはかろうとする動きも進んでいる。経済産業省が進める地域団体商標に鞄が認定された地域はどこか，次のア〜エから1つ選んで，その符号を書きなさい。

ア　今治　　イ　堺　　ウ　豊岡　　エ　神戸

(☆☆☆◎◎◎)

【2】次の文章を読み，あとの問いに答えなさい。

　　ヨーロッパ人のアジアへのあこがれは強く，競って東洋の物産品を求める航海に乗り出した。アジアをめざす動きは最初に①ポルトガルで本格化し，これに対抗してスペインの女王イサベルらもアジアをめざし，コロンブスの航海を支援した。コロンブスはトスカネリの地球球体説をもとに西をめざし，②1492年にサンサルバドル島に到達した。コロンブスは到着した場所をアジアの一部と考えていたが，のちにそ

こがヨーロッパ人の知らなかった「新大陸」であることが明らかとなった。

　スペインは，③アメリカ大陸を中心に広大な植民地帝国を築いた。1516年に即位した（　Ａ　）家のカルロス1世は，神聖ローマ皇帝にも選出されたが，ヨーロッパの支配権をめぐってイタリア戦争を続けたため，財政が破たんし，王位を子のフェリペ2世に譲った。フェリペ2世は国内で絶対王政を展開する一方，1571年にはオスマン帝国軍をレパントの海戦で破り，④対抗宗教改革を推進するカトリックの盟主の地位を獲得した。また，⑤フィリピンを植民地とし，1580年には王室の絶えたポルトガルを併合してアジアやアフリカの交易を一手に担った。しかし，1588年に無敵艦隊がイギリス海軍に敗れる事態も起こり，スペインの世界帝国は傾き始めた。

　イギリスでは，離婚問題でローマ教皇と対立した国王ヘンリ8世が，ローマ教皇ではなく，自らを教会の最高権威にする国王至上法(首長法)を制定し，⑥イギリス国教会を創設した。1533年に即位したメアリ1世は，スペイン国王フェリペ2世と結婚しカトリックを復活させた。しかし，1558年に即位した次の国王（　Ｂ　）は，その翌年再び国王至上法と統一法を制定し，国教会を再建した。

1　文中の（　Ａ　），（　Ｂ　）にあてはまる適切な語句を書きなさい。

2　下線部①について，1887年に正式に領有し，ポルトガルの対中国貿易の拠点となった港町として適切なものを，次のア～エから1つ選んで，その符号を書きなさい。

　ア　ホンコン　　イ　アモイ　　ウ　マニラ　　エ　マカオ

3　下線部②について，同じ年に起きた出来事として適切なものを，次のア～エから1つ選んで，その符号を書きなさい。

　ア　ビザンツ帝国が滅亡した。

　イ　百年戦争がはじまった。

　ウ　グラナダが陥落した。

　エ　ルターが九十五か条の論題を発表した。

4　下線部③について，次の文はスペインのアメリカ征服に関して述

べたものである。文中の(X), (Y)にあてはまる語句の組み合わせとして適切なものを，下のア〜エから1つ選んで，その符号を書きなさい。

> スペイン王室は「征服者」の率いる軍隊をアメリカ大陸におくりこんだ。まず(X)がアステカ王国を破ってメキシコを征服し，ついでピサロが(Y)帝国を滅ぼし，首都クスコを破壊した。

ア　X　カブラル　Y　インカ　　イ　X　コルテス　Y　インカ
ウ　X　カブラル　Y　マヤ　　　エ　X　コルテス　Y　マヤ

5　下線部④について，イグナティウス＝ロヨラがフランシスコ＝ザビエルらとともに1534年に結成し，対抗宗教改革の一環としてカトリックの海外伝道活動を行った修道会の名称を書きなさい。

6　下線部⑤について，スペイン王の援助を受けて航海し，フィリピンに到達した人物として適切なものを，次のア〜エから1つ選んで，その符号を書きなさい。
　ア　ヴァスコ＝ダ＝ガマ　　イ　ヴェスプッチ
　ウ　マゼラン　　　　　　　エ　ディアス

7　下線部⑥について，この国の宗教改革に関して説明したaとbのそれぞれの文の正誤の組み合わせとして適切なものを，下のア〜エから1つ選んで，その符号を書きなさい。
　a　イギリス国教会はカルヴァン主義を採用した。
　b　イギリス国教会は司教制を維持した。
　ア　a−正　b−正　　イ　a−正　b−誤　　ウ　a−誤　b−正
　エ　a−誤　b−誤

(☆☆☆☆◎◎◎◎)

【3】次の資料は，1712年に書かれた『読史余論』という歴史書の一部である。この資料①と資料②をみて，あとの問いに答えなさい。

資料①

> 本朝天下の大勢，九変して武家の代となり，武家の代また五変
> して，当代におよぶ総論の事。
> 神皇正統記に光孝より上つかたは一向上古也。万の例を勘ふる
> にも，仁和より下つかたをぞ中める。

資料②

九変		五変	
一変	①清和天皇が9歳で即位する		
二変	光孝天皇が55歳で即位する		
三変	冷泉天皇以後，②摂政，関白が常置となる		
四変	③摂関政治が終わる		
五変	④院政が始まる	一変	源頼朝が幕府を開く
六変	源頼朝が天下兵馬の権をとる	二変	北条義時が天下の権をとる
七変	⑤北条氏が政治の実権をとる		
八変	後醍醐天皇の政治	三変	⑦幕府を開く
九変	⑥京都に光明天皇を立てる	四変	⑧安土桃山時代となる
		五変	当代の世となる

1　『読史余論』を説明した次の文中の（　Ｘ　），（　Ｙ　）にあてはまる
　語句の組み合わせとして適切なものを，下のア～エから1つ選んで，
　その符号を書きなさい。

> （　Ｘ　）の新井白石が，（　Ｙ　）の死後に将軍となった徳川家宣
> に対して，「九変五変論」とよばれる独自の時代区分論で行っ
> た日本史の講義案である。

　ア　Ｘ　国学者　　　Ｙ　徳川吉宗
　イ　Ｘ　国学者　　　Ｙ　徳川綱吉
　ウ　Ｘ　朱子学者　　Ｙ　徳川綱吉
　エ　Ｘ　朱子学者　　Ｙ　徳川吉宗

2　下線部①について，この時，臣下で初めて摂政となった人物とし
　て適切なものを，次のア～エから1つ選んで，その符号を書きなさ
　い。

　ア　藤原冬嗣　　　イ　藤原良房　　　ウ　藤原基経　　　エ　藤原忠平

3　下線部②の頃の日本の様子に関して説明したaとbのそれぞれの文

の正誤の組み合わせとして適切なものを，下のア～エから1つ選んで，その符号を書きなさい。

a 東国から防人が派遣され，九州沿岸の警備にあたった。

b 北上川流域の蝦夷を征討し，胆沢城や志波城を築き，東北経営の拠点とした。

ア a－正 b－正　　イ a－正 b－誤

ウ a－誤 b－正　　エ a－誤 b－誤

4 下線部③について説明した次の文中の(X)，(Y)にあてはまる語句の組み合わせとして適切なものを，下のア～エから1つ選んで，その符号を書きなさい。

(X)の娘に皇子が生まれなかったため，藤原氏を外戚としない(Y)天皇が即位し，政治の実権を取り戻そうとした。

ア X 藤原道長 Y 後三条　　イ X 藤原道長 Y 後一条

ウ X 藤原頼通 Y 後三条　　エ X 藤原頼通 Y 後一条

5 下線部④について，堀河天皇に譲位して院政を開始した上皇を書きなさい。

6 下線部⑤について述べた次のa～cの文に関して，古いものから年代順に正しく並べたものを，下のア～カから1つ選んで，その符号を書きなさい。

a 北条時宗が対馬，壱岐を襲った後に博多湾岸に上陸した元軍の襲来を退けた。

b 北条泰時が朝廷の律令とは別に，武家独自の法である御成敗式目を定めた。

c 北条政子の言葉で結束した鎌倉幕府は承久の乱に勝利し，後鳥羽上皇を隠岐に配流した。

ア a－b－c　　イ a－c－b　　ウ b－a－c

エ b－c－a　　オ c－a－b　　カ c－b－a

7 下線部⑥と⑦を行った人物は誰か，名前を書きなさい。

8 下線部⑧について，この時期の日本の様子に関して説明した次の

文中の(X)，(Y)にあてはまる語句の組み合わせとして適切なものを，下のア～エから1つ選んで，その符号を書きなさい。

> 和泉の堺や，近江の(X)では(Y)の職人らによって，国産鉄砲が大量生産されるようになった。これは，当時の日本の技術水準の高さを物語っている。また，足軽鉄砲隊の登場や，城郭が山城から平山城や平城に変化するなど大きな影響を与えた。

ア　X　国友　Y　刀鍛冶　　イ　X　根来　Y　活版印刷
ウ　X　根来　Y　刀鍛冶　　エ　X　国友　Y　活版印刷

9　この資料における歴史の見方の説明として適切なものを，次のア～エから1つ選んで，その符号を書きなさい。

ア　天皇家の立場から，武家が天皇の委任によって政権を預かっていることを説いている。

イ　徳川家の立場から，公家の世から武家の世となった大勢を説いている。

ウ　徳川家の立場から，道理に背いて公家の世から武家の世となった歴史を説いている。

エ　天皇家の立場から，皇位継承の道理を説き，天皇家の権威を守ることを説いている。

(☆☆☆◎◎◎)

【4】次の文章を読み，あとの問いに答えなさい。

　政府(国や地方公共団体)が行う経済活動を財政という。政府は，租税を徴収し，行政サービスを提供し，民間の経済活動を補う。財政の機能には，次の三つがある。第一は，(A)の機能である。公共財や公共サービスは，①市場機構に委ねていたのでは適切な供給が行われない。そこで，こうした財・サービスの提供は政府の役割となる。第二は，(B)の機能である。今日，多くの先進国では，所得の不平等を是正するために，所得税などに(C)制度を取り入れて，これによ

って徴収した税金を，社会保険や生活保護などの（　D　）制度を通じて国民に再分配して，所得格差の縮小を図っている。第三は，景気調整の機能である。財政には，（　C　）制度や（　D　）制度が組みこまれることにより，景気を安定させる機能が備わっている。しかし，景気安定のためには，それだけでは不十分なため，政府は②裁量的財政政策を行う。これは，景気変動に対応して，政府が公共投資や課税の増減を行うことにより，③有効需要を適切に保ち，景気の安定化に努めるものである。なお，財政政策と金融政策は一体的に運用されることが多い。これを（　E　）という。

　政府の歳入を支えるのは租税である。租税には④国に納める国税と地方公共団体に納める地方税がある。また，租税を負担する担税者と納税者が同一である直接税と，担税者と納税者が異なる間接税がある。租税の徴収にあたっては公平の原則が重要である。日本は，第二次世界大戦後に，（　F　）の勧告に基づく税制改革により，所得税を中心とした税制をとってきた。

1　文中の（　A　）～（　F　）にあてはまる適切な語句を書きなさい。

2　下線部①について，市場機構に関して述べた文として適切でないものを，次のア～エから1つ選んで，その符号を書きなさい。

　ア　家計は，財やサービスの満足度をできるだけ大きくするように，財の価格に応じて需要量を変化させる。

　イ　ある財の供給が需要を上回れば，価格は需要と供給が一致するまで上昇する。

　ウ　一般に，生活必需品や，代替品がない財の場合は，価格弾力性は小さい。

　エ　企業は利潤をできるだけ大きくするように，財の価格に応じて供給量を変化させる。

3　下線部②について，この政策を何というか，カタカナで書きなさい。

4　下線部③について，資本主義経済の最大の問題を失業であるとして，失業者を減らすために，政府が公共事業などを行って有効需要

を作り出す必要があることを指摘したイギリスの経済学者は誰か，書きなさい。

5　下線部④について，1989年に消費税が導入されたが，その時の消費税の租税体系区分として適切なものを，次のア～エから1つ選んで，その符号を書きなさい。

　ア　国税で直接税　　イ　国税で間接税　　ウ　地方税で直接税

　エ　地方税で間接税

6　1989年の消費税導入当時の状況について述べた文として適切でないものを，次のア～エから1つ選んで，その符号を書きなさい。

　ア　従来，特定商品の消費を課税対象とした物品税があったが，対象がアンバランスなどの理由から，1989年に廃止された。

　イ　所得税は職業によって徴収方法が異なり，所得の捕捉率に差があるとの指摘があった。

　ウ　勤労意欲や所得の国外逃避の点から所得税率などの引き下げを求める意見が大きくなった。

　エ　高齢化に伴う社会保障関係費の増加による財源確保のため，広く負担を求める観点からそれまでの売上税を消費税に変えた。

(☆☆☆◎◎◎)

地 理 歴 史・公 民

【1】次の文章を読み，あとの問いに答えなさい。

　　中央ユーラシアの草原地帯の東部では，前5世紀ころから①騎馬遊牧民の活動が活発となった。前3世紀，秦・漢が成立した頃，匈奴の単于は騎馬遊牧民をまとめて大勢力を形成した。匈奴は，前2世紀には（　A　）単于のもとで全盛期を迎え，成立直後の漢の軍を大破して，漢に貢納を課し，月氏を追ってタリム盆地を支配下においた。漢は匈奴に対して融和策をとったが，②武帝の時代に武力で匈奴を制圧して北に追いやり，タリム盆地の支配権も奪った。このため，匈奴は東西交

易の利を失って衰えた。その後，鮮卑がモンゴル高原の覇権を握った。鮮卑は③2世紀中頃から，草原地帯東部の諸勢力をまとめて大勢力となった。

　騎馬遊牧民族が力をのばしはじめた頃，中国では張角を指導者とする（　B　）の乱をきっかけに各地に軍事集団があらわれ，混戦をくりかえした。220年に曹丕が④後漢の皇帝からの禅譲をうけて魏を建てると，劉備は蜀を，孫権は呉を建て，国を三分する形勢となった。3国の中では魏が最も優勢であったが，その魏もまもなく将軍の司馬炎が国を奪って晋を建て，280年に中国を統一した。

　しかし，まもなく内紛と内乱によって晋の支配体制がゆるみ，五胡が本格的に華北に移住し，この混乱の中で晋は滅亡した。こうして華北は諸政権が興亡をくりかえす五胡十六国の時代に入ったが，5世紀前半に，鮮卑の拓跋氏がたてた⑤北魏が華北を統一した。一方，江南では，司馬睿が晋を復興し，稲作地帯を基盤とする政権を樹立した。その後，江南では南朝と総称される各王朝が短期間に興亡した。後漢滅亡以降のおよそ370年にわたる分裂の時代を⑥魏晋南北朝時代とよぶ。

　581年に隋を建てた楊堅は，南朝の陳を倒して中国を統一したが，⑦その後30年たらずで隋は滅んだ。隋末の反乱の中で挙兵した李淵は，618年に隋を倒して唐を建て，長安を都とした。2代目太宗は中国を統一し，第3代高宗の時代には唐の勢力は中央アジアにまで拡大した。しかし，タラス河畔の戦いで⑧アッバース朝に大敗すると，唐の勢力は後退し，中央アジアのイスラーム化が進展した。

1　文中の（　A　），（　B　）にあてはまる適切な語句を書きなさい。
2　下線部①について，前7世紀頃から南ロシアの草原地帯を支配した騎馬遊牧民を何というか，書きなさい。
3　下線部②について，武帝時代の出来事として適切なものを，次のア〜エから1つ選んで，その符号を書きなさい。
　ア　呉楚七国の乱が平定された。
　イ　司馬光が『史記』を記した。

　　ウ　官僚や学者を弾圧する党錮の禁が起きた。

　　エ　張騫が西域に派遣された。

4　下線部③について，2世紀の出来事に関して述べた文として適切な
　ものを，次のア〜エから1つ選んで，その符号を書きなさい。

　　ア　ローマ帝国は「ローマの平和」を享受し，トラヤヌス帝のもと
　　　領域が最大となった。

　　イ　ササン朝ではゾロアスター教が国教とされ，教典『アヴェスタ
　　　ー』が編纂された。

　　ウ　菩薩信仰を中心とする小乗仏教がおこり，ナーガールジュナが
　　　その教理を体系化した。

　　エ　王莽が漢の皇帝を廃して新を建てたが，急激な改革を行ったた
　　　め赤眉の乱がおこった。

5　下線部④について，後漢の文化に関して述べた文として適切でな
　いものを，次のア〜エから1つ選んで，その符号を書きなさい。

　　ア　鄭玄らによって字句解釈をめぐる学問が発達した。

　　イ　韓愈・柳宗元などが古文の復興を主張した。

　　ウ　班固が前漢一代の歴史書である『漢書』を著した

　　エ　蔡倫によって紙をつくる技術が改良された。

6　下線部⑤について，北魏に関して述べた文として適切なものを，
　次のア〜エから1つ選んで，その符号を書きなさい。

　　ア　寇謙之によって大成された道教を弾圧した。

　　イ　均田制を実施し，戸籍を整備して里甲制を施行した。

　　ウ　兵農一致の徴兵制度である府兵制を創始した。

　　エ　雲崗や竜門で石窟寺院の造営がはじまった。

7　下線部⑥について，次の文は魏晋南北朝時代の社会と文化に関し
　て述べたものである。文中の（　Ｘ　）〜（　Ｚ　）にあてはまる語句の
　組み合わせとして適切なものを，あとのア〜クから1つ選んで，そ
　の符号を書きなさい。

> 魏の文帝は（　X　）を制定し，有能な人材を集めようとしたが，結果的に有力な豪族のみが高級官僚を独占するようになった。名門の家柄が固定化され，南北朝はこれら（　Y　）の勢力が非常に強い時代であった。江南では彼らが主導する優雅な六朝文化が栄え，「女史箴図」の作者とされる（　Z　）や，書家の王羲之などが活躍した。

ア　X　郷挙里選　　Y　貴族　　Z　顧愷之

イ　X　郷挙里選　　Y　貴族　　Z　呉道玄

ウ　X　郷挙里選　　Y　郷紳　　Z　顧愷之

エ　X　郷挙里選　　Y　郷紳　　Z　呉道玄

オ　X　九品中正　　Y　貴族　　Z　顧愷之

カ　X　九品中正　　Y　貴族　　Z　呉道玄

キ　X　九品中正　　Y　郷紳　　Z　顧愷之

ク　X　九品中正　　Y　郷紳　　Z　呉道玄

8　下線部⑦について，隋が短命に終わった一因として3度にわたる遠征の失敗が挙げられる。その遠征を行った皇帝と相手国の組み合わせとして適切なものを，次のア～エから1つ選んで，その符号を書きなさい。

ア　文帝・高句麗　　イ　文帝・吐蕃　　ウ　煬帝・高句麗

エ　煬帝・吐蕃

9　下線部⑧について，この時代にはイスラーム世界が3人のカリフがならびたつ分裂状態となった。次の図中のあ～うはカリフの称号を用いた王朝の首都であり，資料①・②はそのうちの2つについて説明したものである。資料①・②とあ～うの組み合わせとして適切なものを，あとのア～カから1つ選んで，その符号を書きなさい。

図

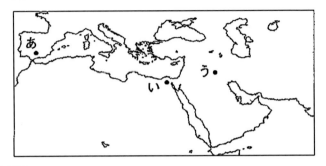

資料①

第2代カリフであるマンスールによって造営され，首都となった。ここを起点として駅伝制にもとづく交通・通信網が整備された結果，国際交易の中心都市として発展した。

資料②

シーア派の王朝によって造営され，交易の拠点として繁栄した。シーア派のモスクとして建立されたアズハル＝モスクには，マドラサが併設されており，全イスラーム世界から学生が集まった。

ア　資料①－あ　資料②－い　　イ　資料①－あ　資料②－う

ウ　資料①－い　資料②－あ　　エ　資料①－い　資料②－う

オ　資料①－う　資料②－あ　　カ　資料①－う　資料②－い

(☆☆○○○○)

【2】次の文章を読み，あとの問いに答えなさい。

　19世紀のヨーロッパでは，諸列強は協力してウィーン体制による政治的安定をめざしたが，国民国家の建設や自由主義的改革への動きを阻止することはできなかった。19世紀後半には，①中世から分裂したままであったイタリアとドイツがそれぞれ統一国家の樹立をなしと

げ，ヨーロッパの政治と文化に大きな影響をおよぼすようになった。

　イタリアの統一運動は，サルデーニャ王国の主導下に進められた。同王国の首相（　A　）は，クリミア戦争に参戦することによってフランスの支持を獲得し，1859年，オーストリアを破ってロンバルディアを併合した。1860年には，サヴォイア・ニースをフランスに譲る見返りに，中部イタリアの併合に成功した。さらにこの年，②ガリバルディが両シチリア王国を占領し，これをサルデーニャ王に献上した。この結果，1861年，サルデーニャ王ヴィットーリオ＝エマヌエーレ2世を国王とするイタリア王国が成立した。続いて1870年にはローマ教皇領も占領し，統一は完成した。しかし，豊かな北部と貧しい南部は，経済も文化も異質で，大きな格差が生まれた。さらに，③「未回収のイタリア」の問題ものちのちまで残った。

　④ドイツの統一運動の中心になったのはプロイセンであった。ユンカー出身のビスマルクは，1862年に首相に任じられた直後の議会演説に由来する「（　B　）政策」とよばれた富国強兵策による統一を推進した。ビスマルクは統一の主導権を争っていた⑤オーストリアとの戦争に勝利して北ドイツ連邦を結成したのち，統一をはばむ⑥フランスとの戦争にも勝利した。これにより，1871年に南ドイツ諸邦も加えた⑦ドイツ帝国が成立し，プロイセン王ヴィルヘルム1世がドイツ皇帝に即位した。帝国宰相となったビスマルクは，国民統合の手段としてカトリックや社会主義者など国内の少数派を敵視する政策をとり，急速な経済成長も実現し，帝国を列強の一員とした。対外的には，ドイツの安全を守るためにフランスを孤立させ，ヨーロッパ諸国の勢力均衡による安定をはかった。

　両国の統一運動がその典型であるように，19世紀後半のヨーロッパの政治を導いたのは，⑧ナショナリズムであった。

1　文中の（　A　），（　B　）にあてはまる適切な語句を書きなさい。
2　下線部①について，19世紀前半のイタリアまたはドイツの統一運動に関して述べた文として適切でないものを，次のア～エから1つ選んで，その符号を書きなさい。

　　ア　イタリアでは秘密結社カルボナリが結成され，中部イタリアを
　　　中心に反乱をおこした。
　　イ　ドイツでは自由と統一を求めて学生組合ブルシェンシャフトが
　　　結成された。
　　ウ　イタリアでは貴族の青年将校が改革を求めるデカブリストの乱
　　　をおこした。
　　エ　ドイツでは政治的分裂は続いたが，関税同盟が発足し商工業者
　　　が望む経済的統一が実現した。

3　下線部②について，ガリバルディに関して述べた文aとbの正誤の
　組み合わせとして適切なものを，下のア～エから1つ選んで，その
　符号を書きなさい。
　a　イタリアの統一をめざして政治結社「青年イタリア」を結成し
　　た。
　b　「赤シャツ隊(千人隊)」とよばれる義勇軍を率いた。
　　ア　a－正　b－正　　　イ　a－正　b－誤
　　ウ　a－誤　b－正　　　エ　a－誤　b－誤

4　下線部③について，「未回収のイタリア」に含まれる地域と，その
　位置を示す次の図中の あ・い の組み合わせとして適切なものを，
　あとのア～エから1つ選んで，その符号を書きなさい。

図

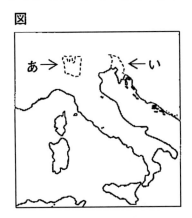

ア 南チロルーあ　イ トリエステーい　ウ トリエステーあ
エ 南チロルーい

5 下線部④について，オーストリアを排除して，プロイセン中心に
ドイツを統一しようとする考え，方式を何というか書きなさい。

6 下線部⑤について，敗れたオーストリアに関して述べた文として
適切なものを，次のア～エから1つ選んで，その符号を書きなさい。

ア 支配に不満を持つポーランドの反乱後，皇帝は専制政治を強化
した。

イ マジャール人にハンガリー王国を認め，同君連合国家を結成し
た。

ウ パン＝スラヴ主義の主張をかかげ，バルカン半島での勢力拡大
をはかった。

エ ビスマルクが開いたベルリン会議の結果，ボスニア・ヘルツェ
ゴヴィナの占領と行政権を否認された。

7 下線部⑥について，敗れたフランスに関して述べた文として適切
なものを，次のア～エから1つ選んで，その符号を書きなさい。

ア 民衆による自治政権パリ＝コミューンが一時パリを支配した。

イ ナポレオン3世が第二帝政を強化した。

ウ ドレフュス事件がおこり第二共和政は大きく揺さぶられた。

エ シャルル10世がアルジェリアに出兵した。

8 下線部⑦について，ドイツ帝国に関して述べた文aとbの正誤の組
み合わせとして適切なものを，下のア～エから1つ選んで，その符
号を書きなさい。

a フランスのヴェルサイユ宮殿で成立が宣言された。

b 帝国議会の議員は男性普通選挙制で選ばれた。

ア a－正 b－正　イ a－正 b－誤　ウ a－誤 b－正
エ a－誤 b－誤

9 下線部⑧について，ナショナリズムに関して述べた次の文中の
（ X ），（ Y ）にあてはまる語句の組み合わせとして適切なもの
を，あとのア～カから1つ選んで，その符号を書きなさい。

> ナショナリズムの意味は，その言葉が用いられた時代と地域
> によって異なる。19世紀のドイツ・イタリアの統一運動では
> (X)に重点がおかれた。同じ時代でも，チェコ・ハンガリ
> ー・ポーランドなどでは，(Y)に重点がおかれた。

ア　X　国民主義　　Y　国家主義

イ　X　民族主義　　Y　国家主義

ウ　X　国家主義　　Y　民族主義

エ　X　国民主義　　Y　民族主義

オ　X　国家主義　　Y　国民主義

カ　X　民族主義　　Y　国民主義

(☆☆☆◎◎◎◎)

【3】次の資料は，1712年に書かれた『読史余論』という歴史書の一部で
ある。この資料①と資料②をみて，下の問いに答えなさい。

資料①

> 本朝天下の大勢，九変して武家の代となり，武家の代また五変
> して，当代におよぶ総論の事。
> 神皇正統記に光孝より上つかたは一向上古也。万の例を勘ふる
> にも，仁和より下つかたをぞ申める。

資料②

九変		五変	
一変	①清和天皇が9歳で即位する		
二変	光孝天皇が55歳で即位する		
三変	冷泉天皇以後，②摂政，関白が常置となる		
四変	③摂関政治が終わる		
五変	④院政が始まる		
六変	源頼朝が天下兵馬の権をとる	一変	源頼朝が幕府を開く
七変	⑤北条氏が政治の実権をとる	二変	北条義時が天下の権をとる
八変	後醍醐天皇の政治		
九変	⑥京都に光明天皇を立てる	三変	⑦幕府を開く
		四変	⑧安土桃山時代となる
		五変	当代の世となる

1　『読史余論』を説明した次の文中の(X)，(Y)にあてはまる
語句の組み合わせとして適切なものを，あとのア～エから1つ選ん

で，その符号を書きなさい。

> （　X　）の新井白石が，徳川綱吉の死後に将軍となった（　Y　）に対して，「九変五変論」とよばれる独自の時代区分論で行った日本史の講義案である。

ア　X　陽明学者　　Y　徳川家宣
イ　X　朱子学者　　Y　徳川家治
ウ　X　朱子学者　　Y　徳川家宣
エ　X　陽明学者　　Y　徳川家治

2　下線部①について，この時，臣下で初めて摂政となった人物として適切なものを，次のア～エから1つ選んで，その符号を書きなさい。

ア　藤原冬嗣　　イ　藤原良房　　ウ　藤原基経　　エ　藤原忠平

3　下線部②の頃の日本の様子に関して説明したaとbのそれぞれの文の正誤の組み合わせとして適切なものを，下のア～エから1つ選んで，その符号を書きなさい。

a　東国から防人が派遣され，九州沿岸の警備にあたった。
b　北上川流域の蝦夷を征討し，胆沢城や志波城を築き，東北経営の拠点とした。

ア　a－正　b－正　　イ　a－正　b－誤　　ウ　a－誤　b－正
エ　a－誤　b－誤

4　下線部③について説明した次の文中の（　X　），（　Y　）にあてはまる語句の組み合わせとして適切なものを，下のア～エから1つ選んで，その符号を書きなさい。

> （　X　）の娘に皇子が生まれなかったため，藤原氏を外戚としない（　Y　）天皇が即位し，政治の実権を取り戻そうとした。

ア　X　藤原道長　Y　後三条　　イ　X　藤原道長　Y　後一条
ウ　X　藤原頼通　Y　後三条　　エ　X　藤原頼通　Y　後一条

5　下線部④について，堀河天皇に譲位して院政を開始した上皇を書

きなさい。

6　下線部⑤について述べた次のa～cの文に関して，古いものから年代順に正しく並べたものを，下のア～カから1つ選んで，その符号を書きなさい。

a　北条貞時が平頼綱を滅ぼして幕府の全権を握った。

b　北条時頼が宝治合戦で勝利し，北条氏の地位を不動のものとした。

c　北条義時が承久の乱に勝利し，後鳥羽上皇を隠岐に配流した。

ア　a－b－c　　イ　a－c－b　　ウ　b－a－c　　エ　b－c－a
オ　c－a－b　　カ　c－b－a

7　下線部⑥と⑦を行った人物は誰か，名前を漢字で書きなさい。

8　下線部⑧について，この時期の日本の様子に関して説明した次の文中の（　X　），（　Y　）にあてはまる語句の組み合わせとして適切なものを，下のア～エから1つ選んで，その符号を書きなさい。

> 和泉の堺や，近江の（　X　）では（　Y　）の職人らによって，国産鉄砲が大量生産されるようになった。これは，当時の日本の技術水準の高さを物語っている。また，足軽鉄砲隊の登場や，城郭が山城から平山城や平城に変化するなど大きな影響を与えた。

ア　X　国友　Y　刀鍛冶　　　イ　X　根来　Y　活版印刷
ウ　X　根来　Y　刀鍛冶　　　エ　X　国友　Y　活版印刷

9　この資料における歴史の見方の説明として適切なものを，次のア～エから1つ選んで，その符号を書きなさい。

ア　天皇家の立場から，武家が天皇の委任によって政権を預かっていることを説いている。

イ　徳川家の立場から，公家の世から武家の世となった大勢を説いている。

ウ　徳川家の立場から，道理に背いて公家の世から武家の世となった歴史を説いている。

エ　天皇家の立場から，皇位継承の道理を説き，天皇家の権威を守
　　ることを説いている。

(☆☆☆○○○)

【4】次の文章を読み，下の問いに答えなさい。

　明治新政府に不満をもつ①士族による反乱が展開されている頃，
②自由民権運動は高まりをみせた。これに対し，③政府側が活動に制
限を加えたこともあって，民権運動は一時衰退していった。しかし，
国会開設の時期が近づくと④民権派のあいだで運動の再結集がはから
れ，民権運動は活発になった。国会開設の前年には，⑤大日本帝国憲
法が発布された。1890年に実施された衆議院議員総選挙では，旧民権
派が大勝し，民党が衆議院の過半数を占めることとなった。しかし，
当時は女性の参政権は認められていなかった。

　大正時代には，⑥ロシア革命・米騒動をきっかけとして社会運動が
勃興した。参政権の要求など女性の地位向上に関しては，1920年に
⑦新婦人協会が設立され，女性参政権運動が本格化していったが，女
性の選挙権の獲得には至らなかった。

　終戦後の1945年12月に⑧衆議院議員選挙法が改正され，選挙権年齢
が20歳に引き下げられるとともに，女性参政権が認められた。その結
果，有権者数は全人口の約半数にまで拡大し，翌年の総選挙では39名
の女性議員が誕生した。

　2015年，公職選挙法が改正され，70年ぶりに選挙権年齢が引き下げ
られた。翌年の参議院議員通常選挙で18歳・19歳の若者が，初めて自
分の意思を一票に託した。さらに，2018年6月13日，民法の成年年齢
を20歳から18歳に引き下げることとなった。成年年齢の見直しは，
1876年の⑨太政官布告以来，約140年ぶりであった。

1　下線部①について，士族の反乱に関して述べた文として適切でな
　いものを，次のア～エから1つ選んで，その符号を書きなさい。
　ア　廃刀令が出され，ついで秩禄処分が断行されると，熊本で敬神
　　党(神風連)が反乱をおこした。

265

　　イ　征韓論が否決され，参議職を辞した江藤新平は，征韓党の首領
　　　　となり，政府に対して佐賀で反乱をおこした。
　　ウ　徴兵令によって国民皆兵制度が整備されたが，旧士族の負担が
　　　　大きく，血税一揆へと発展した。
　　エ　私学校生らの鹿児島士族を中心とした最大規模の士族反乱は，
　　　　西南戦争とよばれる。

2　下線部②について，愛国社の第3回大会の呼びかけにもとづいて結
　成された組織を何というか，書きなさい。

3　下線部③について，1880年4月に公布された，政治結社の活動制限
　を目的とした条例を何というか，書きなさい。

4　下線部④について，この年にあった三大事件建白運動の要求とし
　て適切でないものを，次のア～エから1つ選んで，その符号を書き
　なさい。
　　ア　学制の反対　　イ　外交失策の回復　　ウ　地租の軽減
　　エ　言論・集会の自由

5　下線部⑤について，この憲法に関して述べた文として適切なもの
　を，次のア～エから1つ選んで，その符号を書きなさい。
　　ア　天皇が定めて国民に与える欽定憲法であり，天皇と司法府にき
　　　　わめて強い権限が与えられた。
　　イ　天皇は統治権の総攬者であり，陸海軍の統帥など，議会の関与
　　　　できない大きな権限をもっていた。
　　ウ　憲法の起草作業は，モースの助言も得て進められた。
　　エ　憲法は，国民の代表による会議の議決を経て発布された。

6　下線部⑥について，日本とロシア革命後に誕生したソ連に関して，
　古いものから年代順に正しく並べたものを，下のア～カから1つ選
　んで，その符号を書きなさい。
　　a　日ソ基本条約調印　　b　日ソ共同宣言発表
　　c　日ソ中立条約調印
　　ア　a－b－c　　イ　a－c－b　　ウ　b－a－c　　エ　b－c－a
　　オ　c－a－b　　カ　c－b－a

7 下線部⑦について，この協会の設立に関わった人物を，次のア～
エから1つ選んで，その符号を書きなさい。

ア 中山マサ イ 津田梅子 ウ 市川房枝 エ 樋口一葉

8 下線部⑧について，次の表は選挙法のおもな改正を示したもので
ある。表をみて，下の問いに答えなさい。

表

公布年	公布時の首相	有権者		
		直接国税	性別 年齢（歳以上）	全人口比（％）
1889	黒田清隆	15 円以上	男性 25	1.1
1900	山県有朋	10 円以上	男性 25	2.2
1919	原敬	（ Y ）円以上	男性 25	5.5
1925	（ X ）	納税要件なし	男性 25	20.0
1945	幣原喜重郎	納税要件なし	男性・女性 20	48.0

（『私たちが拓く日本の未来』より作成）

(1) 表中の（ X ），（ Y ）にあてはまる適切な語句を書きなさい。

(2) 2016年の参議院議員通常選挙における，有権者の全人口比とし
て最も近い値を，次のア～エから1つ選んで，その符号を書きな
さい。

ア 約60％ イ 約70％ ウ 約80％ エ 約90％

9 下線部⑨について，1871年の廃藩置県後に定められた太政官制に
関して説明した文として適切なものを，次のア～エから1つ選んで，
その符号を書きなさい。

ア 神祇官を太政官の上位におき，太政官のもとに各省を設置した。

イ 太政官のもと，アメリカの憲法を模した三権分立制を取り入れ
た。

ウ 太政官を正院・左院・右院の三院制とした。

エ 民撰議院設立の建白書は立法機関である右院に提出された。

（☆☆☆☆◎◎◎）

【5】次の文章を読み，あとの問いに答えなさい。

2019年は①ラグビーワールドカップが，2020年には東京オリンピッ
ク・パラリンピックが開催され，多くの外国人が日本を訪れると予想

される。1980年代以降，②航空運賃の低価格化や外国の観光情報の普及により国際観光時代が到来し，2012年には国際観光客数が10億人に達した。ヨーロッパではバカンスの習慣があり，ドイツでは夏に③フランスやスペインの海岸リゾートに訪れるなど観光客の移動が激しくなる。しかし，日本を訪れる外国人旅行者数は，日本人海外旅行者数に比べ少ない。2004年から，日本政府は（　Ａ　）・ジャパン・キャンペーンを展開し，外国人旅行者の入国管理の緩和，外国語の案内板や観光情報を出す拠点整備などを推進している。とくに経済発展のめざましい④アジア諸国からの旅行者数が大きく伸びている。

　観光地の一つである温泉が多数ある日本列島は，⑤アルプス山脈や⑥アンデス山脈と同様に新期造山帯に属し，また4枚の⑦プレートの境界に位置していることから地震や火山噴火が多く，⑧降水量が多いため豪雨による災害も多い。自然災害による被害を最小限に抑えることを目的に，想定される被害範囲の程度や避難場所を示す（　Ｂ　）マップが作成されているが，災害時の外国人旅行者への対応のありかたなどを，地域の一員として⑨主体的に追究，解決しようとする態度を養うことが求められる。

1　文中の（　Ａ　），（　Ｂ　）にあてはまる適切な語句を書きなさい。

2　下線部①について，ラグビーワールドカップ前回大会優勝国ニュージーランドのポリネシア系先住民を何というか，書きなさい。

3　下線部②について，アメリカのシカゴやドイツのフランクフルトにある空港のように，国際・国内航空路線が集中する拠点空港を自転車の車輪の一部に例えて何というか，書きなさい。

4　下線部③について，次の表1はアメリカ，中国，ドイツ，フランス，ブラジルの発電量の合計と内訳を示したものである。表1のア～エからブラジルにあてはまるものを1つ選んで，その符号を書きなさい。

表1

国名	発電景の合計 (億kWh)	火力 (%)	水力 (%)	原子力 (%)	新エネルギー (%)
ア	58,146	73.8	19.4	2.9	3.9
アメリカ	43,172	68.8	6.3	19.2	5.7
イ	6,469	63.7	3.8	14.2	18.3
ウ	5,812	31.8	61.9	2.5	3.7
エ	5,685	7.5	10.4	77.0	5.1

※新エネルギーは、風力、地熱、太陽光、潮力
(『地理統計要覧 2019 年版』より作成)

5 下線部④について，表2はインドネシア，カンボジア，シンガポール，タイ，フィリピンの国土面積，人口，1人あたりの国民総所得，おもな宗教に関するものである。表2のア～エからタイにあてはまるものを1つ選んで，その符号を書きなさい。

表2

国名	面積 (千k㎡)	人口 (千人)	1人あたりの国民総所得 (ドル)	おもな宗教 (%)
シンガポール	0.72	5,792	51,880	仏教 33　キリスト教 18　イスラム教 15　道教 11
ア	181	16,246	1,140	仏教 97　イスラム教 2
イ	300	106,512	3,580	キリスト教 93　イスラム教 5
ウ	1,911	266,795	3,400	イスラム教 87　キリスト教 10　ヒンドゥー教 2　仏教 1
エ	513	69,183	5,640	仏教 83　イスラム教 9　伝統信仰 3

(『地理統計要覧 2019 年版』より作成)

6 下線部⑤について，アルプス山脈の農業に関して述べた文として適切なものを，次のア～エから1つ選んで，その符号を書きなさい。

ア 山地や山麓の斜面を階段状に開いた棚田で稲作が行われている。

イ 高温で降水に恵まれた地域では，二期作が行われている。

ウ 夏季の乾燥に耐えられるオリーブ・ぶどう・コルクがしが栽培されている。

エ 季節的に低地と高地の間で家畜を移動させる移牧が行われている。

7 下線部⑥について，次の文はアンデス山脈に関して述べた文である。あとの問いに答えなさい。

> アンデス山脈を源流に持つアマゾン川流域には(X)と呼ばれる熱帯雨林が広がる。アンデス山脈の西側には，(Y)が影響してできた海岸砂漠であるアタカマ砂漠がみられる。

(1)　文中の(X)に適切なものを，次のア～エから1つ選んで，その符号を書きなさい。

　　ア　グランチャコ　　イ　セルバ　　ウ　パンパ

　　エ　プレーリー

(2)　文中の(Y)にあてはまる適切な語句を，次のア～エから1つ選んで，その符号を書きなさい。

　　ア　沿岸を暖流が流れ，上昇気流が生じにくくなること

　　イ　沿岸を暖流が流れ，下降気流が生じにくくなること

　　ウ　沿岸を寒流が流れ，上昇気流が生じにくくなること

　　エ　沿岸を寒流が流れ，下降気流が生じにくくなること

8　下線部⑦について，日本列島周辺のプレートの境界に関して述べた文aとbの正誤の組み合わせとして適切なものを，下のア～エから1つ選んで，その符号を書きなさい。

　a　太平洋プレートが北アメリカプレートの下に沈み込む，せばまる境界。

　b　ユーラシアプレートとフィリピン海プレートが離れる，広がる境界。

　　ア　a－正　b－正　　イ　a－正　b－誤　　ウ　a－誤　b－正

　　エ　a－誤　b－誤

9　下線部⑧について，降水量と気温を表した次の図から読み取れる内容として適切なものを，あとのア～エから1つ選んで，その符号を書きなさい。

図

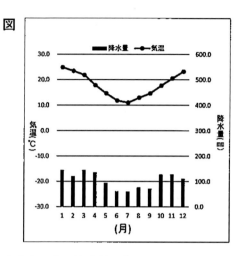

ア　夏よりも冬の方が降水量が多い。

イ　最暖月と最寒月の月別平均気温の差は20℃以上である。

ウ　月別の降水量が200mmを超えることはない。

エ　最暖月でも月別平均気温が20℃を超えない。

10　下線部⑨について，次の文a～dは地理に関わる諸事象について，課題を主体的に追究，解決しようとする態度を養うための高校生への指導に関するものである。ふさわしい指導内容の組み合わせとして適切なものを，あとのア～エから1つ選んで，その符号を書きなさい。

a　野外調査で聞き取り調査を行う際は，あらかじめ訪問先と連絡をとり，予定を決めておく。

b　調査の過程での新たな発見に備え，調査テーマは明確化したり，絞り込んだりせずに設定する。

c　予備調査の過程では，書籍や地形図，統計資料といった文献資料を主に使用する。

d　まとめの発表で使用する地図やグラフは文献資料をそのまま用い，独自に作成はしない。

　　ア　aとc　　イ　aとd　　ウ　bとc　　エ　bとd

11　日本の地場産業は，産地ブランドをかかげて，外国人旅行者を含めた海外の富裕層をとりこみ，生き残りをはかろうとする動きも進んでいる。経済産業省が進める地域団体商標に鞄が認定された地域はどこか，次のア〜エから1つ選んで，その符号を書きなさい。

　　ア　今治　　イ　堺　　ウ　豊岡　　エ　神戸

　　　　　　　　　　　　　　　　　　　　　　（☆☆☆◎◎◎）

【6】次の文章を読み，あとの問いに答えなさい。

　政府(国や地方公共団体)が行う経済活動を財政という。政府は，租税を徴収し，行政サービスを提供し，民間の経済活動を補う。財政の機能には，次の三つがある。第一は，（　A　）の機能である。公共財や公共サービスは，①市場機構に委ねていたのでは適切な供給が行われない。そこで，こうした財・サービスの提供は政府の役割となる。第二は，所得再分配の機能である。今日，多くの先進国では，所得の不平等を是正するために，所得税などに（　B　）制度を取り入れて，これによって徴収した税金を，社会保険や生活保護などの（　C　）制度を通じて国民に再分配して，所得格差の縮小を図っている。第三は，景気調整の機能である。財政には，（　B　）制度や（　C　）制度が組みこまれることにより，景気を安定させる機能が備わっている。しかし，景気安定のためには，それだけでは不十分なため，政府は②裁量的財政政策を行う。これは，景気変動に対応して，政府が公共投資や課税の増減を行うことにより，③有効需要を適切に保ち，景気の安定化に努めるものである。

　政府の歳入を支えるのは租税である。租税には④国に納める国税と地方公共団体に納める地方税がある。また，租税を負担する担税者と納税者が同一である直接税と，担税者と納税者が異なる間接税がある。租税の徴収にあたっては公平の原則が重要である。日本は，第二次世界大戦後に，（　D　）の勧告に基づく税制改革により，所得税を中心とした税制をとってきた。

1 文中の(A)〜(D)にあてはまる適切な語句を書きなさい。

2 下線部①について，市場機構に関して述べた文として適切でない
 ものを，次のア〜エから1つ選んで，その符号を書きなさい。

 ア 家計は，財やサービスの満足度をできるだけ大きくするように，
 財の価格に応じて需要量を変化させる。

 イ ある財の供給が需要を上回れば，価格は需要と供給が一致する
 まで上昇する。

 ウ 一般に，生活必需品や，代替品がない財の場合は，価格弾力性
 は小さい。

 エ 企業は利潤をできるだけ大きくするように，財の価格に応じて
 供給量を変化させる。

3 下線部②について，この政策を何というか，カタカナで書きなさ
 い。

4 下線部③について，資本主義経済の最大の問題を失業であるとし
 て，失業者を減らすために，政府が公共事業などを行って有効需要
 を作り出す必要があることを指摘したイギリスの経済学者は誰か，
 書きなさい。

5 下線部④について，1989年に消費税が導入されたが，その時の消
 費税の租税体系区分として適切なものを，次のア〜エから1つ選ん
 で，その符号を書きなさい。

 ア 国税で直接税　　イ 国税で間接税　　ウ 地方税で直接税
 エ 地方税で間接税

6 1989年の消費税導入当時の状況について述べた文として適切でな
 いものを，次のア〜エから1つ選んで，その符号を書きなさい。

 ア 従来，特定商品の消費を課税対象とした物品税があったが，対
 象がアンバランスなどの理由から，1989年に廃止された。

 イ 所得税は職業によって徴収方法が異なり，所得の捕捉率に差が
 あるとの指摘があった。

 ウ 勤労意欲や所得の国外逃避の点から所得税率などの引き下げを
 求める意見が大きくなった。

　エ　高齢化に伴う社会保障関係費の増加による財源確保のため，広
　　く負担を求める観点からそれまでの売上税を消費税に変えた。

(☆☆☆◎◎◎)

解答・解説

共　通　問　題

【1】1　エ　　2　イ　　3　ウ　　4　イ　　5　ア　　6　ウ
　　7　(1)　エ　　(2)　ア

〈解説〉1　国土地理院発行の「2万5千分の1地形図」は，実測図で国土基
本図である。これをもとに，「1万分の1地形図」，「5万分の1地形図」，
「20万分の1地勢図」，「50万分の1地方図」などの編集図が作られる。
これらは一般図に分類され，観光地図やハザードマップ，道路地図な
どの主題図と区別する。　2　地図上の3cmは，3cm×25000＝75000
〔cm〕＝750〔m〕である。勾配を求めるには，地点AとBの標高差
400－300＝100〔m〕より，$\frac{100}{750}=\frac{10}{75}$。　3　アの「上桂駅の北西側」
にあるのは，「工場」ではなくて発電所。イの「上桂駅の西側には裁
判所」ではなくて消防署がある。果樹園は沓掛インターの西部と南西
部にみられる。エの「沓掛ICの東側」にあるのは「図書館」ではなく
て博物館。　4　北側と西側から山がせまる丘陵地帯に人工的に形成
された典型的なニュータウンである。桂坂ニュータウンといい，最寄
りの電車の駅がないことや，少子高齢化の進行により，買い物弱者が
問題となっている。　5　Xは谷線で，同じ地形なのは①。②，③，④
は尾根線である。地形図の谷線は先端部分がとがっていることが多く，
一方で尾根線は先端が丸くなっていることからも見分けることができ
る。　6　世界遺産「古都京都の文化財」は点在する17か所の寺社と

城郭で構成されており，西芳寺は苔寺として知られる。法隆寺は，1993年に世界遺産に登録された。選択肢アの鎌倉の「建長寺」，イの神戸の「湊川神社」，エの大阪の「住吉大社」は世界遺産登録されていない。　7　(1)　アは市街地の面積が広いことから札幌市。イは人口が300万人を超える横浜市。ウは人口が最も少ないので熊本市であることがわかる。残るエが京都市。　(2)　盛岡市は岩手県の県庁所在地だが，人口は30万人に満たず，政令指定都市ではないが，中核市に指定されている。政令指定都市は人口50万人以上で，全部で20市ある。

【2】1　A　パスカル　　B　よく生きる(善く生きる)　　C　プラトン
　2　エ　　3　包括的核実験禁止条約(CTBT)　　4　ア　　5　無知の知
　6　議院内閣制(責任内閣制)　　7　ウ

〈解説〉1　A　パスカルは人間は葦のようにひ弱な存在だが，思考するところに偉大さがあるとした。　B　ソクラテスはよく生きるには，「魂への配慮」として哲学を行うことが必要とした。　C　プラトンは，イデアこそが真の実在であり，現実世界はその似姿に過ぎないとした。2　アは二酸化炭素ではなく，フロンに関する記述。イはボールディングではなく，レイチェル・カーソンに関する記述。ウの「持続可能な開発」はブルントラント委員会(環境と開発に関する世界委員会)が1987年にまとめた最終報告書に登場した言葉。　3　包括的核実験禁止条約は，部分的核実験禁止条約(PTBT)では認められていた地下核実験を含め，爆発を伴うあらゆる核実験を禁止する条約。ただし，アメリカや中国が批准しておらず，未発効の状態にある。　4　古代ギリシャ人は善と美の調和を理想とした。これをカロカガティアという。なお，イについて，仏教では慈悲が説かれる。ウについて，儒者の伊藤仁斎は誠を重視した。エについて，キリスト教では神の無償の愛(アガペー)に対し，人間も神を愛することが説かれる。　5　ソクラテスは「デルフォイの神託」において，ソクラテス以上の知者はいないと告げられた。これを彼は自分の無知を自覚しているという意味に捉えた。ソクラテスの問答法は，「魂の助産術」とも呼ばれるが，問答を

通じて相手に己の無知を自覚させ，真の知識の探求への手助けをする
ものだった。　６　18世紀イギリスの政治家ウォルポールは，議会内
多数派の支持を後ろ盾に第一大蔵卿として内閣を率いた一方で，選挙
で与野党の差が僅少になると，国王の慰留にもかかわらず，総辞職し，
議院内閣制を定着させた。　７　官僚主導の政治は行政国家の特徴で
あるから，ウは誤り。なお，官僚主導から政治主導の政治への転換の
ために国会審議活性化法が1999年に制定された。

中 学 社 会

【１】１　Ａ　ビジット　　Ｂ　ハザード(防災)　　２　マオリ　　３　ハブ
空港　　４　ウ　　５　エ　　６　イ　　７　(1)　イ　　(2)　ウ
８　イ　　９　ウ　　10　ウ
〈解説〉１　Ａ　ビジット・ジャパン・キャンペーンは，当時の総理大臣
小泉純一郎氏のもと，2010年に訪日外国人旅行者を1000万人に倍増さ
せることを目標としてはじまった。東日本大震災による落ち込みもあ
ったが，2013年には1000万人を突破し，2018年には3000万人を超えて
いる。なお，ビジット・ジャパン・キャンペーンの開始は，本文中で
は2004年となっているが，これは2003年のことと思われる。　Ｂ　ハ
ザードマップは地理情報システム(GIS)による編集図のひとつで，洪水
による浸水地域予想や避難場所を明示したりできる。　２　ニュージ
ーランドの先住民はマオリといい，ラグビーの試合開始時には，彼ら
の伝統舞踊であるハカを披露することが知られている。　３　ハブ空
港は1国の航空路線の乗り継ぎの中心であるほか，海外の直行便がな
い地域どうしを結び，乗り換えの拠点となる。シカゴ，フランクフル
トのほか，シンガポールやドバイもその役割を果たしている。
４　アメリカよりも総発電量の多いアは中国である。火力発電の占め
る割合が高い。イは火力発電から環境負荷の低い新エネルギーへの移
行を進めているドイツ。ウは水力発電の割合の高いブラジル。パラナ

川のイタイプダムで発電を行っている。原子力発電の割合の高いエは
フランス。　5　アは国土が狭く，人口も少なくて1人あたりの国民総
所得が少ないことから，カンボジア。イはキリスト教徒の割合が高い
ことから，フィリピン。ウは面積が広く，人口が2億人以上いること
からインドネシア。エは1人あたりの国民総所得が高く，仏教徒の割
合が高いことから，タイ。　6　アの「棚田」はフィリピンなどの島
しょ部でみられる。ウの「オリーブ・ぶどう・コルクがし」は地中海
式農業の代表的な農産物である。エの米の「二期作」は，中国華南地
域や東南アジアで行われている。　7　(1)　アの「タイガ」はシベリ
アの針葉樹林帯のこと。ウの「パンパ」はアルゼンチンのラプラタ川
河口地域に広がる温帯草原のこと。エの「プレーリー」はアメリカ中
央部の草原のことである。　(2)　アタカマ砂漠は，沿岸を寒流のペル
ー海流(フンボルト海流)が流れているため，上昇気流が生まれず，大
気が安定するために降水がなく砂漠が形成されている。同様のことが
アフリカ南西部のベンゲラ海流とナミブ砂漠にもみられている。
8　日本列島は4つのプレートの上にある弧状列島である。海洋プレー
トである太平洋プレートが大陸プレートの北アメリカプレートの下に
沈み込み，海洋プレートのフィリピン海プレートが大陸プレートのユ
ーラシアプレートの下に沈み込んでいる。　9　図では冬が6〜8月に
みられるため，南半球の都市であることがわかる。降水量は冬よりも
夏にやや多い。最暖月の平均気温は約25℃，最寒月の平均気温は約
10℃で，その差は15℃である。最暖月の月別平均気温は約25℃で，
20℃を超えている。　10　豊岡の鞄は，「豊岡鞄」として地域団体商
標登録されている。アの「今治」は「今治タオル」，イの「堺」は
「堺刃物」，エの「神戸」は「神戸牛」が登録されている。

【2】1　A　ハプスブルク　　B　エリザベス1世　　2　エ　　3　ウ
4　イ　　5　イエズス会(ジェズイット教団)　　6　ウ　　7　ア
〈解説〉1　A　ハプスブルク家は神聖ローマ帝国の皇帝位を継承する有
力な家系である。　　B　「国王至上法と統一法」がキーワード。イギリ

ス国内の宗教改革によって誕生したイギリス国教会は，ローマ＝カトリック教会と分離した。なお，メアリ1世の即位は，本文中では1533年となっているが，これは1553年のことと思われる。　2　マカオは16世紀にポルトガルが居住権を獲得し，対中国の交易の拠点とした。19世紀に正式にポルトガル領となったが，1999年に中国に返還された。3　アのビザンツ帝国の滅亡は1453年。オスマン帝国のメフメト2世によってコンスタンティノープルが陥落した。そして，1453年は，百年戦争が終結した年でもある。イの百年戦争は1339年よりはじまるイギリス王とフランス王の対立である。ウのグラナダ陥落は1492年の出来事である。これにより，レコンキスタは完了しイベリア半島にキリスト教勢力が復活した。エの九十五か条の論題をルターが発表したのは1517年。　4　征服者(コンキスタドール)では，コルテスとピサロをおさえておこう。コルテスはスペイン王カルロス1世の命を受け，アステカ王国を征服した。ピサロもまたカルロス1世の命を受けインカ帝国を征服している。　5　イエズス会は，対抗宗教改革の一環として，カトリックの世界布教を目的に結成された。日本では耶蘇会と呼ばれ，フランシスコ＝ザビエルが布教活動を行っている。　6　1521年，フィリピンにマゼランが到達した後，フィリピンはスペインの植民地となる。　7　aについて，イギリス国教会は，カトリックの儀式を残しつつも，信仰義認説や予定説など，カルヴァン派の教義を取り入れていた。bについて，司教制は主教制と呼ばれることもある。イギリス国教会は，国王を首長としていることをおさえておきたい。なお，カルヴァン派はイギリスではピューリタンと呼ばれており，ピューリタンは主教制に反対していた。後に，イギリス国教会によってピューリタンは弾圧されることになる。

【3】1　ウ　　2　イ　　3　エ　　4　ウ　　5　白河上皇　　6　カ
7　足利尊氏　　8　ア　　9　イ
〈解説〉1　X　1712年に『読史余論』を著した新井白石は朱子学者で，6代将軍徳川家宣と7代将軍徳川家継の時代に，側用人の間部詮房らと

ともに正徳の治を行った。　Y　5代将軍徳川綱吉が没し，甥で養嗣子となっていた徳川家宣が6代将軍となった。　2　アの「藤原冬嗣」は良房の父で初代蔵人頭となり，北家興隆の礎を築いた。ウの「藤原基経」は良房の甥で猶子，884年に初の関白となった。エの「藤原忠平」は基経の子で摂政・関白。　3　a　九州沿岸の警備のために防人が派遣されたのは摂関政治の時代ではなく，7世紀後半の飛鳥時代から8世紀の奈良時代にかけてである。　b　北上川流域の蝦夷征討，東北経営のために胆沢城・志波城を築いたのは摂関政治の時代ではなく，平安時代初期の桓武天皇の時代である。　4　摂関政治の全盛期は11世紀前半の藤原道長・藤原頼通父子の時代。1068年に藤原氏を外戚としない後三条天皇が即位し，摂関政治の時代は終わった。　5　1072年に即位した白河天皇は父の後三条天皇にならって親政を行ったが，1086年に8歳の皇子の堀河天皇に譲位した。そして上皇(院)として院庁を開き，天皇を後見しながら自らが政治の実権を握る院政を開始した。6　aは北条時宗の時代に起こった元寇で，1274年の文永の役と1281年の弘安の役。bの北条泰時が御成敗式目を制定したのは1232年。北条政子が御家人たちに結束を訴えたcの承久の乱は北条義時の時代で1221年。古いものから年代順に並べると，c→b→aの順となる。

7　1335年，後醍醐天皇の建武政権に反旗を翻した足利尊氏は，翌1336年に京都を制圧すると，持明院統の光明天皇を立てた。1338年には光明天皇から征夷大将軍に任じられ，室町幕府を開いた。

8　1543年にポルトガルの商人によって種子島に鉄砲が伝来すると，刀鍛冶の技術を応用してたちまち国産化に成功した。　9　『読史余論』は問1のリード文にもあるように，新井白石が将軍徳川家宣に対して行った日本史の講義案で，江戸幕府が成立した必然性とその正統性を理論化することを目的としていた。

【4】1　A　資源配分(分配)　　B　所得再配分(分配)　　C　累進課税　D　社会保障　　E　ポリシー・ミックス　　F　シャウプ　　2　イ　3　フィスカル・ポリシー　　4　ケインズ　　5　イ　　6　エ

〈解説〉1　A　道路や橋などの公共財，警察，消防などの公共サービスは政府が提供している。　B　所得再分配とは，所得格差の是正のために，高所得者から低所得者に所得を移転すること。　C　高所得者には高い税率で課税する制度のこと。　D　公的扶助・社会保険・社会福祉・公衆衛生は，わが国の社会保障の四本柱。　E　複数の経済目標を実現するために，複数の政策を組み合せて実施すること。F　勧告を行った税制使節団の団長の名前がシャウプ博士だったことにちなみ，シャウプ勧告と呼ばれる。　2　供給が需要を上回る状態を超過供給という。つまり，売れ残りが発生する状況である。この場合，一般的に需要と供給が一致するまで財の価格は下がる。よって，イは誤り。　3　所得税の累進課税や社会保障給付によって，財政にはあらかじめ景気を安定化する機能がある。これをビルト・イン・スタビライザーという。だが，これだけでは景気の安定化には不十分であるため，政府は裁量的財政政策(フィスカル・ポリシー)も実施している。補整的財政政策と呼ばれることもある。　4　有効需要とは，実際に貨幣支出を伴う需要のこと。ケインズは，非自発的失業の原因を有効需要の不足に求め，完全雇用の実現には積極的な金融・財政政策によって有効需要を創出する必要があると唱えた。　5　間接税とは納税者と担税者が異なる税のこと。なお，消費税は1997年に税率が3％から4％に改定されたが，その際に地方税として税率1％の地方消費税も導入され,合計で5％となった。現在，一般に「消費税」と呼ばれている税は，国税である消費税と地方税である地方消費税の合計のことを指す。　6　アの「物品税」などが廃止される代わりに，消費税が導入された。イについて，課税対象となる所得の捕捉率が，おおむね給与所得者が9割，自営業者が6割，農林水産業者が4割という状況を指して，「クロヨン」と呼ばれた。ウについて，当時の所得税の最高税率は，現在よりも高かった。

地 理 歴 史 ・ 公 民

【1】1 A 冒頓　　B 黄巾　　2 スキタイ　　3 エ　　4 ア
5 イ　6 エ　7 オ　8 ウ　9 カ

〈解説〉1 A 冒頓単于は匈奴の全盛期を築いた単于であり，白登山の
戦いにて，前漢の高祖を破った。　B 当時の後漢は，宦官と官僚の
対立によって政治機能が麻痺し，また宦官と結びついた豪族が私権を
用いて人民の土地を奪っていた。これにより貧農が増加する社会不安
を引き起こした。ここに現世利益を説く太平道が農民に浸透し，指導
者の張角によって黄巾の乱が起こるに至った。　2 スキタイの騎馬
文化は匈奴にも取り入れられ，内陸アジアの遊牧民に影響を与えた。
3 アの「呉楚七国の乱」は景帝の時代に鎮圧され，その後中央集権
化が進んでいった。イの『史記』を記したのは司馬遷。ウの「党錮の
禁」は後漢の時代。　4 イの『アヴェスター』が編纂された時期は
不明だが，ササン朝でゾロアスター教が国教とされたのは3世紀。
ウのナーガールジュナが体系化したのは大乗仏教。エの新が成立した
のは1世紀。　5 イの韓愈，柳宗元はそれぞれ唐宋八大家の一人であ
り，漢以前の古文の復興をめざした。　6 アの北魏の時代に弾圧さ
れたのは道教ではなく，仏教。イについて，均田制とともに施行され
たのは三長制で，里甲制は明代に制定された。ウについて，府兵制が
実施されていたのは西魏や北周，隋，唐。　7 魏の九品中正は地方
の人材を，郷里の評判によって中正官に起用したが，中正官と豪族が
結びつき，門閥貴族につながった。顧愷之は人物画や神仙思想の山水
画に優れ，女史箴図などを描いた。　8 アの文帝は隋の初代皇帝で
あり，皇帝権の強化に努めた。イの吐蕃はソンツェン＝ガンポによっ
て強大となった。　9 あ 後ウマイヤ朝のコルドバ。　い ファー
ティマ朝のカイロで，アズハル学院が建設された。　う アッバース
朝のバグダードである。

【２】１　Ａ　カヴール　　Ｂ　鉄血　　２　ウ　　３　ウ　　４　イ
　　５　小ドイツ主義　　６　イ　　７　ア　　８　ア　　９　エ

〈解説〉１　Ａ　カヴールはイタリア統一のためにはフランスの支持が不
可欠なものとし，クリミア戦争に参加することによってそれを実現し
た。　　Ｂ　ビスマルクは鉄血政策を推進し，議会を無視した軍備拡張
政策を行った。　　２　ウのデカブリストの乱は，ロシアの青年貴族将
校らが起こした反乱。　　３　ガリバルディは「青年イタリア」に加入
したが，結成はしていない。　　４　あの場所はロンバルディア。いの
場所はトリエステ。　　５　フランクフルト帝国議会では，ドイツ統一
をめぐり，大ドイツ主義と小ドイツ主義が対立した。結果として小ド
イツ主義が優位になったが，プロイセン王は戴冠を拒否した。
６　アのポーランド反乱後，専制政治を強化したのはロシア。ウのパ
ン＝スラブ主義を主張したのもロシア。エのベルリン会議ではサン＝
ステファノ条約が破棄され，ベルリン条約にてオーストリアはボスニ
ア・ヘルツェゴヴィナの統治権を獲得した。　　７　イの普仏戦争の後，
ナポレオン３世の帝政は崩壊した。ウのドレフュス事件は第三共和政
のなか起こった。エのシャルル10世は復古王政のブルボン朝の人物。
８　a　ヴェルサイユ宮殿でのドイツ帝国成立の宣言はフランスに屈辱
を与え，その後の独仏の関係にも影響を与えた。　　b　帝国議会の議
員は男子普通選挙制で選ばれたが，帝国宰相は皇帝のみに責任を負っ
たため，議院内閣制とは言えなかった。　　９　ドイツ・イタリアでは
国民主義のもと，ウィーン体制に対する統一運動が行われた。チェ
コ・ハンガリー・ポーランドの民族主義はオーストリアに対する民族
運動を起こした。

【３】１　ウ　　２　イ　　３　エ　　４　ウ　　５　白河上皇　　６　カ
　　７　足利尊氏　　８　ア　　９　イ

〈解説〉１　Ｘ　1712年に『読史余論』を著した新井白石は朱子学者で，6
代将軍徳川家宣と7代将軍徳川家継の時代に，側用人の間部詮房らと
ともに正徳の政治を行った。　　Ｙ　5代将軍徳川綱吉が没し，甥で養嗣

子となっていた徳川家宣が6代将軍となった。　2　アの「藤原冬嗣」は良房の父で初代蔵人頭となり，北家興隆の礎を築いた。ウの「藤原基経」は良房の甥で猶子，884年に初の関白となった。エの「藤原忠平」は基経の子で摂政・関白。　3　a　九州沿岸の警備のために防人が派遣されたのは摂関政治の時代ではなく，7世紀後半の飛鳥時代から8世紀の奈良時代にかけてである。　b　北上川流域の蝦夷征討，東北経営のために胆沢城・志波城を築いたのは摂関政治の時代ではなく，平安時代初期の桓武天皇の時代である。　4　摂関政治の全盛期は11世紀前半の藤原道長・藤原頼通父子の時代。頼通の娘に皇子が生まれなかったため，1068年に藤原氏を外戚としない後三条天皇が即位し，摂関政治の時代は終わった。　5　1072年に即位した白河天皇は父の後三条天皇にならって親政を行ったが，1086年に8歳の皇子の堀河天皇に譲位した。そして上皇(院)として院庁を開き，天皇を後見しながら自らが政治の実権を握る院政を開始した。　6　aは1293年。1285年の霜月騒動で有力御家人の安達泰盛が滅んだ後に権勢を握った内管領平頼綱が，9代執権の北条貞時に滅ぼされた。bの宝治合戦は，1247年に5代執権北条時頼と対立した有力御家人の三浦泰村が滅ぼされた事件である。cの承久の乱は2代執権北条義時が後鳥羽上皇の朝廷方に勝利した戦乱で，1221年に起こった。　7　1335年，後醍醐天皇の建武政権に反旗を翻した足利尊氏は，翌1336年に京都を制圧すると，持明院統の光明天皇を立てた。1338年には光明天皇から征夷大将軍に任じられ，幕府を開いた。　8　1543年にポルトガルの商人によって種子島に鉄砲が伝来すると，刀鍛冶の技術を応用してたちまち国産化に成功した。　9　『読史余論』は問1のリード文にもあるように，新井白石が将軍徳川家宣に対して行った日本史の講義案で，江戸幕府が成立した必然性とその正統性を理論化することを目的としていた。

【4】1　ウ　　2　国会期成同盟　　3　集会条例　　4　ア　　5　イ
6　イ　　7　ウ　　8　(1)　X　加藤高明　　Y　3　　(2)　ウ
9　ウ

〈解説〉1　明治時代初期，全国各地で徴兵令に反対する血税一揆を起こした主体は，旧士族ではなく農民だった。徴兵令は当初，いくつもの免除規定があって，実際に徴兵されるのは農家の次男以下だったので，働き手を奪われることに不満を爆発させた農民たちが血税一揆を起こしたのである。　2　1880年に結成された国会期成同盟は，国会開設の請願運動を行った全国的な団体。国会開設請願書を提出しようとしたが，政府は受理しなかった。　3　国会期成同盟が政府に国会開設請願書を提出しようとする直前の1880年4月，政府は集会条例を公布した。自由民権運動を取り締まるため，政治集会・政治結社の警察への届け出と認可制，警察官の集会解散権などを定めたものだった。4　1887年の三大事件建白運動とは，自由民権運動家の片岡健吉らが地租の軽減，言論・集会の自由，外交失策の回復の三大建白を元老院に提出して行った政治運動のことである。アの学制は1879年の教育令公布に伴って廃止されており，関係ない。　5　アの司法府に特に大きな権限が与えられていたわけではない。ウの憲法の起草作業で助言したのはドイツ人のロエスレル。モースは大森貝塚を発見したアメリカ人の動物学者である。エの憲法草案を審議して議決したのは枢密院。国民の代表ではなく，勅命によって選任された枢密顧問官によって構成されていた。　6　aの日ソ基本条約が調印されたのは1925年。これによってソ連との国交が樹立された。bの日ソ共同宣言発表は1956年。これによりソ連との国交が回復され，ソ連は日本の国連加盟に安全保障理事会の拒否権を行使しなくなり，日本の国連加盟が実現した。
cの日ソ中立条約調印は太平洋戦争開戦の8か月前の1941年4月。これ以降，日本は南進政策を進め，アメリカとの対立を深めた。古い順に並べるとa→c→bとなる。　7　1920年，平塚らいてう・市川房枝・奥むめおを発起人として，女性の政治活動の自由などをめざした新婦人協会が設立された。なお，アの中山マサは1960年に第1次池田勇人内閣で厚生大臣を務めた史上初の女性大臣，イの津田梅子は明治・大正時代の女子教育者で女子英学塾(現在の津田塾大学)を開いた人物，エの樋口一葉は『たけくらべ』などで知られる明治時代の小説家である。

8 (1)　X　1924年，第二次護憲運動が起こり，清浦奎吾内閣は衆議院を解散して総選挙にのぞんだが，憲政会・立憲政友会・革新倶楽部の護憲三派が圧勝し，憲政会総裁の加藤高明が3党連立内閣を組織した。翌1925年，加藤内閣は有権者資格から納税要件を撤廃した普通選挙法を成立させた。　Y　1918年，原敬内閣が成立すると男子普通選挙を求める声が高まったが，原内閣はこれには消極的で，翌1919年に納税要件を直接国税10円以上から3円以上に引き下げるにとどめた。

(2)　2016年7月10日に実施された参議院議員通常選挙は18歳・19歳の国民が選挙権を行使した初の国政選挙。少子化が進む昨今，選挙権を持たない17歳以下の国民が全人口に占める割合は約20%と考えられるので，正解はウの約80%。　9　アとイは1868年に設置された太政官制の説明で，神祇官は1871年の改正で正院に属する神祇省に格下げされた。また，エは右院ではなく左院が正しい。

【5】1　A　ビジット　　B　ハザード(防災)　　2　マオリ　　3　ハブ空港　　4　ウ　　5　エ　　6　エ　　7　(1)　イ　　(2)　ウ　8　イ　　9　ウ　　10　ア　　11　ウ

〈解説〉1　A　ビジット・ジャパン・キャンペーンは，当時の総理大臣小泉純一郎氏のもと，2010年に訪日外国人旅行者を1000万人に倍増させることを目標として始まった。東日本大震災による落ち込みもあったが，2013年には1000万人を突破し，2018年には3000万人を超えている。なお，ビジット・ジャパン・キャンペーンの開始は，本文中では2004年となっているが，これは2003年のことと思われる。　B　ハザードマップは地理情報システム(GIS)による編集図のひとつで，洪水による浸水地域予想や避難場所を明示したりできる。　2　ニュージーランドの先住民はマオリといい，ラグビーの試合開始時には，彼らの伝統舞踏であるハカを披露することが知られている。　3　ハブ空港は1国の航空路線の乗り継ぎの中心であるほか，海外の直行便がない地域どうしを結び，乗り換えの拠点となる。シカゴ，フランクフルトのほか，シンガポールやドバイもその役割を果たしている。　4　ア

メリカよりも総発電量の多いアは中国である。火力発電の占める割合が高い。イは火力発電から環境負荷の低い新エネルギーへの移行を進めているドイツ。ウは水力発電の割合の高いブラジル。パラナ川のイタイプダムで発電を行っている。原子力発電の割合の高いエはフランス。　5　アは国土が狭く，人口も少なくて1人あたりの国民総所得が少ないことから，カンボジア。イはキリスト教徒の割合が高いことから，フィリピン。ウは面積が広く，人口が2億人以上いることからインドネシア。エは1人あたりの国民総所得が高く，仏教徒の割合が高いことから，タイ。　6　アの棚田はフィリピンなどの島しょ部でみられる。ウのオリーブ・ぶどう・コルクがしは地中海式農業の代表的な農産物である。エの米の二期作は，中国華南地域や東南アジアで行われている。　7　(1)　アのグランチャコはパラグアイからアルゼンチンにかけての温帯草原のこと。ウのパンパはアルゼンチンのラプラタ川河口地域に広がる温帯草原のこと。エのプレーリーはアメリカ中央部の草原のことである。　(2)　アタカマ砂漠は，沿岸を寒流のペルー海流(フンボルト海流)が流れているため，上昇気流が生まれず，大気が安定するために降水がなく砂漠が形成されている。同様のことがアフリカ南西部のベンゲラ海流とナミブ砂漠にもみられている。

8　日本列島は4つのプレートの上にある弧状列島である。海洋プレートである太平洋プレートが大陸プレートの北アメリカプレートの下に沈み込み，海洋プレートのフィリピン海プレートが大陸プレートのユーラシアプレートの下に沈み込んでいる。　9　図では冬が6～8月にみられるため，南半球の都市であることがわかる。降水量は冬よりも夏にやや多い。最暖月の平均気温は約25℃，最寒月の平均気温は約10℃で，その差は15℃である。最暖月の月別平均気温は約25℃で，20℃を超えている。　10　野外調査をする際には，まず課題を明確にして該当する地域をしっかり選定することが大切である。そして，書籍や地図などによる予備調査を行って現地調査に臨む。まとめの発表をする際には，入手した資料をグラフ化したり，地図化したりするなど，わかりやすい表現方法を工夫することも必要である。　11　豊岡

の鞄は,「豊岡鞄」として地域団体商標登録されている。アの「今治」は「今治タオル」,イの「堺」は「堺刃物」,エの「神戸」は「神戸牛」が登録されている。

【6】1　A　資源配分(分配)　　B　累進課税　　C　社会保障　　D　シャウプ　　2　イ　　3　フィスカル・ポリシー　　4　ケインズ　5　イ　　6　エ

〈解説〉1　A　道路や橋などの公共財,警察,消防などの公共サービスは政府が提供している。　B　高所得者には高い税率で課税する制度のこと。　C　公的扶助・社会保険・社会福祉・公衆衛生は,わが国の社会保障の四本柱。　D　勧告を行った日本税制使節団の団長の名前がシャウプ博士だったことにちなみ,シャウプ勧告とよばれる。2　供給が需要を上回る状態を超過供給という。つまり,売れ残りが発生する状況である。この場合,一般的に需要と供給が一致するまで財の価格は下がる。よって,イは誤り。　3　所得税の累進課税や社会保障給付によって,財政にはあらかじめ景気を安定化する機能がある。これをビルト・イン・スタビライザーという。だが,これだけでは景気の安定化には不十分であるため,政府は裁量的財政政策(フィスカル・ポリシー)も実施している。補整的財政政策と呼ばれることもある。　4　有効需要とは,実際に貨幣支出を伴う需要のこと。ケインズは,非自発的失業の原因を有効需要の不足に求め,完全雇用の実現には積極的な金融・財政政策によって有効需要を創出する必要があると唱えた。　5　間接税とは納税者と担税者が異なる税のこと。なお,消費税は1997年に税率が3％から4％に改定されたが,その際に地方税として税率1％の地方消費税も導入され,合計で5％となった。現在,一般に「消費税」と呼ばれている税は,国税である消費税と地方税である地方消費税の合計のことを指す。　6　アの「物品税」などが廃止される代わりに,消費税が導入された。イについて,課税対象となる所得の捕捉率が,おおむね給与所得者が9割,自営業者が6割,農林水産業者が4割という状況を指して,「クロヨン」と呼ばれた。ウにつ

いて，当時の所得税の最高税率は，現在よりも高かった。

2019年度 実施問題

共　通　問　題

【1】次の図を見て，下の問いに答えなさい。

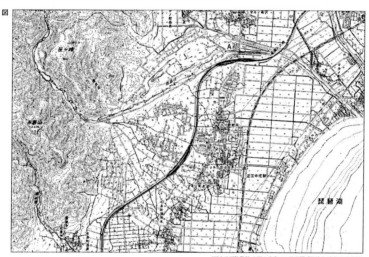

（国土地理院発行 2万5千分の1地形図「滝津」平成25年発行）

1　図の250mの等高線として適切なものを，次のア〜エから1つ選んで，その符号を書きなさい。

　　ア　第1次補助曲線　　イ　第2次補助曲線　　ウ　計曲線

　　エ　主曲線

2　図の山地から平地に出たところに百瀬川が形成した地形として適切なものを，次のア〜エから1つ選んで，その符号を書きなさい。

　　ア　三角州　　イ　扇状地　　ウ　洪積台地　　エ　河岸段丘

3　図から読み取れることについて述べた文として適切なものを，次のア〜エから1つ選んで，その符号を書きなさい。

　　ア　赤坂山の山頂から笹ヶ峰を見た場合，尾根があるため笹ヶ峰の

山頂は見えない。

イ　田が広がる地域を走るJR線は単線であり，線路は高架になっているところがある。

ウ　三角点(120.0)と三角点(108.0)の距離は図上で約8cmあり，実際の距離は約4kmである。

エ　中央を縦断している国道の西側では，新たな開発によってつくられた住宅地が見られる。

4　図のマキノ町新保から今津町深清水にかけて集落が立地している理由として適切なものを，次のア～エから1つ選んで，その符号を書きなさい。

ア　砂礫が堆積してできた水はけのよい高台であるため。

イ　地下にしみ込んだ伏流水が地表に湧き出しているため。

ウ　土地の勾配が急であり，農地開発が難しかったため。

エ　砂や粘土などの洪水堆積物で形成された微高地であるため。

5　図のAの地域について説明した次の文の(ア)，(イ)にあてはまる適切な語句を書きなさい。

　　百瀬川の河床面が周囲の平野面よりも(ア)くなっており，(イ)川が形成されている。

6　図の百瀬川が流れ込む琵琶湖は，1993年に水鳥の生息地として国際的に重要な湿地に関する条約に登録された。この条約として適切なものを，次のア～エから1つ選んで，その符号を書きなさい。

ア　ラムサール条約　　イ　ワシントン条約　　ウ　ウィーン条約
エ　バーゼル条約

7　滋賀県と同じように海に面していない県を，次のア～オから2つ選んで，その符号を書きなさい。

ア　栃木県　　イ　茨城県　　ウ　山梨県　　エ　富山県
オ　島根県

8　次の表は2014年の滋賀県，神奈川県，静岡県，兵庫県，山口県の製造品出荷額等割合に占める上位5つの工業を示している。表を見てあとの問いに答えなさい。

表

	1位	2位	3位	4位	5位
滋賀県	輸送用機械	（ A ）	電気機械	プラスチック製品	はん用機械
ア	輸送用機械	電気機械	（ A ）	飲料・飼料	食料品
イ	（ A ）	石油・石炭製品	輸送用機械	鉄鋼	食料品
ウ	鉄鋼	（ A ）	食料品	電気機械	はん用機械
エ	輸送用機械	石油・石炭製品	（ A ）	食料品	生産用機械

（『データでみる県勢2018』より作成）

(1) 表のア～エから兵庫県にあてはまるものを選んで，その符号を
書きなさい。

(2) 表の(A)にあてはまるものを，次のア～エから1つ選んで，
その符号を書きなさい。

　ア　電子部品　　イ　パルプ・紙　　ウ　化学　　エ　印刷

（☆☆☆◎◎◎）

中 学 社 会

【1】次の文章を読み，あとの問いに答えなさい。

　村落や都市など，人々が一定の場所に集まり，居住しながら社会的
な生活をする空間を集落という。古い時代に成立した集落の立地は，
自然条件と深い関わりがある。例えば，①乾燥地域では，湿潤地域に
源流があり砂漠を貫流する(ア)河川の付近や②地下水が豊富に得
られる(イ)などに早くから集落が発達した。この他，集落の立地
は崖や丘の上などの防御に有利なところ，広い平野があり生産活動に
適したところ，海岸付近や河川合流部のような水陸の③交通に便利な
ところなど，社会条件とも深く関連している。村落は，それを構成す
る家屋の分布形態によって，大きく集村と散村とに分けられる。集村
は家屋が不規則に密集し自然発生的に成立した(A)や中世のヨーロ

ッパには列状の（　B　），ドイツや東ヨーロッパでは家屋の背後に短冊状の細長い耕地がある（　C　）などにさらに分けることができる。散村は1戸ずつ分散して居住する村落のことである。

一方，都市が発展すると④人口も増え，生産や流通・消費などに関する施設や情報などが集積してくる。特に周辺地域から多くの人々を引きつける大都市は中心地としての機能も高く，周辺部に位置する中小の衛星都市をその影響下におさめ，広大な⑤都市圏を形成している。

1　文中の（　ア　），（　イ　）にあてはまる適切な語句を書きなさい。

2　文中の（　A　）〜（　C　）にあてはまる適切な語句を，次のア〜エからそれぞれ1つ選んで，その符号を書きなさい。

ア　林地村　　イ　塊村　　ウ　路村　　エ　広場村

3　下線部①について，次の問いに答えなさい。

(1)　植生を基準に気温と降水量を指標として乾燥気候と湿潤気候をはじめとした気候区分をAfやBWなどの簡単な記号で分類したドイツの気候学者を書きなさい。

(2)　乾燥気候の様子について述べた次の文の（　ア　），（　イ　）にあてはまる適切な語句を書きなさい。

> 乾燥気候に見られる植生は荒原(砂漠)と降水が不十分なために樹木は育たず，（　ア　）と呼ばれる草丈の短い短草草原となっている。そしてそれぞれの植生から砂漠気候と（　ア　）気候に分けることができる。両気候とも日中は非常に高温になるが，夜は冷え込むため，1日の最高気温と最低気温の差である（　イ　）が大きい。

4　下線部②について，次の図は地下水を模式的に示したもので，アは局地的な不透水層の上にたまった地下水，イは上下を不透水層にはさまれ圧力を受けている地下水まで達する井戸，ウは上下を不透水層にはさまれ圧力を受けている地下水のことである。図中の（　ア　）〜（　ウ　）にあてはまる適切な語句を書きなさい。

図

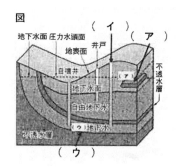

5 下線部③について，次の表1は2015年の日本，韓国，ロシア，ドイツの鉄道輸送量を示している。日本とドイツにあてはまるものを，表のア～エからそれぞれ1つ選んで，その符号を書きなさい。

表1

国名	営業キロ (km)	旅客 (百万人キロ)	貨物 (百万トンキロ)	1km当たり輸送量	
				千人キロ	千トンキロ
ア	33,331	79,257	72,913	222	204
イ	3,909	23,450	9,479	235	95
ウ	27,916	427,486	21,519	1,131	57
エ	85,262	120,413	2,304,758	7	135

（『データブック オブ ザ ワールド 2017/2018』より作成）

6 下線部④について，次の表2は2015年の日本，エジプト，マリ，南アフリカ共和国の就労者総数と産業別人口構成を示したものである。エジプトと南アフリカ共和国にあてはまるものを，表のア～エからそれぞれ1つ選んで，その符号を書きなさい。

表2

国名	総数（万人）	第1次産業（％）	第2次産業（％）	第3次産業（％）
ア	2,478	25.8	25.1	49.1
イ	6,376	3.6	24.6	70.3
ウ	582	62.3	8.3	29.5
エ	1,593	5.6	23.8	70.5

（『データブック オブ ザ ワールド 2017/2018』より作成）

7 下線部⑤について，都市圏に関して述べた文として適切でないものを，次のア～エから1つ選んで，その符号を書きなさい。

ア 政治・経済・文化などの中心をなす大都市をメトロポリスという。

　イ　連続する複数の都市が強固に結びついたものをメガロポリス
　　という。

　ウ　都市が互いに都市機能を分担してつながる都市群をプライメイ
　　トシティという。

　エ　国際金融などの中心機能が集中した都市をグローバルシティと
　　いう。

8　都市をめぐる動きについて述べた次の文の(　　)にあてはまる適切
　な語句を書きなさい。

> 　都心へのさらなる業務の集積とともに，都市型の環境問題
> や，人口減少，少子高齢化などの課題に直面したことから，
> (　　)シティ構想といわれる生活に必要な都市機能を効率的に
> 配置する都市のあり方も模索されている。

(☆☆☆◎◎)

【2】次の文章を読み，あとの問いに答えなさい。

　①アッシリア帝国滅亡後の②4王国の分立に終止符を打ったのは，イ
ンド＝ヨーロッパ語系のペルシア人であった。前6世紀にキュロス2世
がおこしたアケメネス朝ペルシアは，ダレイオス1世の時代にはエー
ゲ海沿岸からインダス川流域に及ぶ大帝国となった。しかし，前5世
紀前半にはギリシアへの遠征に失敗し，その後の内紛により衰退，前
330年にマケドニアのアレクサンドロスの遠征軍により滅亡した。③ア
レクサンドロス大王は東方遠征を行い，大帝国を建設したが，前323
年にバビロンで病死した。その後，部下たちがディアドコイを称して
互いに争い，セレウコス朝，アンティゴノス朝，(　A　)朝などの諸王
朝が分立することとなった。アレクサンドロスの遠征から(　A　)朝の
滅亡までの約300年間を④ヘレニズム時代という。

　セレウコス朝が弱体化すると，イラン系遊牧民がイラン高原北部に
パルティア王国を建てた。パルティア王国はギリシア文化を保護した
が，前1世紀頃から民族意識が強まり，アラム文字で表記したイラン
系の言語を用いるなど，しだいにギリシア語文化圏から離れていった。

その後，イラン高原南部から出た⑤<u>ササン朝ペルシア</u>のアルデシール1世によって滅ぼされた。

　ササン朝2代目のシャープール1世は，東方のクシャーナ朝から領土の大半を奪って衰退に追い込み，西方ではシリアに進出してローマ帝国と対抗した。やがて5世紀になると，ササン朝は中央アジアの遊牧民エフタルの侵攻を受けて苦しめられたが，（　B　）は東ローマ皇帝の⑥<u>ユスティニアヌス</u>に対抗しながら，北方草原の突厥と結んでエフタルの勢力を滅ぼした。しかし，（　B　）没後はしだいに衰え，7世紀半ばに滅んだ。

1　文中の（　A　），（　B　）にあてはまる適切な語句を書きなさい。

2　下線部①について，アッシリア帝国に関して述べた文として適切なものを，次のア〜エから1つ選んで，その符号を書きなさい。
　ア　服属した異民族に対して寛大な政治を行った。
　イ　鉄製武器と戦車を用いて全オリエントを統一した。
　ウ　「王の道」と呼ばれる国道をつくり，駅伝制を整備した。
　エ　ユダ王国を滅ぼし，住民をバビロンに連行した。

3　下線部②について，4王国のうち世界で初めて金属貨幣を鋳造した国の名と，その位置を示す次の図中の　あ　または　い　の組み合わせとして適切なものを，下のア〜エから1つ選んで，その符号を書きなさい。

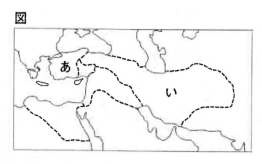

図

　ア　メディアーあ　　イ　メディアーい　　ウ　リディアーあ
　エ　リディアーい

4 下線部③について，アレクサンドロス大王に関して述べた文として適切でないものを，次のア～エから1つ選んで，その符号を書きなさい。

ア 中央アジアやインダス川流域も支配した。

イ 各地にアレクサンドリアを建設した。

ウ ペルシア帝国の後継者を自任した。

エ イッソスの戦いでアテネ・テーベ連合軍を破った。

5 下線部④について，この時代に地球の周囲の長さを計測した人物を，次のア～エから1つ選んで，その符号を書きなさい。

ア アルキメデス イ エウクレイデス ウ アリスタルコス

エ エラトステネス

6 下線部⑤について，ササン朝ペルシアの国教となった宗教を，次のア～エから1つ選んで，その符号を書きなさい。

ア マニ教 イ ゾロアスター教 ウ ギリシア正教

エ イスラーム教

7 下線部⑥について，ユスティニアヌスに関して述べた文として適切なものを，次のア～エから1つ選んで，その符号を書きなさい。

ア 聖像崇拝禁止令を発布した。

イ ヴァンダル王国と西ゴート王国を滅ぼした。

ウ 『ローマ法大全』を編纂させた。

エ 首都に壮大なサン＝ピエトロ大聖堂を建立した。

(☆☆◎◎◎)

【3】次の文章を読み，あとの問いに答えなさい。

　①律令制を導入して古代国家を築いた支配層としての貴族の地位は，やがて②各地に成長してきた武士によって揺らいできた。保元・平治の乱ののち，平氏の地位と権力は急速に高まり，棟梁の（　A　）が太政大臣になったのをはじめ，一族も皆高位高官にのぼり，勢威は並ぶものがなくなった。しかし専制政治に対する不満から，各地の武士団が挙兵して内乱が全国的に広がった。平氏を滅亡させた源頼朝によって，

③12世紀後半に武士による政権が生まれ，各地で④荘園・公領の支配
権を貴族層から奪い，しだいに武家社会を確立させていった。

　14世紀に成立した室町幕府は，⑤南北朝の動乱を経て安定の時をむ
かえた。しかしその後，将軍権力の弱体化にともなって有力守護家や
将軍家にあいついで内紛がおこり，1467年，ついに戦国時代の幕開け
となる（　B　）が始まった。戦国の世は織田・豊臣・徳川氏により統一
が促進され，1603年徳川家康により⑥江戸幕府が成立し，幕府の作り
上げた幕藩体制により，安定した封建体制が続いた。

　しかし19世紀には⑦欧米の資本主義の圧力がせまる中で日本は開国
することになり，危機に対応する政治能力に欠ける幕府に対し，天
皇・朝廷の権威が浮上することになった。倒幕運動の高まりのなか，
15代将軍（　C　）が大政奉還の上表を朝廷に提出すると，倒幕派は
（　D　）の大号令を発し，天皇を中心とする新政府を樹立した。これを
もって，江戸幕府は滅亡し，⑧旧幕府軍と新政府軍による内戦を経て，
国内は新政府によってほぼ統一された。

1　文中の（　A　）～（　D　）にあてはまる適切な語句を書きなさい。

2　下線部①について，刑部親王や藤原不比等らが701年に完成させた
　　律令を何というか，書きなさい。

3　下線部②について，10～11世紀の武士に関する出来事として適切
　　なものを，次のア～エから1つ選んで，その符号を書きなさい。

　　ア　上総で平忠常の乱がおこると，源満仲は津軽半島に広がった乱
　　　　を鎮圧し，源氏の東北進出のきっかけをつくった。

　　イ　下総を根拠地とする平将門は，九州で反乱を起こし，西国の大
　　　　半を占領して新皇と自称した。

　　ウ　摂津・播磨で勢力を得た清原氏一族に内紛がおこると，陸奥守
　　　　であった源義家が介入し，内紛を制圧した。

　　エ　もと伊予の国司であった藤原純友は瀬戸内海の海賊を率いて反
　　　　乱をおこし，伊予の国府や大宰府を攻め落とした。

4　下線部③について，1192年に源頼朝が任じられた職名として適切
　　なものを，次のア～エから1つ選んで，その符号を書きなさい。

　　ア　右近衛大将　　イ　征夷大将軍　　ウ　摂政　　エ　太政大臣

5　下線部④について，地頭の支配権拡大の動きに直面した荘園・公領の領主たちが，現地の土地を分割して地頭に与え，相互の支配権を認め合った取り決めを何というか，書きなさい。

6　下線部⑤について，この動乱の中で幕府内でも勢力争いが激化し，1350年には観応の擾乱がおこった。この抗争で敗死した，足利尊氏の弟として適切なものを，次のア～エから1つ選んで，その符号を書きなさい。

　　ア　足利基氏　　イ　足利義教　　ウ　足利直義　　エ　足利義昭

7　下線部⑥について，江戸時代の絵画として適切でないものを次のア～エから1つ選んで，その符号を書きなさい。

　　ア　　　　　　　　　　イ　　　　　　　　　　ウ　　　　エ

8　下線部⑦について，日本に先立ち清国では，1840～42年にイギリスとの間に発生した戦争での敗北をきっかけに開国をすることとなったが，この戦争を何というか，書きなさい。

9　下線部⑧について，この内戦のさなか兵庫県が設置されたが，設置と同年のことがらとして適切なものを，次のア～エから1つ選んで，その符号を書きなさい。

　　ア　五箇条の誓文　　イ　地租改正　　ウ　廃藩置県

　　エ　版籍奉還

　　　　　　　　　　　　　　　　　　　　　　　（☆☆☆◎◎◎）

【4】次の文章を読み，あとの問いに答えなさい。

　　総人口に対する65歳以上の高齢者の割合が7％を超える社会を高齢化社会，14％を超える社会を高齢社会と呼んでいる。日本は，すでに

2010年に23.1％に達しており，高齢者人口が21％を超える(A)社会の域に達している。生活水準の向上や医療の進歩，①社会保障の整備などから，日本人の平均寿命は伸び，男女とも世界有数の長寿国となっている。一方，子どもの数は減少している。一人の女性が一生の間に出産する子どもの数の平均を(B)というが，2005年には1.25となり，その後も微増の状況にとどまっている。これが2.08を下まわり続けると人口は減少していく。日本の総人口は2013年には1億2780万人であったが，将来人口推計では，2045年に1億人を割ると予想されている。それに伴い，今後，②労働力人口の減少が予想されることから，女性や高齢者などの人材を積極的に雇用する動きがみられる。

個人はみな人間として平等であるという考え方は，一人ひとりを尊重する「個人の尊重」の原理(日本国憲法第13条)から導き出される。平等権は，③自由権と並んで近代市民社会では欠かすことのできない④基本的人権である。⑤日本国憲法は，「すべて国民は，法の下に平等であつて，人種，(C)，性別，社会的身分又は門地により，差別されない」と定めている(同第14条1項)。さらに，家庭生活における男女の平等(同第24条)，⑥選挙における平等(同第15条3項，同第44条)，教育の機会均等(同第26条)を保障している。

1 文中の(A)～(C)にあてはまる適切な語句を書きなさい。

2 下線部①について，日本の社会保障制度に関して述べた文として適切なものを，次のア～エから1つ選んで，その符号を書きなさい。

　ア 日本の年金制度は，将来の年金を自分で積み立てる積立方式を基本にしている。

　イ 公的扶助は，国が責任をもって憲法第25条の生存権を保障するものである。

　ウ 日本に住んでいる18歳以上60歳未満の人は，国民年金に加入することが法律で義務づけられている。

　エ 介護保険のサービス費用は，自己負担分を除き，公費と35歳以上の全国民の保険料でまかなわれている。

3 下線部②について，日本ではこの対策として協定を結んでいる国

から，看護や介護など専門分野で外国人労働者を受け入れるように
なっている。この労働力の移転など幅広い分野での連携をめざす協
定を何というか，書きなさい。

4　下線部③について，表現の自由をめぐる訴訟に関して適切なもの
を，次のア～エから1つ選んで，その符号を書きなさい。

　ア　三菱樹脂訴訟　　イ　堀木訴訟　　ウ　津地鎮祭訴訟
　エ　家永訴訟

5　下線部④について，人が生まれながらにもっている権利(自然権)は
近代の市民革命によって確立された。1628年にイギリスで議会の同
意のない課税と不当逮捕などに反対して議会が提出した文書を何と
いうか，書きなさい。

6　下線部⑤について，日本国憲法第7条に定められた天皇が行う形式
的，儀礼的行為を何というか，書きなさい。

7　下線部⑥について，選挙に関して述べた文として適切でないもの
を，次のア～エから1つ選んで，その符号を書きなさい。

　ア　2015年に公職選挙法が改正され，18歳以上の男女に選挙権が認
　　められた。
　イ　大選挙区制は，死票が多く，獲得率と獲得議席に開きが生じる
　　ため，民意を反映しにくい。
　ウ　在外日本人の投票権は，国政選挙の比例代表と選挙区において
　　認められている。
　エ　比例代表制は，多党制を生み，多様な民意を反映した議会とな
　　る長所がある。

(☆☆◎◎◎)

【5】次の文章を読み，あとの問いに答えなさい。
　日本では，高度経済成長期に国内総生産や就業者数の構成比でみた
産業の中心が，①第一次産業から第二次産業へ，さらに第三次産業へ
と移行し，産業構造の(A)が進んだ。そして，1970年代半ばには産
業別の国内総生産に占める第三次産業の割合が50％を超え，経済の

（　B　）化・ソフト化が進んだ。

　一方，中小企業は技術革新への対応や設備投資の遅れから近代化がうまく進まず，大企業との間には，資金調達力や生産性，賃金・労働条件などで大きな格差が存在してきた。これは日本経済の（　C　）と呼ばれ，中小企業の下請け化や系列化が進む原因の一つともなった。これに対して，1963年には中小企業基本法が制定され，中小企業の保護・育成が図られてきた。

　1990年代の平成不況以降，中小企業のおかれた環境は激変した。新興工業経済地域の勃興や円高によって，諸産業が大きな打撃をこうむるなか，中小企業と大企業との格差是正を目的としていた中小企業基本法も，1999年の改正によって，②自立的に活動する中小企業の支援へとシフトした。中小企業のなかには，大企業をしのぐ技術力をもつものや，③既存企業による商品等の供給が行われていない規模の小さい市場に進出して，新たな市場を開拓する（　D　）ビジネスを展開する企業が活躍するなど，日本経済において大きな役割を果たしている。

　2012年末に第二次安倍政権が誕生すると，景気回復のための④日本銀行と協調した大幅な金融緩和，インフラ整備などの財政支出，女性の活躍推進などの成長戦略が実施され，株価は急上昇をして世界金融危機以前の水準に戻るなど，日本経済は復活の兆しをみせた。

　労働面においては今日，女性の職場進出にはめざましいものがある。1997年に（　E　）が改正され，雇用の分野における募集・採用・配置・昇進などについても男女差別が禁止された。さらに1999年には（　F　）が制定されて，「男女が均等に政治的・経済的・社会的及び文化的利益を享受することができ，かつ，共に責任を担うべき社会」をつくることをめざすようになったが，それだけでなく，2007年12月には，仕事と生活の調和推進官民トップ会談で，男女の働き方そのものが見直され，政労使の合意のもとに，⑤人生のそれぞれの段階で多様な働き方・生き方が選択できる社会などをめざすべきであると宣言した憲章が定められた。

1　文中の（　A　）～（　F　）にあてはまる適切な語句を書きなさい。

2　下線部①について，このような傾向を発見者の名前にちなんで何というか，書きなさい。

3　下線部②について，このことに関する内容として適切なものを，次のア～エから1つ選んで，その符号を書きなさい。

ア　2005年に新会社法が成立し，最低資本金の規定が緩和された。

イ　ソフトウェア開発や研究開発など，知識集約的な分野での起業は難しくなった。

ウ　マザーズやジャスダックなど，中小企業に資金調達の場を提供する新しい株式市場が設置された。

エ　2007年に大規模小売店舗立地法が改正され，大型店の郊外への出店が促された。

4　下線部③について，このことを何というか，書きなさい。

5　下線部④について，これら一連の経済政策につけられた首相の名前にちなんだ通称を何というか，書きなさい。

6　下線部⑤について，この憲章を何というか，書きなさい。

(☆☆◎◎◎)

地　理・歴　史

【1】次の文章を読み，あとの問いに答えなさい。

　①アッシリア帝国滅亡後の②4王国の分立に終止符を打ったのは，インド＝ヨーロッパ語系のペルシア人であった。前6世紀にキュロス2世がおこしたアケメネス朝ペルシアは，ダレイオス1世の時代にはエーゲ海沿岸からインダス川流域に及ぶ大帝国となった。しかし，前5世紀前半にはギリシアへの遠征に失敗し，その後の内紛により衰退，前330年にマケドニアのアレクサンドロスの遠征軍により滅亡した。アレクサンドロス大王は③中央アジアやインダス川流域をも征服して大帝国を建設したが，前323年にバビロンで病死した。その後，部下たちがディアドコイを称して互いに争い，セレウコス朝，アンティゴノ

ス朝，（　A　）朝などの諸王朝が分立することとなった。アレクサンドロスの遠征から（　A　）朝の滅亡までの約300年間を④ヘレニズム時代という。

　セレウコス朝が弱体化すると，イラン系遊牧民がイラン高原北部に⑤パルティア王国を建てた。パルティア王国はギリシア文化を保護したが，前1世紀頃から民族意識が強まり，アラム文字で表記したイラン系の言語を用いるなど，しだいにギリシア文化圏から離れていった。その後，イラン高原南部から出た⑥サン朝ペルシアのアルデシール1世によって滅ぼされた。

　サン朝2代目のシャープール1世は，東方のクシャーナ朝から領土の大半を奪って衰退に追い込み，西方ではシリアに進出してローマ帝国と対抗した。やがて5世紀になると，サン朝は中央アジアの遊牧民エフタルの侵攻を受けて苦しめられたが，（　B　）は東ローマ皇帝の⑦ユスティニアヌスに対抗しながら，北方草原の⑧突厥と結んでエフタルの勢力を滅ぼした。しかし，（　B　）没後はしだいに衰え，7世紀半ばに新興のイスラーム勢力であるアラブ人によって征服されて滅んだ。

1　文中の（　A　），（　B　）にあてはまる適切な語句を書きなさい。

2　下線部①について，アッシリア帝国に関して述べた文として適切なものを，次のア～エから1つ選んで，その符号を書きなさい。

　ア　服属した異民族に対して寛大な政治を行った。

　イ　鉄製武器と戦車を用いて全オリエントを征服した。

　ウ　「王の道」と呼ばれる国道をつくり，駅伝制を整備した。

　エ　ユダ王国を滅ぼし，住民をバビロンに連行した。

3　下線部②について，4王国のうち世界で初めて金属貨幣を鋳造した国の名と，その位置を示す次の図中の　あ　または　い　の組み合わせとして適切なものを，あとのア～エから1つ選んで，その符号を書きなさい。

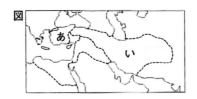

　　ア　メディアーあ　　イ　メディアーい　　ウ　リディアーあ
　　エ　リディアーい

4　下線部③について，中央アジアの出来事に関して述べた文として
　適切なものを，次のア～エから1つ選んで，その符号を書きなさい。
　　ア　ティムールはイスファハーンを都に中央アジアからイラン・イ
　　　ラクにいたる地域を支配した。
　　イ　ウマイヤ朝の軍はタラス河畔の戦いで唐を破り，アム川以北を
　　　支配した。
　　ウ　後漢の時代には，西域都護となった甘英がタリム盆地の支配を
　　　確立した。
　　エ　イラン系ソグド人がサマルカンドなどのオアシス都市をつく
　　　り，隊商交易に従事した。

5　下線部④について，この時代の文化に関して述べた文として適切
　なものを，次のア～エから1つ選んで，その符号を書きなさい。
　　ア　ラテン語が共通語となり，オリエントやギリシアの諸科学が集
　　　大成した。
　　イ　ポリスの枠にとらわれない生き方を理想とする世界市民主義の
　　　思想がうまれた。
　　ウ　ゼノンを祖とするストア派は精神的快楽を唱え，エピクロスを
　　　祖とするエピクロス派は禁欲を説いた。
　　エ　エジプトのテーベには大図書館をそなえたムセイオンがつくら
　　　れ，学問の中心となった。

6　下線部⑤について，パルティア王国は中国では何と呼ばれたか。
　漢字2字で書きなさい。

7　下線部⑥について，ササン朝ペルシアの国教となったゾロアスタ

ー教に関して述べた文aとbの正誤の組み合わせとして適切なもの
を，下のア〜エから1つ選んで，その符号を書きなさい。

a　この世を善神アフラ＝マズダと悪神アーリマンとのたえまない
　　抗争の場と説いた。

b　火や光の崇拝を重視するので拝火教とも呼ばれ，中国では景教
　　と呼ばれた。

ア　a−正　b−正　　イ　a−正　b−誤　　ウ　a−誤　b−正

エ　a−誤　b−誤

8　下線部⑦について，ユスティニアヌスに関して述べた文として適
　切なものを，次のア〜エから1つ選んで，その符号を書きなさい。

ア　軍役奉仕と引きかえに貴族に領地を与えるプロノイア制を実施
　　した。

イ　全国を州に分け，有力豪族を州の長官である伯に任命した。

ウ　中国から養蚕技術を取り入れ，絹織物産業発展の基礎を築いた。

エ　首都に壮大なサン＝ピエトロ大聖堂を建立し，帝国の威信を高
　　めた。

9　下線部⑧について，突厥に関して述べた文として適切なものを，
　次のア〜エから1つ選んで，その符号を書きなさい。

ア　安史の乱に際し唐を助けて乱を平定した。

イ　五胡の一つとして華北に侵入し，北魏を建国した。

ウ　騎馬遊牧民族としてはじめて文字をつくった。

エ　遊牧民には部族制を，農耕民には州県制を採用した。

（☆☆◎◎◎）

【2】次の文章を読み，あとの問いに答えなさい。

　15世紀末からヨーロッパ人はめざましい海外進出を開始した。イン
ド航路の開拓や新大陸の発見，世界周航の達成など，画期的な一連の
出来事が起きたこの時代は，一般に「大航海時代」と称される。①ポ
ルトガルやスペインの君主たちは，直接，香辛料貿易の利益を得よう
とした。すでに，15世紀初頭からポルトガルの商人はアフリカ西岸の

探検に乗り出していたが，②「航海王子」がこの活動を奨励し，さらに推進した。その後，③多くの探検活動によって香辛料の直接取引が可能となり，ポルトガルに莫大な利益をもたらし，④首都は一時世界商業の中心となった。スペインでは，1492年に女王（　A　）が，コロンブスの船団を「インド」に向けて派遣し，彼らは大西洋を横断してサンサルバドル島や，今日のアメリカ大陸にも到着した。コロンブスは，これらの土地を「インド」の一部だと思い込んでいたが，その後，カブラルらの探検によって，これがアジアとは別のヨーロッパ人にはまだ知られていない大陸であることが明らかとなり，⑤ある人物の名にちなんで「アメリカ」と名づけられた。また，⑥スペイン王室の命令でポルトガル人（　B　）は，1519年に⑦香辛料の特産地であるモルッカ諸島をめざして西回りの大航海に出発し，太平洋を横断して，1521年フィリピンに達した。彼自身はそこで亡くなったが，彼の部下がアフリカ回りで翌年スペインに帰国し，史上最初の世界周航を成し遂げた。

　こうして，インド航路の開拓，新大陸の発見は，ヨーロッパにおける遠隔地貿易の中心を地中海から大西洋に移動させ，商業の規模も，ヨーロッパをこえた世界的広がりをもつようになった。また，1545年に発見されたポトシ銀山など，⑧ラテンアメリカから大量の銀が流入し，ヨーロッパの物価は2〜3倍に上昇した。これを価格革命と呼んでいる。

1　文中の（　A　），（　B　）にあてはまる適切な語句を書きなさい。

2　下線部①について，この理由に関して述べた文aとbの正誤の組み合わせとして適切なものを，下のア〜エから1つ選んで，その符号を書きなさい。

a　14世紀以来，香辛料を取引する東方貿易はイタリア諸都市の商人に独占されていたため。

b　15世紀後半以降，セルジューク朝トルコによる地中海への進出が著しく，その取引が制限されたため。

ア　a−正　b−正　　イ　a−正　b−誤　　ウ　a−誤　b−正
エ　a−誤　b−誤

3 下線部②について，「航海王子」と呼ばれる人物として適切なもの
を，次のア〜エから1つ選んで，その符号を書きなさい。

ア フリードリヒ　　イ フィリップ　　ウ エドワード

エ エンリケ

4 下線部③について，探検活動に関して述べた次の文の波線部ア〜
エのうち，適切でないものを1つ選んで，その符号と適切な語句を
書きなさい。

　　ア バルトロメウ＝ディアスがアフリカ南端のイ 喜望峰に，
ウ ヴァスコ＝ダ＝ガマがインド西岸のエ ゴアに到達した。

5 下線部④について，この首都として適切なものを，次のア〜エか
ら1つ選んで，その符号を書きなさい。

ア マドリード　　イ グラナダ　　ウ リスボン

エ アムステルダム

6 下線部⑤について，このフィレンツェ出身の探検家である人物名
を書きなさい。

7 下線部⑥について，スペインの先住民に対する征服に関して述べ
た文として適切なものを，次のア〜エから1つ選んで，その符号を
書きなさい。

ア コルテスが1521年にインカ帝国を破って，メキシコを征服した。

イ ラス＝カサスは，先住民を酷使するスペインの植民地政策を批
判した。

ウ ピサロが1533年にアステカ王国を滅ぼして，首都クスコを破壊
した。

エ スペイン人の植民者は先住民をプロテスタントに改宗させ，保
護した。

8 下線部⑦について，モルッカ諸島の位置として適切なものを，次
の図中のア〜エから1つ選んで，その符号を書きなさい。

図
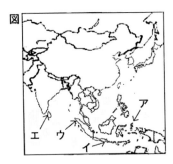

9　下線部⑧について，この結果に関して述べた文として適切でない
　ものを，次のア〜エから1つ選んで，その符号を書きなさい。

　　ア　この価格革命によって，西欧諸国は商工業が活発な経済的先進
　　　地域となった。

　　イ　固定地代の収入で生活する多くの領主たちは，この価格の騰貴
　　　によって大きな打撃を受けた。

　　ウ　東欧諸国は西欧諸国に対して穀物輸出の地域となり，農民の農
　　　奴化が進みラティフンディアが広がった。

　　エ　地中海貿易で栄えていた南ドイツ諸都市の銀生産は，急速に衰
　　　退していった。

(☆☆◎◎◎)

【3】次の文章を読み，あとの問いに答えなさい。

　①アヘン戦争に敗れた清は，1842年に②南京条約，翌年に五港通商
章程や虎門寨追加条約などをイギリスと締結した。しかし，戦後の交
易でもイギリスが期待していたほどの利益が上がらなかった。1856年，
イギリスはアロー号事件を口実に，フランスとともにアロー戦争をお
こした。英仏軍は天津に迫って天津条約を締結したが，批准書交換に
来た英仏使節の入京を清軍が阻止すると，ふたたび戦端が開かれた。
英仏軍は北京に攻め入り，清と③北京条約を締結した。

　アヘン戦争後，国内では重税による窮乏化や清朝統治に対する不安
感のために，結社をつくって相互に生活を保とうとする動きが見られ

た。とりわけ，広西省金田村では社会不満が強まり，（　Ａ　）を指導者とする宗教結社が活動を広げ，1851年に反乱をおこし④太平天国を建てた。太平天国はまたたくまに勢力を広げ，⑤南京を占領して首都とした。太平天国に応じるように，各地で農民反乱が連鎖的におきた。これら一連の反乱を鎮圧したのは清の正規軍ではなく，漢人官僚が組織した軍隊であった。

太平天国滅亡後，国内秩序は一時的に安定し，太平天国鎮圧に活躍した曾国藩・李鴻章らが富国強兵をめざして西洋の学問や技術を導入した。しかし，「中体西用」の立場をとるこの運動は，国家や社会制度の大きな変革をめざすものではなかった。⑥日清戦争の結果，国家存亡に対する危機感が高まり，明治維新にならった根本的な制度改革を主張する意見が台頭した。光緒帝は（　Ｂ　）や梁啓超の方針を受け入れて，政治改革を開始したが，改革に反対する保守派により光緒帝は幽閉され，改革は失敗に終わった。

このころは対外的危機も高まっていた。⑦列強による分割が進行するにつれ，排外運動が激化した。キリスト教布教が活発化すると，各地で反キリスト教運動がおこった。なかでも，義和団は鉄道やキリスト教会を破壊し，天津や北京に迫った。義和団事件後，清朝は⑧科挙の廃止など，近代国家建設に向けての改革に踏み切った。

1　文中の（　Ａ　），（　Ｂ　）にあてはまる適切な語句を書きなさい。
2　下線部①について，アヘン戦争前の中国に関して述べた文ａとｂの正誤の組み合わせとして適切なものを，下のア～エから1つ選んで，その符号を書きなさい。
　ａ　イギリスはマカートニーを清朝に派遣して，広州以外の港の開放など自由貿易を要求した。
　ｂ　清朝はアヘン厳禁を主張する林則徐を派遣して，アヘンの密貿易の取締りにあたらせた。
　ア　ａ－正　ｂ－正　　イ　ａ－正　ｂ－誤　　ウ　ａ－誤　ｂ－正
　エ　ａ－誤　ｂ－誤
3　下線部②について，南京条約に関して述べた文として適切なもの

を，次のア～エから1つ選んで，その符号を書きなさい。

ア　イギリスに九竜半島南部を割譲した。

イ　イギリスに領事裁判権を認めた。

ウ　自由貿易の原則を掲げ公行を廃止した。

エ　南京・上海等の5港を開港した。

4　下線部③について，このとき英仏との講和を調停したロシアと結んだ条約の内容として適切なものを，次のア～エから1つ選んで，その符号を書きなさい。

ア　アイグン川とスタノヴォイ山脈を国境とした。

イ　モンゴルにおける国境画定と両国間の通商規定を定めた。

ウ　黒竜江左岸をロシア領，ウスリー川以東を共同管理地と定めた。

エ　ウスリー川以東の地をロシア領と定めた。

5　下線部④について，太平天国に関して述べた文として適切なものを，次のア～エから1つ選んで，その符号を書きなさい。

ア　アヘンの吸引や纏足などの悪習を廃止した。

イ　長髪を禁止して辮髪にした。

ウ　男女の別なく土地を均分する井田法を掲げた。

エ　「扶清滅洋」を掲げて，外国打倒をめざした。

6　下線部⑤について，南京に関して述べた文として適切なものを，次のア～エから1つ選んで，その符号を書きなさい。

ア　長征を終えた共産党が根拠地に定めた。

イ　東晋および南朝の都が置かれた。

ウ　毛沢東を主席とする中華ソヴィエト臨時政府が置かれた。

エ　後唐を除く五代と宋の首都が置かれた。

7　下線部⑥について，日清戦争に関して述べた次の文の波線部ア～エのうち，適切でないものを1つ選んで，その符号と適切な語句を書きなさい。

　　日清戦争に敗れた清は，ア　朝鮮半島のイ　独立と日本に対するウ　海南島・澎湖諸島のエ　割譲などを認めた。

8　下線部⑦について，イギリスの租借地名と，その位置を示す次の

図中の あ または い の組み合わせとして適切なものを，下のア～エから1つ選んで，その符号を書きなさい。

ア　広州湾－あ　　イ　広州湾－い　　ウ　威海衛－あ

エ　威海衛－い

9　下線部⑧について，科挙に関して述べた文として適切なものを，次のア～エから1つ選んで，その符号を書きなさい。

ア　官吏登用試験として隋の文帝により創設された。

イ　唐代には官吏登用の唯一の道として確立した。

ウ　地方の豪族の子弟が中央の上級官職を独占した。

エ　元代には一度も実施されなかった。

(☆☆◎◎◎)

【4】次の文章を読み，あとの問いに答えなさい。

　①律令国家では，民衆は戸主を代表者とする戸に所属する形で戸籍・計帳に登録され，この戸を単位として口分田の班給を受け，租税が課せられた。戸籍は(　　)年ごとに作成され，それにもとづいて(　　)歳以上の男女に一定額の口分田が与えられた。口分田は売買できず，死者の口分田は(　　)年ごとの班田の年に収公された。

　農民には口分田の耕作以外にもさまざまな税負担があったため，②生活に余裕はなかった。やがて政府は民間の開墾による耕地の拡大をはかるため，③743年には墾田永年私財法を発した。④貴族・寺院や地方豪族たちの私有地拡大が進むと，農民にも富裕になるものと貧困化するものとが現れ，8世紀の末には，国家の財政や軍政にも大きな影響が出るようになった。⑤桓武天皇は班田収授を励行させるために

班田の期間を改めたり，農民の負担の軽減をはかるなどしたが，9世紀には班田が30年，50年とおこなわれない地域が増えていった。

　政府は902年に，⑥延喜の荘園整理令を出して令制の再建をめざしたが，もはや従来の方法では，諸国や国家の財政を維持することはできなくなっていた。政府は9世紀末から10世紀前半にかけて国司の交替制度を整備し，⑦任国に赴任する国司の最上席者に大きな権限と責任を負わせるようにした。彼らにより土地を基礎に⑧田地の耕作の請負人から徴税する制度ができていき，戸籍に記載された成人男性を中心に課税する律令体制の原則は崩れていった。

1　文中の(　　)に共通してあてはまる適切な数字を書きなさい。

2　下線部①について，律令国家の成立に向かって中央集権化が進む中，672年に大友皇子と大海人皇子のあいだでおこった皇位継承をめぐる戦いを何というか，書きなさい。

3　下線部②について，貧しい農民たちの窮乏を題材に，『貧窮問答歌』を詠んだ歌人として適切なものを，次のア〜エから1つ選んで，その符号を書きなさい。

　ア　柿本人麻呂　　イ　額田王　　ウ　山上憶良
　エ　山部赤人

4　下線部③について，次の墾田永年私財法に関する史料文中で「養老七年の格」と記されている法令を何というか，書きなさい。

> 　乙丑，詔して曰く，「聞くならく，墾田は養老七年の格に依りて，限満つる後，例に依りて収授す。…」
>
> 　　　　　　　　　　　　　　　　　　　（『続日本紀』，原漢文）

5　下線部④について，五位以上の貴族の子，三位以上の貴族の孫が父祖の位階に応じて一定の位につくことができる制度を何というか，書きなさい。

6　下線部⑤について，桓武天皇の東北・北陸地方対策として適切なものを，次のア〜エから1つ選んで，その符号を書きなさい。

　ア　阿倍比羅夫を派遣し，秋田地方などの蝦夷と関係を結んだ。

イ 豪族安倍氏と国司との争いに介入し，清原氏の助けを借りて安倍氏を滅ぼした。

ウ 坂上田村麻呂を征夷大将軍として派遣し，蝦夷の族長阿弖流為を帰順させた。

エ 多賀城を築いて陸奥国府とし，蝦夷対策の拠点とした。

7 下線部⑥について，この法令が出されたときの天皇として適切なものを，次のア～エから1つ選んでその符号を書きなさい。

ア 嵯峨天皇　　イ 清和天皇　　ウ 醍醐天皇　　エ 村上天皇

8 下線部⑦について，任国に赴任する国司の最上席者を何というか，書きなさい。

9 下線部⑧について，田地の耕作を請け負った有力農民として適切なものを，次のア～エから1つ選んで，その符号を書きなさい。

ア 部曲　　イ 正丁　　ウ 惣領　　エ 田堵

(☆☆☆◎◎◎)

【5】次の文章を読み，あとの問いに答えなさい。

　平氏政権に対する不満が高まる中，各地の武士団が挙兵して，内乱が全国的に広がっていった。鎌倉幕府の支配機構は，その内乱の進展とともにしだいに整っていった。①源頼朝は主従関係を結んだ武士たちを御家人として組織し，鎌倉に入ってまもなくの1180年，御家人を統括するための②侍所を設置した。その後，一般政務や財政事務をつかさどる公文所のちの政所，裁判事務を担当する問注所などを置いた。地方支配の骨格となったのは守護と③地頭であった。

　室町幕府の政治組織は④足利義満の頃から整ってきた。将軍を補佐する管領には，足利氏一門の有力守護である⑤三氏が交代でついた。また，鎌倉幕府と同様に，政所・侍所・問注所を置いた。地方では，とくに関東は重視されて，足利尊氏の子である基氏の子孫が⑥鎌倉公方として，鎌倉府の長官の地位を継承した。

　江戸幕府の職制は，徳川家光の頃までに整備された。⑦老中は3～6名が任命され，将軍のもとで政務をとりまとめ，（　　）は，老中を補

佐するとともに，旗本・御家人に関する政務をあつかった。老中の上
に臨時に大老が置かれることもあった。地方では，朝廷と西国大名の
監視を行う京都所司代のほか，大坂に城代を置き，軍事的な拠点とし
た。また，京都・大坂，⑧（　　），長崎，日光などの重要な直轄都市には
町奉行や遠国奉行を置いた。

1　文中の(　　)にあてはまる適切な語句を書きなさい。

2　下線部①について，源頼朝の説明として適切なものを，次のア～
　エから1つ選んで，その符号を書きなさい。

　　ア　保元の乱で父源義朝が平清盛に滅ぼされ，伊豆に流された。

　　イ　京都郊外の鹿ヶ谷で藤原成親や僧の俊寛らと平氏打倒を企てた
　　　が，失敗した。

　　ウ　対立していた弟である源義経をかくまったとして，奥州藤原氏
　　　を滅ぼした。

　　エ　関白九条兼実の尽力で，後白河法皇から征夷大将軍に任ぜられ
　　　た。

3　下線部②について，侍所の長官で，北条義時に滅ぼされた人物を，
　次のア～エから1つ選んで，その符号を書きなさい。

　　ア　和田義盛　　イ　大江広元　　ウ　三浦泰村　　エ　安達泰盛

4　下線部③について，地頭に関して述べた文aとbの正誤の組み合わ
　せとして適切なものを，下のア～エから1つ選んで，その符号を書
　きなさい。

　　a　地頭の権限は，大犯三カ条とよばれた大番催促・謀叛人の逮
　　　捕・殺害人の逮捕に限られていた。

　　b　地頭の荘園侵略に対して，荘園領主は荘園を分割して，互いに
　　　干渉しない地頭請所の契約を結んだ。

　　ア　a－正　b－正　　イ　a－正　b－誤　　ウ　a－誤　b－正

　　エ　a－誤　b－誤

5　下線部④について，この時期に栄えた文化の説明として適切なも
　のを，次のア～エから1つ選んで，その符号を書きなさい。

　　ア　建築では日光東照宮をはじめ霊廟建築が流行し，神社建築には

権現造が広く用いられた。

イ　五山の禅僧のあいだでは，宋学の研究や漢詩文の創作がさかんであり，五山文学が最盛期を迎えた。

ウ　琉球から渡来した三味線を伴奏に，操り人形を動かす人形浄瑠璃が流行した。

エ　絵巻物が全盛期を迎え，物語絵のみならず，武士の活躍を描いた合戦絵が制作された。

6　下線部⑤について，三氏として適切でないものを，次のア〜エから1つ選んで，その符号を書きなさい。

ア　山名氏　　イ　畠山氏　　ウ　斯波氏　　エ　細川氏

7　下線部⑥について，6代将軍足利義教が4代鎌倉公方足利持氏を滅ぼした戦いを何というか，書きなきい。

8　下線部⑦について，朱印状のほかに老中からの許可状を受けた海外渡航船を何というか，書きなさい。

9　下線部⑧について，堺に関して述べた文として適切なものを，次のア〜エから1つ選んで，その符号を書きなさい。

ア　堺では12人の年行司と呼ばれる豪商の合議によって市政が運営されていた。

イ　堺商人は大内氏と結び，博多商人は細川氏と結び，勘合貿易の実権をめぐって対立した。

ウ　堺は侘茶を大成させた千利休の出身地であり，茶室の東求堂同仁斎がある。

エ　自由都市として繁栄していた堺は，織田信長によって直轄領とされた。

（☆☆☆◎◎◎）

【6】次の文章を読み，あとの問いに答えなさい。

　1894年に始まった日清戦争で勝利を収めた日本は，①伊藤博文と陸奥宗光を全権として結んだ講和条約で巨額の賠償金を得て，それをもとに近代化を進めた。②1901年に操業を開始した工場の建設にもその

賠償金が当てられた。1904年に始まった日露戦争では，アメリカ・イギリス両国の経済的支援を得て，戦局を有利に展開した。しかし，長期にわたる戦争は日本の国力の許すところではなく，アメリカ大統領の斡旋により，③講和条約が結ばれた。

　1912年には④大正時代が始まった。1914年には第一次世界大戦がヨーロッパで勃発し，当時の内閣は1902年に締結した（　　）を理由に参戦すると，中国におけるドイツの⑤根拠地と権益を接収した。

　昭和時代には⑥1931年に満州事変が始まると，1937年に日中戦争が，1941年からは太平洋戦争が始まった。太平洋戦争の緒戦で日本軍は広大な地域を制圧し，勝利を収めていたが，1942年6月のミッドウェー沖での戦いを機に，アメリカの対日反攻作戦は本格化し，1944年には本土空襲も始まった。1945年2月にアメリカ・イギリス・ソ連で結ばれた⑦協定により，ソ連が日ソ中立条約を無視して日本に宣戦布告してきたのち，日本は⑧ポツダム宣言の受諾を決定した。

1　文中の（　　）にあてはまる適切な語句を書きなさい。

2　下線部①について，伊藤博文および陸奥宗光について適切でないものを，次のア～エから1つ選んで，その符号を書きなさい。

　ア　伊藤博文は，初代内閣総理大臣を務めた。

　イ　伊藤博文は，初代兵庫県知事を務めた。

　ウ　陸奥宗光は，条約改正において関税自主権を回復した。

　エ　陸奥宗光は，日英通商航海条約を結んだ。

3　下線部②について，この工場として適切なものを，次のア～エから1つ選んで，その符号を書きなさい。

　ア　鞍山製鉄所　　イ　富岡製糸場　　ウ　長崎造船所

　エ　八幡製鉄所

4　下線部③について，この条約に関して述べた文aとbの正誤の組み合わせとして適切なものを，あとのア～エから1つ選んで，その符号を書きなさい。

　a　条約の内容に不満を持つ一部国民は暴徒化した。

　b　樺太全島と付属の諸島が日本に譲渡された。

　　ア　a－正　b－正　　イ　a－正　b－誤　　ウ　a－誤　b－正
　　エ　a－誤　b－誤

5　下線部④について，大正時代の出来事に関して述べた次の文の波線部ア～エのうち，適切でないものを1つ選んで，その符号と適切な語句を書きなさい。

　　ア 立憲政友会，イ 立憲国民党が中心となりウ 第一次護憲運動が展開され，エ 第二次西園寺内閣が総辞職をした。

6　下線部⑤について，この根拠地として適切なものを，次のア～エから1つ選んで，その符号を書きなさい。

　　ア　青島　　イ　重慶　　ウ　奉天　　エ　旅順

7　下線部⑥について，満州事変から太平洋戦争が始まる時期に関する文として適切なものを，次のア～エから1つ選んで，その符号を書きなさい。

　　ア　日本が満州国の承認を撤回することを求める勧告案が国際連盟で採択されると，日本政府は国際連盟からの脱退を通告した。

　　イ　陸軍皇道派の一部青年将校が首相官邸・警視庁などをおそう五・一五事件が起こった。

　　ウ　日中戦争に対し，中国では国民党と共産党がふたたび提携して辛亥革命を成功させた。

　　エ　東条英機内閣が，日米衝突を回避するため始めた日米交渉は，野村吉三郎とハル国務長官の政府間交渉へ発展した。

8　下線部⑦について，この協定が結ばれた都市として適切なものを，次のア～エから1つ選んで，その符号を書きなさい。

　　ア　カイロ　　イ　テヘラン　　ウ　ヤルタ　　エ　マルタ

9　下線部⑧について，ポツダム宣言を受諾した時の日本の首相名を書きなさい。

（☆☆☆◎◎◎）

【7】次の文章を読み，あとの問いに答えなさい。
　　村落や都市など，人々が一定の場所に集まり，居住しながら社会的

な生活をする空間を集落という。古い時代に成立した集落の立地は，自然条件と深い関わりがある。例えば，①乾燥地域では，湿潤地域に源流があり砂漠を貫流する（　ア　）河川の付近や②地下水が豊富に得られる（　イ　）などに早くから集落が発達した。この他，集落の立地は崖や丘の上などの防御に有利なところ，広い平野があり生産活動に適したところ，海岸付近や河川合流部のような水陸の③交通に便利なところなど，社会条件とも深く関連している。村落は，それを構成する家屋の分布形態によって，大きく集村と散村とに分けられる。集村は家屋が不規則に密集し自然発生的に成立した　A　や中世のヨーロッパには列状の　B　，ドイツや東ヨーロッパでは家屋の背後に短冊状の細長い耕地がある　C　などにさらに分けることができる。散村は1戸ずつ分散して居住する村落のことである。

　一方，都市が発展すると④人口も増え，生産や流通・消費などに関する施設や情報などか集積してくる。特に周辺地域から多くの人々を引きつける⑤大都市は中心地としての機能も高く，周辺部に位置する中小の衛星都市をその影響下におさめ，広大な⑥都市圏を形成している。

1　文中の（　ア　），（　イ　）にあてはまる適切な語句を書きなさい

2　文中の　A　～　C　にあてはまる適切な語句を，次のア～エからそれぞれ1つ選んで，その符号を書きなさい。

　　ア　林地村　　イ　塊村　　ウ　路村　　エ　広場村

3　下線部①について，次の問いに答えなさい。

　（1）　植生を基準に気温と降水量を指標として乾燥気候と湿潤気候をはじめとした気候区分をAfやBWなどの簡単な記号で分類したドイツの気候学者を書きなさい。

　（2）　乾燥気候の様子について述べた次の文の（　ア　），（　イ　）にあてはまる適切な語句を書きなさい。

318

　　　　乾燥気候に見られる植生は荒原(砂漠)と降水が不十分なため
　　　に樹木は育たず，（　ア　）と呼ばれる草丈の短い短草草原とな
　　　っている。そしてそれぞれの植生から砂漠気候と(　ア　)気候
　　　に分けることができる。両気候とも日中は非常に高温になる
　　　が，夜は冷え込むため，1日の最高気温と最低気温の差である
　　　（　イ　）が大きい。

4　下線部②について，次の図は地下水を模式的に示したもので，ア
　は局地的な不透水層の上にたまった地下水，イは上下を不透水層に
　はさまれ圧力を受けている地下水まで達する井戸，ウは上下を不透
　水層にはさまれ圧力を受けている地下水のことである。図中の
　（　ア　）〜（　ウ　）にあてはまる適切な語句をそれぞれ書きなさい。

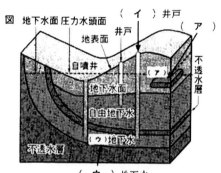

5　下線部③について，次の表1は2015年の日本，韓国，ロシア，ドイ
　ツの鉄道輸送量を示している。日本とドイツにあてはまるものを，
　次のア〜エからそれぞれ1つ選んで，その符号を書きなさい。

表1

国名	営業キロ (km)	旅客 (百万人キロ)	貨物 (百万トンキロ)	1km² 当たり輸送量	
				千人キロ	千トンキロ
ア	33,331	79,257	72,913	222	204
イ	3,909	23,450	9,479	235	95
ウ	27,916	427,486	21,519	1,131	57
エ	85,262	120,413	2,304,758	7	135

（『データブック オブ ザ ワールド 2017/2018』より作成）

6 下線部④について，次の表2は2015年の日本，エジプト，マリ，南
アフリカ共和国の就労者総数と産業別人口構成を示したものである。エジプトと南アフリカ共和国にあてはまるものを，次のア～エからそれぞれ1つ選んで，その符号を書きなさい。

表2

国名	総数（万人）	第1次産業（%）	第2次産業（%）	第3次産業（%）
ア	2,478	25.8	25.1	49.1
イ	6,376	3.6	24.6	70.3
ウ	582	62.3	8.3	29.5
エ	1,593	5.6	23.8	70.5

（『データブック オブ ザ ワールド 2017/2018』より作成）

7 下線部⑤について，大都市内部のうち官公庁や大企業の本社機能
など中枢管理機能が集中している一帯の名称を，次のア～エから1
つ選んで，その符号を書きなさい。

ア EEZ　　イ GIS　　ウ GMT　　エ CBD

8 下線部⑥について，都市圏に関して述べた文として適切でないも
のを，次のア～エから1つ選んで，その符号を書きなさい。

ア　政治・経済・文化などの中心をなす大都市をメトロポリスとい
う。

イ　連続する複数の都市が強固に結びついたものをメガロポリスと
いう。

ウ　都市が互いに都市機能を分担してつながる都市圏をプライメイ
トシティという。

エ　国際金融などの中心機能が集中した都市をグローバルシティと
いう。

9 都市をめぐる動きについて述べた次の文の(ア)，(イ)にあ
てはまる適切な語句を書きなさい。

> 　都心の再開発が進められ，再び大都市圏へと人口が集積する動きである再都市化が目立つようになった。都心へのさらなる業務の集積とともに，都市型の環境問題や，人口減少，少子高齢化などの課題に直面したことから，（　ア　）シティ構想といわれる生活に必要な都市機能を効率的に配置する都市のあり方も模索されている。また，交通渋滞や排ガスによる大気汚染を緩和する目的で，都心部に乗り入れる自動車に課金する(　イ　)制度を取り入れる都市も見られる。

(☆☆☆○○○)

解答・解説

共 通 問 題

【1】1　ウ　　2　イ　　3　エ　　4　イ　　5　ア　高　　イ　天井
　　6　ア　　7　ア，ウ　　8　(1)　ウ　　(2)　ウ

〈解説〉1　計曲線は太い実線，主曲線は細い実線で表される。国土地理院発行の2万5千分の1の地形図では，計曲線は50mおき，主曲線は10mおきに引かれている。なお，5万分の1の地形図では，計曲線は100mおき，主曲線は20mおきに引かれている。　2　扇状地は，河川の勾配が緩やかになり，流水の運搬力が減少するため，上流から流れてきた砂礫が堆積してできる。扇状地の頂点を扇頂，中央部を扇央，末端を扇端という。扇央では，河川水が地下に浸み込みやすく伏流して水無川となる。　3　ア　赤坂山の標高は475m，笹ヶ峰の山頂は380.1mなので，尾根があっても山頂は見える。　イ　地図記号から判断して，JR線は「単線」ではなく「複線」が正しい。　ウ　2万5千分の1の縮尺なので，実際の距離は8×25000＝200000(cm)＝2kmである。　4　マキ

321

ノ町新保から今津町深清水は，扇状地の扇端にあたる。伏流していた河川が地表に湧出する場所に集落が形成されている。　5　A地域の地形図をよく見ると，道路が河川の下を通っている。河床面が平野面よりも高くなっており，百瀬川は天井川となっている。　6　ラムサール条約は湿地に関する条約で，1971年にイランのラムサールで開催された国際会議で採択されている。　7　日本の内陸県は8県あり，栃木・群馬・埼玉・山梨・長野・岐阜・滋賀・奈良県である。

8　(1)　3つの県で，輸送用機械が1位となっており，イとウが異なっている。兵庫県は，鉄鋼が1位のウが該当する。なお，アは静岡県，イは山口県，エは神奈川県と考えられる。　(2)　山口県で1位，兵庫県で2位のAは，ウの化学と考えられる。

中　学　社　会

【1】1　ア　外来　　イ　オアシス　　2　A　イ　　B　ウ　　C　ア
3　(1)　ケッペン　　(2)　ア　ステップ　　イ　日較差　　4　ア　宙水　　イ　掘り抜き井戸　　ウ　被圧(被圧地下水)　　5　日本…ウ
ドイツ…ア　　6　エジプト…ア　　南アフリカ…エ　　7　ウ
8　コンパクト

〈解説〉1　ア　湿潤地域に源流があり，砂漠を貫流する河川を外来河川という。ナイル川・インダス川・ティグリス川が相当する。　イ　砂漠の中で水が得られるところを，オアシスという。オアシス起源の都市に，オーストラリアのアリススプリングス，マリのトンブクトゥなどがある。　2　A　塊村は，家屋が不規則に密集し，自然発生的に成立している集落のこと。「団村」ともいう。　B　路村は，家屋が道路に沿って列状に並んでいる集落のこと。　C　林地村は路村の一種で，中世にドイツ南部やポーランドなどの丘陵・台地で形成された集落である。林地持分村などとも呼ばれ，土地割の規則正しさを特徴とする。　3　(1)　ケッペンはドイツの気象学者・気候学者で，赤道から極地に

かけ，気候が似た地域を分類できると考えた。そして，赤道から近い順に，A気候(熱帯)，B気候(乾燥帯)，C気候(温帯)，D気候(冷帯)，E気候(寒帯)と，5つの気候帯に分類した。A・B・Cは，樹木が生育できる樹林気候，D・Eは樹木が生育できない無樹林気候と呼ばれる。

(2)　ア　ステップ気候は，砂漠気候よりも雨が多いため，草原となる気候である。草原気候ともいう。ケッペンは，乾燥限界と砂漠限界の間の気候をステップ気候とした。　イ　ステップ気候は乾季が長く，日較差が大きい。樹木は育たないが，短い草(ステップ)が生え，牧畜が行われる。　4　アの宙水は比較的小規模な地下水で，地下水面と地表面が近いため，降水後短時間で地下水位が変動する。イの掘り抜き井戸は，被圧地下水を地表に汲み上げるために掘られた深井戸で，鑽井ともいう。不透水層に対し，大気圧以外の圧力を受けていないものを不圧地下水という。なお，不透水層を打ち抜いて井戸を掘ると，圧力によって水位が上昇し，地下水が自噴することもある。　5　営業キロから判断して，最も短いイが韓国，最も長いエがロシアと考えられる。アは貨物が多く，ウは旅客が多い。日本の貨物は鉄道よりもトラック輸送が多いので，旅客の多いウが日本と判断できる。よって，アがドイツとなる。　6　就労者総数が最も多く，第1次産業の占める割合が最も低いイが日本。逆に，数が最も少なく，第1次産業の占める割合が最も高いウがマリである。アとエのうち，第3次産業の割合が高いエが南アフリカ共和国，アがエジプトと考えられる。　7　プライメイトシティは，国の中枢機能が集中し，人口が突出して多い都市のこと。首位都市ともいう。　8　コンパクトシティ構想は，中心市街地の空洞化現象などを解決するため，住みやすいまちづくりやコミュニティの再生などを目的に発案された。日本でも，札幌市や神戸市など，比較的規模の大きい地方都市でこの構想が検討されている。

【2】1　A　プトレマイオス　　B　ホスロー1世　　2　イ　　3　ウ
　4　エ　　5　エ　　6　イ　　7　ウ
〈解説〉1　A　ディアドコイの王朝は，プトレマイオス朝である。前334

年のアレクサンドロス大王の遠征から，プトレマイオス朝が滅亡した
30年までの約300年間をヘレニズム時代と呼ぶ。アレクサンドロス大
王の遺領を巡ってディアドコイと呼ばれた後継者たちが争い，前301
年のイプソスの戦いでアンティゴノス朝，セレウコス朝とプトレマイ
オス朝への分裂が決定的となった。　Ｂ　ユスティニアヌスと戦った
ササン朝の王は，ホスロー1世である。ホスロー1世は，6世紀のササ
ン朝最盛期の王で，突厥と同盟してエフタルを滅ぼした。マズダク教
を弾圧する一方，529年に閉鎖されたアテネのアカデメイアから流出
した学者たちを保護した。　2　アは，寛大な政治ではなく重税と圧
制を敷いた。異民族に対して寛大な政治を行ったのは，アケメネス(ア
カイメネス)朝である。ウの王の道を整備したのは，アッシリア帝国で
はなくアケメネス朝である。なお，駅伝制はアッシリアも導入した。
エのユダ王国を滅ぼしたのは，アッシリア帝国ではなく新バビロニア
である。アッシリア帝国は，イスラエル王国を征服した。　3　最初
に金属貨幣を鋳造した国は，　あ　のリディアである。リディアは，小
アジア(現在のトルコ付近)のサルデスを都とした。前612年にアッシリ
ア帝国が滅亡すると，リディア王国のほか，　い　のメディア(イラン高
原)，新バビロニア王国(メソポタミア地方)，エジプト王朝(ナイル川流
域)の4王国に分立した。　4　エは，アテネ・テーベ連合軍ではなく，
アケメネス朝が正しい。前333年，アレクサンドロス大王軍は，ダレ
イオス3世率いるアケメネス朝軍をシリア北部のイッソスで撃破した。
アテネ・テーベ連合軍が撃破された戦いは，前338年のフィリッポス2
世(アレクサンドロス大王の父)によるカイロネイアの戦いである。
5　アルキメデスは，浮力の原理などを発見した数学者・物理学者。
エウクレイデスは，平面幾何学(ユークリッド幾何学)を大成した数学
者。ウのアリスタルコスは，地動説を主張した天文学者である。なお，
下線④のヘレニズム時代には，ギリシャ文化とオリエント文化が融合
したヘレニズム文化が誕生し，それに伴いポリスが崩壊した。
6　アのマニ教は，ササン朝で弾圧された。ウのギリシア正教は，サ
サン朝と対立した東ローマ帝国(ビザンツ帝国)において，コンスタン

ティノープル教会を中心に発展したキリスト教の一派である。エのイスラーム教は7世紀に成立し，その勢力によってササン朝が滅ぼされた。　7　アの聖像崇拝禁止令は，ユスティニアヌスではなくレオン3世。イは，西ゴート王国ではなく東ゴート王国。ユスティニアヌスは，西ゴート王国領であったイベリア半島南部を征服したが，滅ぼしてはいない。西ゴート王国は，ウマイヤ朝によって滅ぼされた。エは，サン＝ピエトロ大聖堂ではなくハギア＝ソフィア聖堂。サン＝ピエトロ大聖堂は，ローマ教皇庁にある聖堂である。

【3】1　A　平清盛　　B　応仁の乱(応仁・文明の乱)　　C　徳川慶喜　D　王政復古　2　大宝律令　3　エ　4　イ　5　下地中分　6　ウ　7　ウ　8　アヘン戦争　9　ア

〈解説〉1　A　太政大臣となった平清盛は，対宋貿易を振興して六波羅政権を樹立する。娘の徳子を高倉天皇の妃とし，その子安徳天皇の即位により，実権を握る。　B　応仁の乱は，1467年から1477年まで，約11年続いた全国規模の内乱である。これによって京都は焼土と化し，室町幕府の権威は失墜して，戦国時代に突入する。　C　徳川慶喜は，江戸幕府最後の将軍として知られる。徳川家茂の死後，第15代将軍となるが，1867年に大政奉還をして，翌年江戸城を明け渡した。

D　王政復古とは，1868年1月3日(慶応3年12月9日)に行われた新政府の樹立宣言である。徳川幕府の廃絶，摂政・関白など旧公家社会の解体，三職(総裁・議定・参与)の設置を宣言した。　2　大宝律令は，天智天皇の近江令から始まり，律6巻，令11巻が制定された。律は現在の刑法，令は行政法に近い法令とされる。　3　アの平忠常の乱は，源満仲ではなく源頼信が鎮圧した。これは，源氏の関東進出のきっかけとなった。イの平将門は，九州ではなく関東で反乱を起こし，一時関東を制した。ウの清原氏は，摂津・播磨ではなく出羽・陸奥で勢力を得ていた。　4　1192年に源頼朝が任じられたのは，征夷大将軍である。平安時代には蝦夷征伐のために任命されたが，頼朝の任命以後は，武家の棟梁を意味する肩書きとなった。　5　下地中分は，荘園領主と

地頭の間で土地(下地)を分割することをいう。鎌倉時代，それぞれの保有権と処分権を認め，互いに侵犯しないように取り決めた。

6　観応の擾乱は，南北朝時代におきた足利尊氏と弟の足利直義の政争である。一時和睦したが，1352年，直義は鎌倉で毒殺されたといわれている。なお，足利基氏は尊氏の子，足利義教は第6代将軍，足利義昭は第15代将軍である。　7　ウは，室町時代の東山文化を代表する雪舟の水墨画「秋冬山水図」である。右に秋，左に冬の景色が描かれている。なお，アは葛飾北斎の「富嶽三十六景」，イは尾形光琳の「紅白梅図屏風」，エは東洲斎写楽の「三代目大谷鬼次の江戸兵衛」である。　8　アヘン戦争は，イギリスと清との間で，1840年11月から2年近くにわたり行われた戦争である。イギリスは，インドでつくったアヘンを清に密輸して莫大な利益を得ていたが，清はアヘンの販売や摂取を禁止したので戦争となった。1842年8月，南京条約の締結により戦争は終結する。この結果，清は上海など5港を開港，香港を割譲した。　9　兵庫県は，鳥羽伏見の戦いの最中，1868年(慶応4年・明治元年)に成立した。五箇条の御誓文は明治新政府の基本方針で，1868年に発布されている。

【4】1　A　超高齢　　B　合計特殊出生率　　C　信条　　2　イ
3　EPA(経済連携協定)　　4　エ　　5　権利請願　　6　国事行為
7　イ

〈解説〉1　A　総人口に占める65歳以上人口の比率を，高齢化率という。2017年の高齢化率は27.7%に達し，日本は世界最高水準の超高齢社会となっている。　B　1.25を記録した後，合計特殊出生率はやや回復し，近年は1.4をやや上回る水準で推移している。　C　法の下の平等は，国民1人ひとりが国家によって等しく扱われなければならないという観念である。平等則，平等原則ともいう。　2　公的扶助とは，誰もが「健康で文化的な最低限度の生活」を営めるよう，生活困窮者を公費で援助すること。公的扶助として，わが国では生活保護が実施されている。アの日本の年金制度は積立方式ではなく，世代間扶助である

賦課方式を基本にしている。ウの国民年金の加入開始年齢は，18歳ではなく20歳。エの介護保険の費用は，35歳以上ではなく40歳以上の全国民の保険料でまかなわれている。　3　FTA(自由貿易協定)が関税の引き下げなど，貿易に限定した協定なのに対し，EPAは投資や労働力の移動など，より包括的な経済連携を目指す協定である。わが国は2018年8月現在，18の国・地域とFTA・EPAを締結するに至っている。4　家永訴訟とは，1965年，文部省による教科書検定が憲法の禁じる検閲にあたるとして争われた訴訟である。最高裁は，検閲にはあたらないとした。アは雇用者の思想・良心の自由と企業の採用の自由，イは生存権，ウは政教分離規定が争点となった訴訟である。　5　エドワード・コーク(クック)の起草で権利請願が提出されたが，国王チャールズ1世はこれを無視し，議会を召集せずに専制政治を続けた。そして，1648年にピューリタン革命(清教徒革命)が勃発するに至る。6　天皇は国政に関する権能を有さず，内閣の助言と承認に基づいて，国事行為のみを行うことになっている。憲法第7条に列挙されているほか，憲法第6条で規定された内閣総理大臣，最高裁判所長官の任命も国事行為にあたる。　7　イは，大選挙区制ではなく小選挙区制に関する記述である。死票とは落選者に投じられた票のこと。小選挙区制は，各選挙区の定数が1名のみであるため，死票が多くなりやすい。

【5】1　A　高度化　　B　サービス　　C　二重構造　　D　ベンチャー　　E　男女雇用機会均等法　　F　男女共同参画社会基本法
2　ペティ・クラークの法則　　3　ウ　　4　ニッチ市場　　5　アベノミクス　　6　ワーク＝ライフ＝バランス憲章
〈解説〉1　A　産業構造の高度化は経済を活性化させ，日本を経済大国へと発展させた。しかし，先進諸国に比べて労働条件の改善は進まず，物価も高いなどの問題は解決されていない。　B　経済のサービス化とは，サービス産業が中心となること。また，経済のソフト化とは，経済活動において知識や情報通信の意義が高まることをいう。
C　大企業と中小企業の格差(経済の二重構造)は，いまだに解決されて

いないが，両者を取り巻く経済社会は大きく変化した。1999年に改正された中小企業基本法は，中小企業政策の新たな理念を「多様で活力ある独立した中小企業の育成・発展」をはかることに置いている。

D　ベンチャー企業とは，新技術の開発，新分野の事業開拓によって挑戦的な経営を行う小企業のこと。日本経済の活性化にとって，「ベンチャー企業は不可欠」との認識が広がっており，株式市場を中心にベンチャー育成の環境が整備されつつある。　E　男女雇用機会均等法は，女子差別撤廃条約の批准に伴う国内法の準備として，勤労婦人法を全面改正する形で1985年に制定された。　F　男女共同参画社会の実現のため，内閣府に男女共同参画会議が設置されている。なお，男女共同参画社会とは，男性も女性も意欲に応じてあらゆる分野で活躍できる社会のことをいう。　2　ペティ・クラークの法則とは，国民経済に占める第一次産業の比重は，経済の発展に伴って次第に低下し，第二次産業，第三次産業の比重が高まるという考え方である。17世紀の経済思想家であるペティの考え方を参考に，20世紀の経済学者であるクラークがこの法則を導き出した。　3　マザーズやジャスダックは，いずれも新興企業向けの株式市場である。アは緩和されたのではなく，撤廃されたが正しい。イは，難しくなったのではなく，容易となったが正しい。エは，2007年ではなく，1997年の出来事である。4　ニッチ市場は，特定の需要が見込める規模の小さい市場で，隙間市場ともいう。ニッチ市場では大企業が進出するケースは少なく，事業化に必要な資金も少なくてすむため，ビジネスとして成功しやすいとされている。　5　第二次安倍内閣以降の経済政策は，アベノミクスと呼ばれている。アベノミクスは，安倍首相が表明した「3本の矢」を柱とする経済政策のことで，①大胆な金融緩和，②機動的な財政政策，③民間投資を喚起する成長戦略を柱とする。　6　ワーク・ライフ・バランスとは，仕事と生活の調和のこと。また，この憲章と合わせて「仕事と生活の調和推進のための行動指針」も策定された。政府は，これらにより，労働時間の短縮・有給休暇の消化・育児休業の取得率向上などを目指している。

地 理 ・ 歴 史

【1】1　A　プトレマイオス　　B　ホスロー1世　　2　イ　　3　ウ
4　エ　5　イ　6　安息　7　イ　8　ウ　9　ウ

〈解説〉1　A　ディアドコイの王朝は，プトレマイオス朝である。前334
年のアレクサンドロス大王の遠征から，プトレマイオス朝が滅亡した
30年までの約300年間をヘレニズム時代と呼ぶ。アレクサンドロス大
王の遺領を巡ってディアドコイと呼ばれた後継者たちが争い，前301
年のイプソスの戦いでアンティゴノス朝，セレウコス朝とプトレマイ
オス朝への分裂が決定的となった。　B　ユスティニアヌスと戦った
ササン朝の王は，ホスロー1世である。ホスロー1世は，6世紀のササ
ン朝最盛期の王で，突厥と同盟してエフタルを滅ぼした。マズダク教
を弾圧する一方，529年に閉鎖されたアテネのアカデメイアから流出
した学者たちを保護した。　2　アは，「寛大な政治」ではなく「重税
と圧制」を敷いた。異民族に対して寛大な政治を行ったのは，アケメ
ネス(アカイメネス)朝である。ウの「王の道」を整備したのは，「アッ
シリア帝国」ではなく「アケメネス朝」である。なお，駅伝制はアッ
シリアも導入した。エのユダ王国を滅ぼしたのは，「アッシリア帝国」
ではなく「新バビロニア」である。アッシリア帝国は，イスラエル王
国を征服した。　3　最初に金属貨幣を鋳造した国は，あ のリディア
である。リディアは，小アジア(現在のトルコ付近)のサルデスを都と
した。前612年にアッシリア帝国が滅亡すると，リディア王国のほか，
い のメディア(イラン高原)，新バビロニア王国(メソポタミア地方)，
エジプト王朝(ナイル川流域)の4王国に分立した。　4　アは，「イスフ
ァハーン」ではなく「サマルカンド」。イスファハーンは，アッバー
ス1世以降のサファヴィー朝の都である。イは，「ウマイヤ朝」ではな
く「アッバース朝」。ウは，「甘英」ではなく「班超」が正しい。甘英
は，大秦国(ローマ)に派遣された班超の部下である。　5　アは，「ラ
テン語」ではなく「コイネー」と呼ばれた共通ギリシア語。ウのスト
ア派が唱えたのは，「精神的快楽」ではなく「禁欲」。エピクロス派が

説いたのは,「禁欲」ではなく「精神的快楽」である。エは,「テーベ」ではなく「アレクサンドリア」が正しい。テーベは,エジプト中王国・新王国時代の都である。　6　パルティアは,前248年頃,イランに建てられた王朝である。国王は代々アルサケスを名乗り,アルサケスの音訳である「安息」が国名として『史記』に記された。ミトラダテス1世時代にクテシフォンを建設して都とし,メソポタミアを支配する強国として繁栄した。　7　aは正しい。ゾロアスター教の特徴として,善神アフラ＝マズダと悪神アーリマンの対立という二元論的世界観を指摘できる。bは誤り。中国でゾロアスター教は,「祆教」と呼ばれた。景教は,中国語で光の信仰のこと。ネストリウス派キリスト教を意味する。なお,中国でマニ教は摩尼教,イスラーム教は回教または清真教と呼ばれた。　8　アのプロノイア制の実施は,11世紀のこと。ユスティニアヌスの治世である6世紀とは関係がない。イの州の長官に有力豪族を伯として任命した人物は,フランク王国のカール大帝(シャルルマーニュ)である。エは,「サン＝ピエトロ大聖堂」ではなく「ハギア＝ソフィア聖堂」。サン＝ピエトロ大聖堂は,ローマ教皇庁にある聖堂である。　9　アの安史の乱で唐を助けた民族は,突厥ではなく「ウイグル」。イの北魏を建国した民族は,「鮮卑」。エの遊牧民には「部族制」ではなく「北面官」。また,農耕民には「州県制」ではなく「南面官」を置いて支配した。部族制と州県制を敷いた民族は,契丹(遼)である。

【2】1　A　イサベル　　B　マゼラン(マガリャンイス)　　2　イ
3　エ　　4　符号…エ　　語句…カリカット　　5　ウ　　6　アメリゴ＝ヴェスプッチ　　7　イ　　8　ア　　9　ウ
〈解説〉1　A　イサベルはカスティリャの女王で,1469年にアラゴン王子フェルナンドと結婚した。1479年に両国は合併してスペイン王国となり,2人は共同統治者となった。1492年にグラナダのナスル朝を征服し,レコンキスタを完成させる一方,コロンブスの探検を援助した。　B　ポルトガル人のマゼランは,スペインの支援を受け,1519年にセ

ビリャを出発する。その後，アメリカ大陸南端のマゼラン海峡を抜け，太平洋に到達した。1521年にフィリピンのセブ島に到達したが，現地の抗争に巻き込まれて殺害される。しかし，部下18名は1522年に帰国して世界周航を達成した。　2　aは正しい。香辛料を扱った東方貿易は，14世紀以降，肉食の普及による香辛料需要の高まりとともに，イタリア諸都市の商人によって独占された。bは誤り。地中海に進出したのは，「セルジューク朝トルコ」ではなく，「オスマン帝国」である。セルジューク朝は，11世紀にイランからアナトリアにかけて勢力を広げ，十字軍派遣の要因となった。　3　エのエンリケは，ポルトガル王ジョアン1世の第三王子である。1415年にセウタを攻略した後，アフリカ大陸北西岸を南下する探検隊を派遣した。また，居所のサグレスに航海学校を設立して，航海者の養成に努めた。　4　符号…ヴァスコ＝ダ＝ガマの到達点は，エのゴアではない。ゴアは，インド西岸の貿易港である。アルブケルケが1510年に占領し，その後ポルトガルのインド総督府が置かれた。　語句…ヴァスコ＝ダ＝ガマが1498年に到達した地点は，インド西岸のカリカットである。　5　アのマドリードはスペインの首都，イのグラナダはナスル朝の首都，エのアムステルダムはオランダの首都である。　6　アメリカの由来となった探検家は，アメリゴ＝ヴェスプッチである。アメリゴ＝ヴェスプッチは，1501〜1502年の南米探検でアメリカがアジアではなく，新大陸であると確信し，1503年に発表した。1507年，ドイツの地理学者ヴァルトゼーミュラーが，この新大陸をアメリカと名づけた。　7　アは，「インカ帝国」ではなく「アステカ王国」が正しい。ウのピサロが滅ぼしたのは，「アステカ王国」ではなく「インカ帝国」。エは，「プロテスタント」ではなく「カトリック」である。なお，正答であるイの植民地政策とは，エンコミエンダ制のこと。先住民は，この封建的な制度により，強制労働と租税に苦しめられた。　8　イはジャワ島，ウはスマトラ島，エはセイロン島である。　9　ウは，「ラティフンディア」ではなく「再版農奴制」が正しい。ラティフンディアは，古代ローマの大土地所有制度である。西欧への穀物輸出地帯となったエルベ川以

東の東欧では，穀物生産の利益をあげるため，領主直営地と農民の賦
役を増やす再版農奴制が広まった。特にプロイセンでは，領主が農民
保有地を領主直営地に変えて賦役を課した。その領主層は，地主貴族
層のユンカーを形成し，第二次世界大戦までドイツ政治に影響を与え
ることになる。

【３】１　Ａ　洪秀全　　Ｂ　康有為　　２　ア　　３　ウ　　４　エ
５　ア　　６　イ　　７　符号…ウ　　語句…台湾(台湾島)　　８　ウ
９　ア

〈解説〉１　Ａ　太平天国の樹立者は，洪秀全である。洪秀全は，広東省
の出身で科挙に失敗した後，キリスト教の影響を受けて，宗教結社で
ある上帝会(拝上帝会)を広西省で組織した。1851年に太平天国の乱を
起こし，1853年に南京を占領する(その後，天京に改称して都とする)。
太平天国は，纏足や辮髪の廃止，天朝田畝制度を打ち出して下層民の
支持を集めたが，権力争いで勢力を弱めた。1864年に洪秀全は，陥落
寸前の天京で病没する。　　Ｂ　光緒帝の改革協力者は，康有為である。
康有為は広東省出身で，立憲君主制に基づく政治改革を主張した。
1898年4月，政治結社である保国会を組織し，6月に戊戌の変法と呼ば
れる国政改革を断行したが，9月に西太后を中心とする保守派のクー
デター(戊戌の政変)によって失敗し，日本へ亡命する。　　２　ａは正し
い。マカートニーはイギリスの政治家・外交官で，1793，貿易関係
改善を求めて乾隆帝に謁見した。しかし，交渉は失敗に終わる。ｂも
正答。林則徐は，欽差大臣としてアヘンの密貿易の取締りにあたるが，
これに反発したイギリスによって，アヘン戦争が引き起こされる。
３　アの九竜半島南部の割譲は，南京条約ではなく1860年の「北京条
約」。イのイギリスに領事裁判権を認めたのは，南京条約ではなく
1843年の「五港通商章程」。五港通商章程は，南京条約の付則(追加条
約)である。エの5港の開港は，南京条約ではなく1858年の「天津条約」
が正しい。南京条約で開港した5港は，上海・厦門・広州・寧波・福
州である。　　４　アのアイグン川とスタノヴォイ山脈を国境と定めた

条約は，北京条約ではなく1689年の「ネルチンスク条約」。イのモンゴルでの露清国境画定などを定めた条約は，北京条約ではなく1727年の「キャフタ条約」。ウの黒竜江左岸をロシア領，ウスリー川以東を共同管理地と定めた条約は，北京条約ではなく1858年の「アイグン条約」である。　5　イは，長髪を禁じて辮髪にしたのではなく，辮髪を禁止して長髪にしたので誤り。ウは，「井田法」ではなく「天朝田畝制度」が正しい。井田法は，周で実施されたとされる土地制度のこと。エは「扶清滅洋」ではなく「滅満興漢」が正しい。「扶清滅洋」は，義和団が掲げたスローガンである。　6　アの共産党の根拠地は，南京ではなく「延安」。ウの中華ソヴィエト臨時政府の所在地は，南京ではなく「瑞金」。エの後唐を除く五代と宋の首都は，南京ではなく「開封(汴州)」が正しい。なお，後唐の首都は洛陽である。　7　符号…ウの日本に割譲された地域に，「海南島」は含まれていない。海南島は，1939年に日本が軍事占領している。　語句…日清戦争後に結ばれた下関条約により，台湾(島)のほか遼東半島，澎湖列島が日本に割譲された。　8　イギリスの租借地は，あ の威海衛。威海衛は，山東半島の北東岸に位置する海港都市で，1930年にイギリスから中華民国に返還された。なお，い の広州湾を租借した国はフランスで，1945年に中華民国へ返還されている。　9　イは，科挙が唯一の官吏登用制ではなく，高級官吏の子弟を自動的に登用する「門蔭の制」もあった。ウは，地方豪族の子弟が上級官職を独占できなかった。地方豪族の子弟が上級官職を独占した官吏登用制は，「九品中正」である。エは，元代に科挙が一度も実施されなかったのではなく，「中断された」が正しい。元代では，当初，モンゴル第一主義により科挙は行われなくなったが，その後復活している。

【4】1　6　　2　壬申の乱　　3　ウ　　4　三世一身法　　5　蔭位の制　6　ウ　7　ウ　8　受領　9　エ
〈解説〉1　班田収授法は，一定額の田を貸与して耕作させ，死後収公する法である。701年の大宝令の規定では，満6歳以上の男子に2段，女

子にその3分の2, 奴婢には男女とも3分の1の面積の口分田が授けられ
た。　2　壬申の乱は, 壬申の年の672年, 天智天皇の弟である大海人
皇子と, 天皇の長子である大友皇子が, 皇位継承をめぐって起こした
内乱である。大友皇子は敗北して自殺し, 翌年, 大海人皇子は即位し
て天武天皇となった。　3『貧窮問答歌』は, 山上憶良の代表作の1つ
で, 『万葉集』に収められている。平易な日常語を使用し, 貧窮困苦
の実情と世の非道を描いた。　4　三世一身法は, 奈良時代前期の723
年に発布された格で, 養老七年の格とも呼ばれた。墾田の奨励のため,
開墾者から三世代(または本人一代)までの墾田私有を認めた法令であ
る。　5　蔭位には, 父祖のお蔭で位を賜わるという意味がある。律
令制では, 親王以下五位以上の者の子, 三位以上の者の孫が21歳にな
ると, 従五位下から従八位下の位階を授けられた。　6　アの阿倍比
羅夫は, 7世紀中ごろ斉明天皇のときに, 日本海沿岸の蝦夷を討った。
イは, 「前九年の役」についての記述である。エの多賀城が創建され
たのは724年のこと。桓武天皇の在位期間は, 781〜806年である。
7　延喜の荘園整理令は, 醍醐天皇の在位中, 902年に出された法令で
ある。　8　受領は, 実際に任国に赴任して政務を執った国司のこと。
任地におもむかない国司は, 遙任と呼ばれた。　9　アの部曲は, 古
墳時代の豪族の私有民。イの正丁は, 律令制下で課役を負担する21〜
60歳の健康な男子。ウの惣領は, 分割相続によって細分化された所領
を統轄管理した。

【5】1　若年寄　　2　ウ　　3　ア　　4　エ　　5　イ　　6　ア
　　7　永享の乱　　8　奉書船　　9　エ
〈解説〉1　若年寄は, 江戸幕府の職で老中に次ぐ重職である。老中が朝
廷・寺社・諸大名などを管轄したのに対し, 若年寄は旗本・御家人な
どを指揮, 管理することにより, 将軍家の家政機関として幕府内部を
掌握した。　2　アは「保元の乱」ではなく, 「平治の乱」が正しい。
イは鹿ケ谷の陰謀についての記述だが, 源頼朝は関わっていない。エ
の源頼朝が征夷大将軍に任ぜられるのは, 後白河法皇の死後のこと。

3 イの大江広元は，源頼朝に招かれて公文所の別当(長官)となった。ウの三浦泰村は，1247年の宝治合戦で滅ぼされた。エの安達泰盛は，1285年の霜月騒動で滅ぼされた。 4 aは，「地頭」ではなく「守護」が正しい。bは，「地頭請所」ではなく「下地中分」が正しい。
5 アは江戸初期の文化，ウは元禄文化，エは鎌倉文化についての説明である。 6 室町幕府の重職である管領には，斯波，細川，畠山の3家が任ぜられた。また，もう1つの重職である侍所頭人には赤松，一色，山名，京極の4家が任ぜられた。 7 永享の乱は，1438年，室町幕府と対立した鎌倉公方足利持氏が，和解をすすめる上杉憲実に対して挙兵した事件である。上杉憲実は幕府に援軍を求め，将軍足利義教は軍を送って持氏を追討，翌年持氏は自刃した。 8 朱印船は，1631年以降，朱印状に加えて老中の奉書を必要とした。そのため，奉書船と呼ばれたが，1635年に鎖国のため廃止された。 9 アは，「堺」ではなく「博多」が正しい。イは，「大内氏」と「細川氏」を入れ替えれば正答となる。ウの「東求堂同仁斎」は，京都の東山慈照寺銀閣に建てられた持仏堂(仏像を安置する堂)である。

【6】1 日英同盟(第一次日英同盟) 2 ウ 3 エ 4 イ
5 符号…エ 語句…第三次桂内閣 6 ア 7 ア 8 ウ
9 鈴木貫太郎
〈解説〉1 日英同盟は，1902年，日本とイギリスとの間で結ばれた同盟条約である。ロシアのアジア進出の牽制を目的とし，一方の締結国が2国以上と戦争状態に入った場合，他方の締結国も参戦することを協約した。これは，日本が第一次大戦に参戦する根拠にもなった。
2 関税自主権の回復に成功したのは，「陸奥宗光」ではなく「小村寿太郎」である。 3 八幡製鉄所は，1901年に官営製鉄所として操業を開始して依頼，日本の鉄鋼業の発展に大きく貢献した。現在も操業を続けている。 4 bが誤り。1905年のポーツマス条約では，韓国における日本の優越権の承認，関東州の租借権，長春・旅順間の鉄道の譲渡，南樺太の割譲などが決定された。 5 第三次桂太郎内閣は，

1912年12月21日に発足したが，1913年2月20日に大正の政変で退陣に追い込まれる。在任期間は，わずか62日間という短命内閣だった。

6　青島は，山東省東部，山東半島南部，膠州湾口の東側にあり，黄海に臨む位置にある。1898年，ドイツが租借をして以降，軍港および商港として発展した。その後，第一次世界大戦中に日本が占領した。

7　イの記述内容は，「五・一五事件」ではなく，1936年に起きた「二・二六事件」についてのもの。ウは，1937年の第二次国共合作についての記述。辛亥革命が起きたのは，1911年のこと。エは，「東条英機内閣」ではなく「第三次近衛文麿内閣」である。　8　ヤルタ協定は，クリミア半島のヤルタで締結された。1945年2月に行われたルーズベルト大統領(アメリカ)，チャーチル首相(イギリス)，スターリン首相(ソ連)によるヤルタ会談は，クリミア会談とも呼ばれている。ここで，ソ連の対日参戦や千島列島をソ連に引き渡すことなどが取り決められた。　9　鈴木貫太郎内閣は，1945年4月7日，小磯国昭内閣のあとを受け発足した。鈴木首相は戦争完遂を宣言する一方，ソ連を仲介とする終戦工作を行ったが失敗する。7月26日に発表されたポツダム宣言に対して黙殺の態度をとったが，広島・長崎への原爆投下，ソ連の対日参戦を招き，8月14日に受諾する。鈴木内閣は8月17日に総辞職した。

【7】1　ア　外来　　イ　オアシス　　2　A　イ　　B　ウ　　C　ア
3　(1)　ケッペン　　　(2)　ア　ステップ　　イ　日較差　　4　ア　宙
水　　イ　掘り抜き　　ウ　被圧　　5　日本…ウ　　ドイツ…ア
6　エジプト…ア　　南アフリカ…エ　　7　エ　　8　ウ
9　ア　コンパクト　　イ　ロードプライシング

〈解説〉1　ア　湿潤地域に源流があり，砂漠を貫流する河川を外来河川という。ナイル川・インダス川・ティグリス川が相当する。　イ　砂漠の中で水が得られるところを，オアシスという。オアシス起源の都市に，オーストラリアのアリススプリングス，マリのトンブクトゥなどがある。　2　A　イの塊村は，家屋が不規則に密集し，自然発生的

に成立している集落のこと。「団村」ともいう。　B　ウの路村は，家屋が道路に沿って列状に並んでいる集落のこと。　C　アの林地村は路村の一種で，中世にドイツ南部やポーランドなどの丘陵・台地で形成された集落である。林地持分村などとも呼ばれ，土地割の規則正しさを特徴とする。　3　(1)　ケッペンはドイツの気象学者・気候学者で，赤道から極地にかけ，気候が似た地域を分類できると考えた。そして，赤道から近い順に，A気候(熱帯)，B気候(乾燥帯)，C気候(温帯)，D気候(冷帯)，E気候(寒帯)と，5つの気候帯に分類した。A・B・Cは，樹木が生育できる樹林気候，D・Eは樹木が生育できない無樹林気候と呼ばれる。　(2)　ア　ステップ気候は，砂漠気候よりも雨が多いため，草原となる気候である。草原気候ともいう。ケッペンは，乾燥限界と砂漠限界の間の気候をステップ気候とした。　イ　ステップ気候は乾季が長く，日較差が大きい。樹木は育たないが，短い草(ステップ)が生え，牧畜が行われる。　4　アの宙水は比較的小規模な地下水で，地下水面と地表面が近いため，降水後短時間で地下水位が変動する。イの掘り抜き井戸は，被圧地下水を地表に汲み上げるために掘られた深井戸で，鑽井ともいう。ウの被圧地下水に対し，大気圧以外の圧力を受けていないものを不圧地下水という。なお，不透水層を打ち抜いて井戸を掘ると，圧力によって水位が上昇し，地下水が自噴することもある。　5　営業キロから判断して，最も短いイが韓国，最も長いエがロシアと考えられる。アは貨物が多く，ウは旅客が多い。日本の貨物は鉄道よりもトラック輸送が多いので，旅客の多いウが日本と判断できる。よって，アがドイツとなる。　6　就労者総数が最も多く，第1次産業の占める割合が最も低いイが日本。逆に，数が最も少なく，第1次産業の占める割合が最も高いウがマリである。アとエのうち，第3次産業の割合が高いエが南アフリカ共和国，残るアがエジプトと考えられる。　7　中枢管理機能が集中している一帯とは，エのCBD(Central Business District)のこと。なお，アのEEZは排他的経済水域，イのGISは地理情報システム，ウのGMTは世界標準時の略である。

8　ウのプライメイトシティは，国の中枢機能が集中し，人口が突出

して多い都市のこと。首位都市ともいう。　9　コンパクトシティ構想は，中心市街地の空洞化現象などを解決するため，住みやすいまちづくりやコミュニティの再生などを目的に発案された。日本でも，札幌市や神戸市など，比較的規模の大きい地方都市でこの構想が検討されている。

●書籍内容の訂正等について

　弊社では教員採用試験対策シリーズ（参考書，過去問，全国まるごと過去問題集），公務員試験対策シリーズ，公立幼稚園・保育士試験対策シリーズ，会社別就職試験対策シリーズについて，正誤表をホームページ（https://www.kyodo-s.jp）に掲載いたします。内容に訂正等，疑問点がございましたら，<u>まずホームページをご確認ください</u>。もし，正誤表に掲載されていない訂正等，疑問点がございましたら，下記項目をご記入の上，以下の送付先までお送りいただくようお願いいたします。

①	**書籍名，都道府県（学校）名，年度**
	（例：教員採用試験過去問シリーズ　小学校教諭 過去問　2025年度版）
②	**ページ数**（書籍に記載されているページ数をご記入ください。）
③	**訂正等，疑問点**（内容は具体的にご記入ください。）
	（例：問題文では"ア〜オの中から選べ"とあるが，選択肢はエまでしかない）

〔ご注意〕

○ 電話での質問や相談等につきましては，受付けておりません。ご注意ください。

○ 正誤表の更新は適宜行います。

○ いただいた疑問点につきましては，当社編集制作部で検討の上，正誤表への反映を決定させていただきます（個別回答は，原則行いませんのであしからずご了承ください）。

●情報提供のお願い

　協同教育研究会では，これから教員採用試験を受験される方々に，より正確な問題を，より多くご提供できるよう情報の収集を行っております。つきましては，教員採用試験に関する次の項目の情報を，以下の送付先までお送りいただけますと幸いでございます。お送りいただきました方には謝礼を差し上げます。

（情報量があまりに少ない場合は，謝礼をご用意できかねる場合があります）。

◆あなたの受験された面接試験，論作文試験の実施方法や質問内容

◆教員採用試験の受験体験記

送付先	○電子メール：edit@kyodo-s.jp
	○FAX：03-3233-1233（協同出版株式会社　編集制作部 行）
	○郵送：〒101-0054　東京都千代田区神田錦町2-5
	協同出版株式会社　編集制作部 行
	○HP：https://kyodo-s.jp/provision（右記のQRコードからもアクセスできます）

　※謝礼をお送りする関係から，いずれの方法でお送りいただく際にも，「お名前」「ご住所」は，必ず明記いただきますよう，よろしくお願い申し上げます。

教員採用試験「過去問」シリーズ

兵庫県の
社会科 過去問

編　集　　Ⓒ 協同教育研究会
発　行　　令和6年1月10日
発行者　　小貫　輝雄
発行所　　協同出版株式会社
　　　　　〒101-0054　東京都千代田区神田錦町2‐5
　　　　　電話　03－3295－1341
　　　　　振替　東京00190－4－94061
印刷所　　協同出版・POD工場

落丁・乱丁はお取り替えいたします。